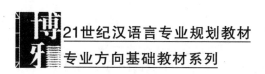

21世纪汉语言专业规划教材
专业方向基础教材系列

训诂学教程

（第三版）

许威汉　著

图书在版编目(CIP)数据

训诂学教程/许威汉著. —2版. —北京:北京大学出版社,2013.3
(博雅21世纪汉语言专业规划教材)
ISBN 978-7-301-16182-1

Ⅰ.训… Ⅱ.许… Ⅲ.训诂—教材 Ⅳ.①H13

中国版本图书馆 CIP 数据核字(2013)第 045285 号

书　　　名:	训诂学教程(第三版)
著作责任者:	许威汉　著
责 任 编 辑:	王　飙
标 准 书 号:	ISBN 978-7-301-16182-1/H·3268
出 版 发 行:	北京大学出版社
地　　　址:	北京市海淀区成府路 205 号　100871
网　　　址:	http://www.pup.cn　新浪官方微博:@北京大学出版社
电 子 信 箱:	zpup@pup.cn
电　　　话:	邮购部 62752015　发行部 62750672　编辑部 62753334
	出版部 62754962
印 　刷 　者:	三河市博文印刷有限公司
经 　销 　者:	新华书店
	650 毫米×980 毫米　16 开本　17.25 印张　290 千字
	2003 年 7 月第 1 版
	2013 年 3 月第 2 版　2023 年 12 月第 7 次印刷
定　　　价:	32.00 元

未经许可,不得以任何方式复制或抄袭本书之部分或全部内容。
版权所有,侵权必究　举报电话:010—62752024
　　　　　　　　　　电子信箱:fd@pup.pku.edu.cn

出版说明

许威汉先生《训诂学导论》1987年由上海教育出版社出版,2003年修订版转由北京大学出版社出版。二十六年间,重印数十次,是一部长销不衰的经典教材。根据近十年的教学反馈和学科发展,许先生对教材作了进一步修订,并适应北京大学出版社对"博雅21世纪汉语言专业规划教材"的整体设计需求,将教材的第三版更名为《训诂学教程》。

第三版的修订主要体现在两个方面。一是对内容的排序作了较大的调整,将难度较大的原分论第一章《训诂力作示范》移为附录,将已略显过时的原附录《试论20世纪传统训诂学的新发展》删去,这样,使得教学内容更为精简,教学难度有所降低。二是对教材内容作了多达数十处的补订,将涉及教材内容的新研究成果补充到教材中,以使教材与时俱进。

许先生已届米寿,修订教材仍亲力亲为,一丝不苟,可谓毕生心血,凝于此著。这本教材历久不衰,良有以也!第三版问世,将继续传薪学界,嘉惠士林。谨以此版为许先生寿!借用冯友兰先生的"何止于米,相期以茶",希望使用这本教材的师生将使用意见反馈我社,期待着许先生继续修订第四版、第五版。

北京大学出版社
2013年3月

目　录

前　言 ··· 1

总　论 ··· 7
- 一、训诂与训诂学 ··· 7
  - （一）什么是训诂 ··· 7
  - （二）什么是训诂学 ··· 10
  - （三）训诂学的任务 ··· 11
- 二、训诂的内容 ··· 12
  - （一）解释字词——训诂的核心 ······················ 12
  - （二）解释文句 ··· 13
  - （三）分析篇章 ··· 15
  - （四）分析表达方式 ··· 16
  - （五）分析时空关系 ··· 17
- 三、训诂的范围 ··· 17
  - （一）传统训诂学以经书为中心 ······················ 17
  - （二）传统训诂学的局限 ·································· 17
  - （三）训诂范围必须扩大 ·································· 18
- 四、训诂实践的形式 ··· 19
  - （一）解释语义的专著 ······································ 19
  - （二）音义兼注的专著 ······································ 19
  - （三）形音义合解的专著 ·································· 20
  - （四）注释书 ··· 20
  - （五）其他 ··· 21
- 五、训诂学的原则 ··· 23
  - （一）历史的 ··· 23
  - （二）唯物的 ··· 24
  - （三）辩证的 ··· 24

（四）现实的 …………………………………………… 25
六、训诂学的用途 ………………………………………… 27
　　（一）指导古代作品的阅读与教学 …………………… 27
　　（二）指导整理古籍 …………………………………… 28
　　（三）指导编纂字典辞书 ……………………………… 32
　　（四）对其他学科的帮助 ……………………………… 33
七、传统训诂学常用术语选录 …………………………… 34

分　论 ……………………………………………………… 45

第一章　训诂的方法 …………………………………… 45
　　一、以形索义（形训）——外在形式的利用 ………… 45
　　二、因声求义（声训）——内在形式的利用 ………… 50
　　三、据文证义——语言环境的利用 …………………… 58
　　四、析词审义 …………………………………………… 61
　　五、辨体明义 …………………………………………… 68

第二章　训诂的方式 …………………………………… 70
　　一、互训 ………………………………………………… 70
　　二、义界 ………………………………………………… 74
　　三、推因 ………………………………………………… 77
　　四、三者的交叉 ………………………………………… 79
　　五、其他 ………………………………………………… 80

第三章　词义引申与褒贬 ……………………………… 85
　　一、从词义的特点说起 ………………………………… 85
　　二、看清词义的历史范畴 ……………………………… 87
　　三、词义引申研究的回顾 ……………………………… 89
　　四、词义引申论析 ……………………………………… 91
　　五、词义的褒贬 ………………………………………… 99

第四章　方言俗语的词义 ……………………………… 106
　　一、方言俗语及其研究 ………………………………… 106
　　二、关于方俗词义的训释 ……………………………… 109
　　三、方俗词义难释的原因 ……………………………… 110
　　四、正视方俗词义的训释 ……………………………… 112

第五章　外来用语的词义 ……………………………… 114
　　一、问题的提出 ………………………………………… 114

二、来自西域各族语言的词及其意义 …………… 115
三、来自印度古语(梵语)的词及其意义 …………… 115
四、来自亚洲其他各语言的词及其意义 …………… 118
五、来自西洋语言的词及其意义 …………… 118

第六章 训诂要籍 …………… 122
一、训诂专书 …………… 122
二、注释书 …………… 142
三、笔记、札记 …………… 153

第七章 训诂学小史 …………… 155
一、萌芽期(先秦) …………… 155
二、兴盛期(两汉) …………… 157
三、保守期(魏——唐) …………… 158
四、中落期(宋——明) …………… 162
五、复兴期(清) …………… 164

第八章 训诂学的现状与未来 …………… 169
一、近代、现代概况 …………… 169
二、再度复兴的必要与可能 …………… 170
三、今后的任务 …………… 175

第九章 训诂的教学与研究 …………… 176
一、掌握运用语言规律,不断揭示语言规律 …………… 176
二、重视词义的模糊、分歧、闪烁现象 …………… 177
三、正视忌讳法对词义解释的影响 …………… 180
四、注意训诂学的历史经验 …………… 181
五、实事求是,持科学态度 …………… 182
六、熟悉并充分利用古书资料 …………… 184
七、加强理论建设 …………… 186
八、借鉴国外学者的研究方法 …………… 187

第十章 关于古书的阅读 …………… 189
一、注意古籍部类 …………… 189
二、注意作者、书名 …………… 190
三、注意丛书、类书 …………… 192
四、注意版本、校勘 …………… 193
五、注意书刊索引 …………… 195

第十一章　从实践中加深和提高…………………………… 197
　　　　　——古书词语训释二百例

附　录
训诂力作示范………………………………………………… 237
　　——俞樾《古书疑义举例》论析
　　一、引　　言……………………………………………… 237
　　二、《古书疑义举例》辨证精审,胜义纷呈……………… 238
　　三、俞著务实切要,言不妄发…………………………… 258
　　四、俞著成功之旅,可资借鉴…………………………… 260
　　五、余　　论……………………………………………… 263

前　言

训诂学是一门古老的学问，也是今天从事语文工作的人经常要接触到的。要是没有一定的训诂学知识，从事语文工作就难免浅尝辄止，捉襟见肘，即使对日常生活中接触到的一般语言现象，也往往会知其然而不知其所以然，给语文工作带来损失。

现在，我们举一些实例，进行必要的分析，来说明训诂工作的重要意义。

一、关于"齐天太圣"的注释

鲁迅在1934年12月20日《致杨霁云》的信中说："我以为一切好诗，到唐代已被做完，此后倘非能翻出如来掌心之'齐天太圣'，大可不必动手，然而言行不能一致，有时也胡诌几句，自省殊亦可笑。"这句话里的"齐天太圣"，1981年版的《鲁迅全集》注释为"原作'齐天大圣'，即孙悟空"。而查看鲁迅手稿，却本来写成"齐天太圣"，注释者所谓"原作"的说法，并无依据，大概是因为注释者只知道《西游记》里边说的是"齐天大圣"，便主观断定"齐天太圣"就是"齐天大圣"了，而没有体会鲁迅笔下这一"太"字的真正含义。"太"与"大"所表示的程度是不一样的："大"只表示一般大小的大，"太"则表示"大之极"，"尊于大"。鲁迅称说的"齐天太圣"，意思是表示本事比"齐天大圣"还要大，大到真的"能翻出如来掌心"的程度。这是鲁迅根据"齐天大圣"作进一步的表述，用戏称以达其意。如果不能准确理解鲁迅原意，就不免以为是鲁迅的笔误，而强为之说了。

上面这个例子跟训诂学这门学问有什么直接联系呢？

这关系到训诂学上的同源词问题。上古只有"大"字，没有"太"字，为了表示"大之极"、"尊于大"，就改变读音来加以区别。语言最先是有声的语言，从"大"分化出"太"，正是由声音开始的，即从全浊的"定"母变为次清的"透"母。从语音上看，"大"与"太"是同源词。从语音上了解"大"与"太"的同源关系，训诂学上叫作"因声求义"，也就是"推原"或"推因"。后来人们为了从文字上把它们区别开来，就在原来的"大"下面加了一点，形成了"大"与"太"的一对"区别字"(清人或叫"分别文"),为古今字的一种。从意义上着眼,"大"与"太"则为近义词,属同义词范畴,是由于词义的引申而分化出新词的结果。

运用因声求义的方法和通过"推原"或"推因"的方式考察"太""大"的同源关系,了解"太"乃"大之极"、"尊于大",那么由此及彼,触类旁通,可以进而了解成片语言现象的有关含义,诸如"太庙"、"太学"(原先字形仍写作"大庙"、"大学",其读音则为"太")、"周太王(称周文王的父亲)"、"太上皇"、"太子"、"太孙"、"太叔"、"太弟"等等都不难理解。明太祖为使嫡长孙朱允炆继承权不致旁落而先立他为皇太孙,唐武宗先当上皇太弟而夺取了皇位,唐宣宗乘武宗病危之际立为皇太叔而取得皇位继承权,正是对语言中"太"的"大之极"、"尊于大"的意义的利用。"大"与"太"在字形上虽只是一点之差,读音上只是送气与不送气之别,而实际上却关系到对文章内容及历史事件的确切理解。

二、关于《西伯戡黎》的旧注

西伯是周文王,黎是商王纣的属国。在周王的军队战胜黎的时候,纣的臣属祖伊劝说纣王注意政事。纣王的史官记录了祖伊和纣王的对话,这次对话的记录就是名篇《西伯戡黎》。它是《尚书·商书》中的一篇,记录了当时殷国的政治状况和君臣的思想动向,有很高的史料价值。原文如下:

> 西伯既戡黎,祖伊恐,奔告于王。曰:"天子!天既讫我殷命。格人元龟,罔敢知吉。非先王不相我后人,惟王淫戏用自绝。故天弃我,不有康食,不虞天性,不迪率典。今我民罔弗欲丧,曰:'天曷不降威?'大命不挚,今王其如台?"
> 王曰:"呜呼!我生不有命在天!"
> 祖伊反曰:"呜呼!乃罪多,参在上,乃能责命于天?殷之即丧,指乃功,不无戮于尔邦。"

这篇文章仅一百二十四字,而旧注可疑之处甚多。今仅就其中数处参照周秉钧《尚书易解》有关的见解质疑于后:

"祖伊反曰"的"反"历来解释为"回去(返)",是不妥当的。试想"祖伊恐,奔告于王",原先爱国感情何等真切!祖伊见了纣王,忙说天命人心都已不倾向于殷,劝王不要淫戏,而要正视现实,采取有益措施,又多么直言敢谏!结果纣王还是执迷不悟,反说"我生不有命在天!"祖伊此时此刻果真不再说什么,只是回去后说了几句责备纣王的话,显然不近情理,也不符合祖伊的性格。祖伊说"乃罪多"、"指乃功"、"戮于尔邦"的"乃"和"尔"这两个第二人称代词明明是当面称代纣王的,不应是祖伊回去后责骂纣王的说法。可见"反"不能解为"回去(返)"。"反"的合理解释应该是"反对"。《周书·大诰》"罔不反曰"句,郑玄解释为"无不反我之意",这里的"反"正是"反对"的意思,跟"祖伊反曰"的"反"含义一样。把"祖伊反曰"的"反"解释为"反对",就态度鲜明,符合祖伊的性格,也切合当时的实际,并与祖伊说话中"乃"、"尔"的称谓相照应。

"乃罪多"的"罪"旧注为"罪恶",也不恰当,应是过错、失误的意思。《孟子·公孙丑》"此则寡人之罪也"的"罪"、《史记·魏公子列传》"自言罪过"的"罪",都是过错、失误之意,"乃罪多"的"罪"也宜作同样的理解。事实上祖伊不可能当面责骂纣王罪恶,只能指出纣王的过错、失误而已。

"参在上"旧注为"参列在上天","参"作"参列"解释,也是错误的。"参"繁体作"參","參"即"厽"(《玉篇》引用本句时写作"厽"),后又作"絫","力轨切,……从厽从糸,厽亦声"(王筠),义为"像"(《说文》"像,垂貌"),懒懈之意。依此,"参在上"即"像在上",懈怠在上,是针对上文"惟王淫戏用自绝"说的。祖伊进谏,旨在指出纣王的失误,希望改正,"参在上"释为懈怠在上,更能表明祖伊进谏的意图。

"不无戮于尔邦"的"戮"旧注为"刑戮",解为被砍杀、消灭、祸害。其实这儿的"戮"即"勠",是"戮力"、"勠力"(努力)的意思。《左传·昭公二十五年》"戮力一心"的"戮力"、《汉书·高帝纪》"勠力攻秦"的"勠力",都跟"戮于尔邦"的"戮"意思一样。这样,"不无戮于尔邦"可解为"不要不努力于你国家的政事"。这样就更体现了祖伊的语重心长,更能点明他进谏的主旨。

通过以上疑点的例析,对《西伯戡黎》暂且作如下的理解:

> 西伯已战胜了黎国,祖伊恐惧起来,连忙跑去报告(纣)王。说:"天子!天已经终止了我们殷国的命运。深知天命的人用大龟占卜也没能知晓吉兆。这不是先王不保佑我们后人,只是因为王沉湎于酒色娱乐之中而自绝于先王!因此,上天抛弃了我们,降下了灾荒,使我们不得安宁,没有饭吃,不能娱乐天性,无法遵循旧典常规。现在我们的臣民没有不希望王灭亡的,(他们)说:'上天为什么还不降下惩罚来呢?'天命还没有下来,现在王将怎么办?"
>
> 王说:"唉!我的生存和生活难道不正是命定的吗?——命运早由天注定了。"
>
> 祖伊反对说:"唉!你的过错、失误很多,身居上位而懈怠,还能

指望于天吗？殷商就要灭亡，快指示你的政事，不要再对你的国家不努力了。"

《西伯戡黎》是一篇很有价值的历史文献。它反映了殷王朝末年纣王淫戏懈怠，人民希望纣王丧亡的情况，还反映了"天曷不降威"的反抗呼声，尤其重要的是反映了祖伊的进步思想。纣王在周王军队战胜黎国，情况十分危殆的时候，仍然相信天命；祖伊虽然也相信天命，但他认为天的意志是由人事决定的。祖伊说："非先王不相（帮助、保佑）我后人，惟王淫戏用自绝。故天弃我……"祖伊还认为天意不但由人事决定，而且可由人力来改变。祖伊说："指乃功，不无戮于尔邦。"这就是说要靠自己努力。这种主张努力于政事，尽力于国家，反对淫戏，反对懒惰懈怠的积极思想，是应该予以肯定的。

但是，遗憾的是，本文由于被历代注释家误解了，祖伊的进步思想没有得到后人应有的重视。本文也是一篇关于"力命"之争的好史料，由于注家歪曲了"力"的一方，后人也忽视了它，历来思想史上都没有提到它。本文也是一篇较早的对话体文章，由于注家误解了它的后边的一段文意，也就成不了完整的对话文体了。

三、关于"吹牛"、"拍马"的本义

著名史学家顾颉刚这样说过："好夸大者谓之'吹牛皮'，善逢迎者谓之'拍马屁'，此谚遍行于全国；惟皆人云亦云而不详其本义为何。"（见顾著《史林杂识》）事实确是如此。"吹牛皮"、"拍马屁"，大家听惯了，却很少知道它们的来历，一般也不去过问其本义。顾颉刚经过实地考察，了解到甘肃、青海用牛羊皮做成袋子，吹气后联结为筏子，以充当水上行驶工具的情况，人们才知道"吹牛"是怎么回事。（按：筏子有木做或竹做的，也有用牛羊皮、橡胶等制造的；皮做的叫皮筏。）顾颉刚又说："水上为筏，陆行为骑。西北……中产之家皆畜马，视为第二生命。……平日牵马与人相逢，恒互拍其马股曰：'好马！好马！'……本无谄媚之嫌。迨相沿既久……贱人见贵人，贫者见富人，自惧力不胜而受侮，则有不择其马之良否而姑拍其股者，曰：'大人之好马！'"从这一叙述中，人们才知道"拍马"是怎么回事。

类似"吹牛"、"拍马"的本义不为人所知的现象是相当普遍的。自汉代以来直到现在，方言俗语的训释虽然有过一些，但数量很少，人们也对它重视不够。日本汉学家青木正儿在20世纪30年代中期说："然至近世俗语文学之训诂，则还在赤贫如洗的状态。"（《中国文学概说》10页，1982

年新版,重庆出版社)从 40 年代后期直到现在,陆续出版了一些书,反映了方俗词语研究方面的成果,固不能说是"赤贫如洗"了,但数量毕竟不多。就连上述"吹牛"、"拍马"之类已被吸收到共同语里来的方俗词语的本义来历尚不都为人所知晓,其他更不必说了。

以上从新注、旧注、方俗词解三方面例析了一些语言现象的训释问题。第一是新注错了,影响了对文艺论述的正确理解;第二是旧注错了,影响了对古代历史事实、政治思想、哲学思想的正确了解;第三是常用语的本义不明,在一定程度上影响了自觉地驾驭语言。这些都是从对个人的影响说的。推而广之,从对社会的影响来看,那就会妨碍语言交际职能的更好发挥。凡此种种,都与训诂有密切的联系。训诂并不是跟人们的学习、工作及日常生活绝缘的。(再者,汉语中有不少外来语,过去不加过问,也是缺憾,以上尚未举例,后面专章另叙。)

正因为训诂跟人们的学习、工作等有关,所以越来越多的人经常在某些叙述中涉及它。侯外庐对鲁迅取名的阐释就是一例。他认为:一般人把"迅"字解释为"快速"是不确切的。"迅"字依《尔雅·释兽》的解释是:"狼,牡貛,牝狼,其子獥,绝有力,迅。"注云:"绝有力者,曰迅。""獥"即"激",从犬言兽性,从水言水性,都是激烈的意思。"鲁"取自鲁迅母姓。"鲁迅"含义可理解为牝狼的一个有勇力的儿子。鲁迅为何以狼子自居?他曾说过,自己甘做封建制度的逆子贰臣。从历史的逻辑上看,这个名字反映出他前期思想上刻印着资产阶级民主主义者勇敢的叛逆精神。(说见《中国哲学》第八辑)从这一事例中,我们至少可以看到训诂学这门古老的学问在今天也还是能够发挥它的积极作用的。至于侯外庐的阐释是否恰当,那是另一回事。《尔雅·释兽》郝懿行疏"绝有力者曰迅"下文引孙炎语"迅,疾也",又引陆玑语"其(狼)猛捷者,人不能制",一般人解"迅"为"快速",即便同是从牝狼着眼,也不能说绝对不妥。当与不当,完全可以讨论。而这些讨论的内容、方法与依据,无不涉及训诂学问题。训诂工作的意义,于此可见。

可供阅读参考的训诂学书籍,除古代的训诂专著和注释要籍之外,综述训诂全貌的专集,似乎还没有过。建国前后出版的朱宗莱《文字学义篇》(训诂举要)、胡朴安《中国训诂学史》、齐佩瑢《训诂学概论》、何仲英《训诂学引论》、陆宗达《训诂浅谈》和《训诂简论》、周大璞《训诂学要略》、吴孟复《训诂通论》、林尹《训诂学概要》(台湾版)和洪诚、黄典诚、赵振铎、白兆麟、郭在贻、杨端志等的训诂学撰述,以及散见于刊物上的王力、朱星、殷孟伦、郭在贻等等的许多文章,它们的述说各有所侧重。在中国训诂学会第一、二次学术讨论会及纪念段玉裁和王念孙父子学术讨论会上,有关训诂文章已达二百篇之多,涉及的面也已相当广了。本书试采各家之长,间申己见,并加剖析,力求观点材料统一,史论结合,期能有助于读者。"总论"就训诂的各方面问题作综合的介绍与论析;"分论"就训诂的各个重要问题分别进行阐述,并联系个人的体会对训诂的学习、教学与研究谈些想法,同时对有关古书的查阅及从实践中加深和提高诸问题也略作必要的提示;最后所附"古书词语训释二百例",可作为训诂基本知识与基础理论的实际运用的参考。凡此种种,旨在体现知识性、科学性与实用性的有机结合。不过从训诂学这一特定学科来看,这当然只能算是一种尝试,何况水平有限,不妥乃至错误之处在所难免,欢迎读者指正。

总　　论

一、训诂与训诂学

（一）什么是训诂

1. 前人对"训"与"诂"的解说

"训诂"这个说法很早就有了。最初单称为"诂"，或者称为"训"。"诂"字亦作"故"。《汉书·艺文志》著录齐、鲁、韩三家诗说，每一类都有"故"若干卷。如《鲁故》二十五卷，《齐后氏故》二十卷，《齐孙氏故》二十七卷，《韩故》三十六卷。这些今天都已经失传了。汉代以来，"训诂"曾合称，又称"故训"。"训诂"合称始于汉代的《毛诗诂训传》（简称《毛传》，是毛亨为《诗经》所作的传注）。

"训诂"这一称述，从前有种种解释。"训"字《说文》解释为"说教"，段玉裁注："说教者，说释而教之，必顺其理。""诂"字《说文》解释为"训故言"，段玉裁注："故言者，旧言也，十口所识前言也。训故言者，说释故言以教人，是之谓诂。"根据许慎的说法与段玉裁的注释，我们只能作这样的理解：训诂是顺其条理解说故旧之言以教人。

除许慎的《说文解字》之外，历来给"训诂"两字作解释的还很多，但都大同小异。他们的共同点是以训诂为"解释"的别名。唐代孔颖达综合许多人的说法，给训诂下了个定义："训诂者，通古今之异词，辨物之形貌（按："形貌"指词的含义），则解释之义尽归于此。"

2. 从古人的训诂实践考察

春秋时叔向说周颂，训诂已行。积累资料编成辞书，起于战国。两汉是训诂学广泛运用的时期，不是开始。《国语·周语》有记东周灵王二十二年（前550年）"晋羊舌肸（xī，名叔向）聘于周"事：他给周王卿士单靖公解释《诗·昊天有成命》篇,其中逐一解释单词九个:"基,始也;命,信也;宥,宽也;密,宁也;缉,明也;熙,广(光)也;亶,厚也;肆,固也;靖,和也。"

春秋人读周初的书要注释,汉末人读《史记》、《汉书》也常要注释。这种古书的注释,是根据书面语言的实际材料,随文逐字作出具体的语义分析。这以毛亨注释《诗经》的《毛诗诂训传》为最早。另一种情况是从实际语言材料里把"语言单位"抽出来,分门别类来说明意义的体系,这以作者尚难考定的《尔雅》(它是按语义分类编集的字典)为最早。《毛诗诂训传》和《尔雅》这两部书都是古人最初的训诂实践的成果,也是汉唐以来研究训诂的重要范例,汉唐以来的学者就是根据它们来寻求训诂的方法、体例,归纳整理成若干训诂原则的,今天我们也可以从中看出古代的训诂是怎么回事。

3. 黄侃的论述

黄侃说"诂"就是"故","本来"的意思;"训"就是"顺","引申"的意思。这种解释,东汉的许慎和三国魏的张揖也有过,但黄侃的论述具有新的内容。"挚仲氏任,自彼殷商,来嫁于周,曰嫔于京。"(《诗经·大雅·大明》),意思是:挚国任姓的第二个女儿从殷商到周国的首都来做媳妇了。毛亨不把"京"解作"京师",而解作"大",认为"大"是"京"本义。"京师"是"京"引申义,"京"作"京师"解是众所周知的,无需解释。从这里我们可以看到古人已经有词的本义与引申义的概念。再看许慎在《说文》里说"诂,故言也",魏张揖在《广雅》里说"训,顺也",我们也可以认识到古人已经能解说词的本义与引申义了。而黄侃说"诂"就是"故","本来"的意思,"训"就是"顺","引申"的意思,并以此概括一般,这就更周详而明确了,体现了对一个多义词词义系统的较全面的认识,论述也进一步理论化了。在这个基础上,黄侃对"训诂"的总的解释是:"训诂者,以语言解释语言之谓也。"

4. 新版《辞海》的定义

过去《说文》、《尔雅》、《广雅》、《杂字》、《字林》、《礼记》、《说文系传》、《毛诗诂训传》、《尔雅义疏》、《汉书》、《后汉书》、《隶释》等书的有关叙述都给"训诂"作过解释,钱大昕、孔颖达、马瑞辰、黄侃等学者也给"训诂"作过解释(其中有些上文已经提到过)。《辞海》进而综合各有关说法加以分析说明,给"训诂"所下的定义及引例是:解释古书中词句的意义。分开来讲,用通俗的话来解释词义的叫"训"。如《尔雅·释水》:"大波为澜,小波为沦。"用当代的话来解释古代词语、或用普遍通行的话来解释方言的叫"诂"。如《尔雅·释诂》:"乔、嵩、崇,高也。"《方言》第一:"党、晓、哲,知也。楚谓之党,或曰晓,齐宋之间谓之哲。"

综上所说,我们可以有个总的认识,训诂就是对语言,主要是对古代语言作解释。用语言解释语言(包括方俗词语)是训诂的一般含义,对古文献语言作解释是训诂的特定含义。

正确理解了"训诂"这一概念,对有些不恰当的解说就不会盲从了。比方说,有人觉得"训诂"又可以说成"故训"或"诂训",便说《诗》《书》里的"古训"就是"训诂"的出处。林尹《训诂学概要》讲到"训诂的意义"时就不加分析地列出这一解说及其出处,黄侃《文心雕龙札记》讲到"章句"时也是如此。不仅如此,清代许多知名的小学家都同样持有这一见解,这无疑是林尹、黄侃等人解说的来源和依据。钱大昕就在《经籍籑诂·序》里说道:

> 其诗述仲山甫之德,本于古训是式。古训者,诂训也。诂训之不忘,乃能全乎民秉之彝;诂训之于人大矣哉!……古训之不讲,其贻害于圣经甚矣。

这一说法是不正确的。先看《诗经·大雅·烝民》的原来诗句:

> 仲山甫之德,柔嘉维则。令仪令色,小心翼翼。古训是式,威仪是力。天子是若,明命使赋。

毛传说:"古,故。训,道。"郑笺说:"古训,先王之遗典也。"再看《尚书·商书·说命下》的文句:

> 王,人求多闻,时维建事,学于古训,乃有获;事不师古,以克永世,匪说攸闻。

孔传解释这段话说:"王者求多闻以立事,学于古训乃有所得;事不法古训而以能长世,非说所闻。言无是道。"

显然,"古训"都是指"圣王遗典,古昔教言",相当于《国语》中所称述的"遗训"。诚如朱熹所说:"古训者,古先圣王之训,载修身治天下之道。"今人高亨《诗经今注》说"古训"就是"古人遗教",也正是采用前人的正确解说的。

这样看来,钱大昕的说法就是附会了。但是,钱大昕是有名的学者,不会连"古训"的原意也都不懂得。这种先有自己成见而后用诗、书迎合自己的观点的"我释诗书,诗书释我"的治学态度是主观的。包括钱大昕在内的清代著名学者在训诂学上的成就应该借鉴,而主观臆断、随意牵合的学风却是不足取的。

(二) 什么是训诂学

什么是训诂学,也有各种不同说法。其中比较通行的一种,是把训诂学跟音韵学、文字学并立起来,认为"训诂学也就是语义学"。新版《辞海》给训诂学下的定义及所作的说明基本上也是这样。它说训诂学是:"中国传统的研究词义的学科。偏重在研究古代的词义,特别是以研究汉魏以前古书中的词义为主。也综合分析古书中的语法、修辞等语文现象。"这个定义有合理部分,也有可以商榷的地方。

我国传统语言学有文字学、声韵学、训诂学等,曾统称为"小学"。训诂学既是传统的汉语语言学的重要组成部分,又是文字学、声韵学、语义学、历史语法学、文言修辞学及校勘学等的综合运用。它和词义学有密切的联系,而不等于词义学。词义学是研究词义性质、结构及其演变规律的科学,研究对象是词;训诂学不但要研究词义,还要讲明句义乃至篇章,总结前人注疏经验,阐明前人训诂体例、方法、方式、原则及其运用乃至辨正音读名物、典制等等。由此看来,我们应该认识到训诂学是这样的一门学科:它是以古代文献的训诂为研究对象,以语义为主要研究内容的一门独立学科,是语言学里具有综合性和实用性特征的人文性很强的技术科学(参照白兆麟的一些见解)。训诂的实践本身充分证明了这一情况。请看:

谁之西归?怀之好音。(《诗经·桧风·匪风》)

《说文》对"西"的解说是:"鸟在巢上也,象形。日在西方而鸟栖,故因以为东西之西。"(对"西"的其他不同解释暂不讨论)这也就是说,"西"古作🐦("🐦"为鸟之简省形体,"⊠"是鸟巢),表示鸟傍晚已归巢休息的意思。"西"是"栖"的古字,"栖"是"西"的本义。许慎在这里先从字的形体推求"西"的本义,再由本义理出"西"的引申义线索。这一实例表明训诂学离不开运用文字学的"六书",训诂学要联系形体推原求故。

野马也,尘埃也,生物之以息相吹也。(《庄子·逍遥游》)

晋代司马彪对"野马"的注解是:"天地间气,如野马之驰。"新版《辞海》"野马"条②释文:"指浮游的云气。《庄子·逍遥游》:'野马也,尘埃也。'成玄英疏:'青春之时,阳气发动,遥望薮泽之中,犹如奔马,故谓之野马也。'"

这是望文生义的解释。其实,古代"马"与"塺"(今读 méi,指尘)同音,可以互借。《庄子》是用"野马"和"尘埃"的重复说法来加强对污浊环境的描写。这一实例说明训诂学离不开音韵学,训诂学要联系词的语音形式(音同音近)来训释词义。

主上屈法申恩,吞舟是漏。(丘迟《与陈伯之书》)

全句意思是:皇上(梁武帝)放置刑罚而施加恩惠,(宽大到)连吞得进船只的大鱼也可以漏网。从词义上看,"屈"与"申"(伸)对文。《淮南子》"何小节伸而大略屈",高诱注"屈,废也",《尔雅》"废,舍也",郭注"舍,放置也";《玉篇》"伸,舒也","舒"有"施"、"布"等义。除此,"吞舟之鱼"是用来比喻梁朝对犯人过分宽大。对它的训释关系到修辞学知识的运用。"吞舟之鱼"语见《庄子·庚桑楚》,贾谊《吊屈原赋》有"岂容吞舟之鱼"语,桓宽《盐铁论·刑德》有"网漏吞舟之鱼"语,《晋书·顾和传》也有"网漏吞舟"语。探求用典出处,关系到词汇学等知识的运用,"吞舟之鱼"省说成"吞舟"并提到动词"漏"之前以示强调,这一省略和语序的分析,又关系到语法学知识的运用。

每一令出,平伐其功曰,以为非我莫能为之。(《史记·屈原列传》)

这句"曰"、"以为"之间,结构关系和意义关系都不清楚,原来有衍文,应删"曰"或"以为"。了解这一现象,自然关系到校勘学知识的运用。

上述训释事实,足以表明训诂学是具有综合性与实用性特征的人文性很强的技术科学。至于讲明篇章、总结前人注疏经验等等,也不是与训诂学全没有关系的。如果把讲明篇章、总结前人注疏经验等都要从训诂学领域全部排除出去,这就未免是无视训诂实际的人为限定了。对于传统训诂学,要从它的历史长河中如实继承、弘扬;至于学科自身今后发展取向(任何事物都在发展中),顺应时代召唤,当未可同日而语。

(三)训诂学的任务

照传统的说法,训诂学的任务主要有三项:

1. "释古今之异言。"——用当代的话去解释古代词语。(晋·郭璞《尔雅·释诂》注)
2. "通方俗之殊语。"——用通语释方言。(同上)
3. "道物之貌以告人也。"——说明事物的形貌让人了解。(《毛诗诂

训传》唐·孔颖达疏）

　　这三项任务表明训诂学是沟通古今语义的桥梁。从现在的和未来的要求看，任务当然更加繁复。这就是要在保证完成上述三项任务的同时，全面完成两项根本性的任务：第一，加强对训诂学史和训诂学方法论的研究，实现训诂学自身的建设与发展；第二，总结训诂实践的经验，提高训诂工作水平，促进古文教学、古籍整理和词典编纂等等。

　　20世纪80年代初，南开大学邢公畹教授认为，"一切涉及中国古代文献的学问都必须用训诂学来做它的研究工具"（《天津师专学报》1983年1期）；邢老此论，甚有见地。瞻望未来，任务之繁复，尤不言而喻。（邢语后文也提到，笔者为强调灼见，故在这一场合不避重复）

二、训诂的内容

（一）解释字词——训诂的核心

　　解释词义（包括字义）是训诂学的核心内容。比如《礼记·大学》"致知在格物"的"格"即"佫"（汉魏之际古文字家邯郸淳《三体石经》以古文、篆文、隶书三种字体刻《春秋》、《尚书》二经，都有"佫"字)，后世"格"与"佫"相混。《方言》解"佫"为"来"，"佫物"（格物）即"来于物"。这样的解释符合《大学》中有关的朴素唯物主义思想。新版《辞海》"格致"条（1）释文："旧谓穷究事物的原理而获得知识。"这里的"旧谓"，实源自朱熹的解释。朱熹也认为"格"可训"来"，但他又认为"来"与"至"同义，"至"又与"极"意义相近，"极"又可训释为"穷极"；这样，"格"就有"穷至"、"穷极"即"彻底研究"之意。朱熹对"格"的训释，是为阐发其唯心主义先验论的哲学观点服务的。朱熹的哲学观点是：人的知识和智慧是先天具有的，是万能的。人的思维可以"穷至"、"穷极"事物的真理；只要凭借自己的思想去认识便可彻底了解一切。

　　应该指出，训诂应当揭示词义的概括意义；这种概括意义有其客观性，必须防止臆测。

　　词义不仅有客观性，还有其系统性。解释词义，沿着引申线索，说明引申义。前面"什么是训诂学"部分讲的"西"字的训释便是一例。

　　由于词义的不断引申，一个词的含义较多，常常随文而异，所以解释词义又不能忽视词在运用上的灵活性和具体性。比如"兵"这个词,在《左传·成公二年》"擐(huàn,穿)甲执兵"里指武器,在《战国策·赵策四》"必以长安君为质(人质),兵乃出"里指军队,在《左传·隐公四年》"夫兵,犹火也"里指战争。这些只有分析了词在句中的作用和地位,才能具体确定。总之,对于字词,不仅要重视它在字书、词书里的贮存状态的概括意义,而且更要重视它在语言环境中的使用状态的具体意义。

(二)解释文句

解释文句包括分析句读、疏通句意、阐明语法这些内容。下面分别说明。

1. 分析句读

古人把"一句之误"看成非常重要的问题。《礼记·曾子问》有一段关于史佚违礼敛子的记载,其违礼的原因就是召公把周公的话弄错了句读。其事如下:

> 昔者,史佚有子而死,下殇也。墓远。召公谓之曰:"何以不棺敛于宫中?"史佚曰:"吾敢乎哉!"召公言于周公。周公曰:"岂不可。"史佚行之。

汉郑玄注:"言是'岂,于礼不可!'不许也。"这就是说,当时周公回答召公的话是"岂……,不可!"应分两句读,"岂……"就是"岂有此理"的略说,"不可"是不许之辞。但是召公却听成了一句,断为"岂不可",于是变成了允许的意思。这个例子说明了断句对理解语言的作用。《礼记·学记》把分析古书的句读列为教学和学习的基本内容之一,说"一年视离经辨志",这"离经"就是断文章的句读,"辨志"就是审明文章的思想内容,明确地把"断句读"作为研读经文的必要条件。(汉代句读符号只应用于研读经书而不用于写作,也不用于书籍抄本,跟宋以后的情况有所不同。)

由于古书一般不断句,前人读书时要自己断句,便往往出错。即便是有名的学者,也在所难免。比如这样的句子:

> 孔墨之弟子皆以仁义之术教导于世,然而不免于儦,身犹不能行也,又况能教乎?(《淮南子·俶真训》)

高诱以"儦身"二字连读,说:"儦身,身不见用,儦儦然也";王念孙却说:"'儦'字上属为句,'不免于儦',谓躬行仁义而不免于疲。"高诱的解释很不清楚,"偏身"一词自古未必现成,"偏偏然"亦甚费解,诚如杨树达《古书句读释例》(第四)所论:"王说是也。"

知名学者尚且如此,我们训释古书更应十分重视,防止把本来没有凝聚力的成分硬加凑合,或者把原来不宜随便拆开的组合体硬加分割。

句读的重要性,还往往超出一般诠释文义范围之外。《论语·泰伯》的"民可使由之不可使知之"一般读为:"民可使由之,不可使知之。"(这是愚民政策的说法,意思是:老百姓可以使他们照着统治者所规定的路子走去,不可以使他们知道为什么。)可是有人也读为:"民可使,由之;不可使,知之。"甚至还有人读为:"民可,使由之;不可,使知之。"读法不同,意思自然也随之改变。梁启超在清末借《论语》以宣传变法维新,就强调最后的一种读法(见所著《孔子讼冤》),从中演绎出一条推行君主立宪的办法:人民有条件,就立即实行;人民无条件,就开发民智,创造条件。这种句读和解释,单从字面上看,虽然勉强可通,可是实际上春秋时期不可能有什么君主立宪思想,我们只能说是一种借句读的改动而强加附会而已。

还有杜牧《清明》一诗:"清明时节雨纷纷,路上行人欲断魂。借问酒家何处有,牧童遥指杏花村。"有人改动句读,便成了小令:"清明时节雨,纷纷路上行人,欲断魂。借问酒家何处?有牧童,遥指杏花村。"

以上种种,都表明句读的重要性。

训释古书,参考旧注,有利于分析句读。《诗经·邶风·柏舟》:"微我无酒,以遨以游。"毛传:"非我无酒可以遨游忘忧也。"毛传的解释表明诗句虽然在音节上分成两截,而意义上只能连成一个整体,"以遨以游"的主语仍然是"我"。这就把由音节上的停顿而造成文意松散的情况紧紧衔接起来,便于理解断句。有本《诗经选注》注明"'微'贯下句",正体现了章句训诂的特点。文章是古人写的,句读是后人加的,句读应密切结合古人行文实际和参酌古书旧注。

2. 疏通句意

毛亨的《毛诗诂训传》里,除了解释字词意义以外,还有大部分不属于解释字词意义的范围,而是串通诗句含意的。比如"窈窕淑女,君子好逑"(《诗经·周南·关雎》)句,《毛传》说:"窈窕,幽闲也。淑,善;逑,匹也。言后妃有关雎之德,是幽闲贞专之善女,宜为君子之好匹。"这一段解释可分成两个部分:第一部分从"窈窕"到"逑,匹也",这是解释"窈窕"、"淑"、"逑"的词义的。第二部分从"言后妃"到"好匹",是疏通这两句诗的大意。

《孟子·离娄下》"博学而详说之,将以反约也"句,赵岐注:"博,广。

详,悉也。广学悉其微言而说之者,将以约说其要。意不尽知,则不能要言之也。"赵注先解词义,然后串讲句意,简明地讲清由博反约的道理,使得"博学而详说之"和"将以反约也"两个句子的语意更加明显贯通。

3. 阐明语法

《毛传》在串通句意的时候,往往把词和词,或者句和句的关系确定下来,这就暗示了语法的结构。比如"原隰裒（póu,聚结）矣,兄弟求矣"(《诗经·小雅·常棣》),《毛传》说"求矣,言求兄弟也",便阐明了语法关系。"原"、"隰"是人居住的平原地区两种不同的地形,高而平的地方叫"原",低而湿的地方叫"隰"。第一句是说"地面上的原隰地区是人类聚居的地方",毛亨没有作什么解释;第二句解释为"言求兄弟",表明"兄弟"是"求"的宾语,结构关系就很清楚了。又如《韩非子·外储说左》里讲过一个故事,故事内容是说孔子解释传说中唐尧时代的音乐家"夔有一足"的语意。《韩非子》说:

> 哀公问于孔子曰:"吾闻夔有一足,信乎?"(孔子)曰:"何故一足?彼其无他异,而独通于声。尧曰:'夔一而足矣。'使为乐正。故君子曰:'夔有一,足矣。'非一足矣。"

这段话重在说明"夔有一足"四个字的句法。首先指出句读,随后确定"足"的词义。原来鲁哀公把"夔有一足"连在一起,解释成"夔有一只脚"(其实古代的"足"指胫以下整个的部分,"止"才是脚);孔子告诉他"夔有一"是个语言结构单位,"足"用以陈述"夔有一"的。孔子还引了唐尧的话"夔一而足矣"作证明,有了这个"而"便把这句话的结构关系确定下来了。这句话的正确解释应该是"有一个夔做乐正,就足够了"。由此可见,阐明语法也应是训诂所不容忽视的。其实以上"夔有一足"的正确理解,既关系到阐明语法问题,也关系到疏通句意和分析句读问题。这应该说是阐明语法、疏通句意和分析句读三者的综合运用的结果。(神话传说中一足兽夔与乐官夔是两回事,不能混为一谈。)

（三）分析篇章

训诂学既要研究怎样解释词义、阐述内容,也要在解释篇题、点明章旨、串讲大意的同时,分析文章的篇章结构。"学而时习之,不亦说乎?有朋自远方来,不亦乐乎?人不知而不愠,不亦君子乎?"(《论语·学而》)这三句看来并不相关的话联成一个章节,似嫌费解。但据《史记·孔子世家》一段记载考察,便不难理解这三句话间的联系。《史记》这样记载:"定公五年,……孔子不仕。退而修诗、书、礼、乐。弟子弥众,至自远方,莫不受业焉。"可以看出,原来这一章就是孔子自述定公五年整理诗、书和制定礼、乐,教育学生的心情的。"学而时习之",是指"修订诗、书、礼、乐"说的;"有朋自远方来",是指"弟子弥众,至自远方,莫不受业焉"说的;"人不知而不愠",是指"不仕"说的。我们考察了有关文献,以上三句话表明孔子自己当时的境遇和心情的文意就清楚了。

历代训诂学家一向注意篇章结构分析。汉代人的章句,弊在言繁辞碎,但于明章旨、析段落、理线索、揭大意等方面颇有可取。王逸《楚辞章句》便是对读者很有裨益的著述之一。

(四)分析表达方式

说明文章的修辞方式,也是训诂学的内容之一。"牂(zāng 脏)羊坟首,三星在罶(liǔ)。"(《诗经·小雅·苕之华》)《毛传》的解释是:"牂羊坟首,言无是道也。三星在罶,言不可久也。"根据毛亨这个解释,这两句诗在修辞上属于两种不同的比喻手法。前一句是"歇后语"(《左传》谓之"隐语廋辞")"牂羊"是母羊,"坟首"是大脑袋(依陆宗达说)。"牂羊坟首"是说母羊长出了大脑袋。事实上公羊才会长成大脑袋,说"母羊长出了大脑袋",等于说"不可能的事"或"不会有的事"。后一句是用借喻方式来表达。"三星",星宿名,即参宿、心宿,在冬天天快亮的时候才出现,太阳一出,它就消失了。"罶"是一种用竹篾或苇条编的捕鱼器,夜里把它放在水堰的孔道旁,鱼游进去就出不来,到天亮时人们就把罶取走。"三星在罶",就是说离人们取罶的时间很近了,用以譬喻时间短暂,即《毛传》说的"不可久也"。《苕之华》是作者从当时经济、政治上分析出周室必然灭亡的趋向而发出的感慨。当时的士大夫幻想周室中兴,作者认为这不过是"牂羊坟首",已经根本不可能了。这也就是说,由国家发生的种种迹象看,周室政权不会维持多久,很快就会灭亡,正像冬天的三星照耀在罶上,它的存在不过是瞬息之间的事情罢了。

说明文章的特殊表达方式,同样是训诂学的一个重要内容。《周易·小畜》"既雨既处"本应说"既雨既霁",而为了协韵,改"霁"为"处"。("霁"乃雨止,"处""止"同义,遂变"止"为"处",与"雨"谐韵。"雨"另解为阴阳和谐现象,"处"另解为安居。备考。)他如对倒文、省文、复文、变文、足句之类的说明,也应该是训释古书的重要内容。

（五）分析时空关系

文章中涉及的时间和地点，是训释古书时必须十分重视的。比如"上古"，按我国现在的历史分期，一般指商周秦汉时期。可是先秦时期的《韩非子》中所说的"上古"则是指有巢氏、燧人氏时期。又如"月照东墙"一句，初上的月亮照的是东墙的外侧，偏西的月亮照的是东墙的内侧，而且新月、残月、圆月在夜空中出没的时间也各不相同。这些都要分析文章叙述的时间及立足点去妥善解释。这个道理人人都懂得，可是在实际训释词义中，有时就有可能忽略过去了。

训诂以解释词义为核心内容，而其他种种又无不与解释词义有关。

三、训诂的范围

（一）传统训诂学以经书为中心

传统的训诂学着重研究词语的思想内容和感情色彩、词的意义系统和词语之间分化派生的关系、词的产生和发展变化。当语法学和修辞学还没有独立出来的时候，这两个门类的内容也是包含在训诂学中的。训诂的范围，则以经书为中心。训诂与经学的关系，正如王念孙《说文解字注序》中说的那样："训诂声音明而小学明，小学明而经学明。"

为什么说传统训诂学的范围是以经书为中心呢？

汉代崇尚经学，"训诂"由此兴起。《汉书·艺文志》说："汉兴，鲁申公为诗训故，而齐辕固、燕韩生皆为之传。"汉代还立《诗》、《书》、《礼》、《易》、《春秋》于学官（学校），定为"五经"。在学校里讲授经书，规定"古文读应尔雅，故解古今语而可知也"（《汉书·艺文志》）。"尔"是"近"的意思，"雅"是"正"的意思，"读应尔雅"就是讲解应该正确。怎样做到"尔雅"呢？那就只有依照故训了。（《尔雅》的书名正是由此而来）由此看来，当时的训诂是治经学的手段，通经是训诂的目的。

（二）传统训诂学的局限

传统训诂学最大的局限是"崇古"。小学本是经学的附庸，最初的目的是在于通经,后来范围扩大,也不过限于"明古"。先秦的字义,差不多成为小学家唯一的研究对象。甚至现代方言的研究,也不过是为上古字义找一些证明而已。可以说,尊经与崇古是密切地联系在一起的(通经的目的决定了崇古的局限)。即便在近代,不管是篡集派也好,注释派也好,发明派也好,他们在这方面都有共同的反映。

(三)训诂范围必须扩大

王力在《新训诂学》一文中说:"前人所讲字的本义和引申假借(朱骏声所谓转注假借),固然也是追求字义的来源及其演变,可惜的是,他们只着重在汉代以前,汉代以后就很少道及。新训诂学首先应该矫正这个毛病,把语言的历史的每一个时代看作有同等的价值。汉以前的古义固然值得研究,千百年后新起的意义也同样值得研究。无论怎样'俗'的一个字,只要它在社会上占了势力,也值得我们追求它的历史。例如'松紧'的'松(鬆)'字和'大腿'的'腿'字,《说文》里没有,因此,一般以《说文》为根据的训诂字著作也就不肯收它(例如《说文通训定声》)。我们现在要追究像这一类在现代汉语里占重要地位的字,它是什么时候产生的。至于'脖子'的'脖','膀子'的'膀',比'松(鬆)'字时代恐怕更晚,但是我们也应该追究它的来源。总之,我们对于每一个语义,都应该研究它在何时产生,何时死亡。……前辈对于语言的生死,固然也颇为注意,可惜只注意到汉以前的一个时期。我们必须打破小学为经学附庸的旧观念,然后新训诂学才真正成为语史学的一个部门。"

王力这个见解是正确的。特别是他说要重视汉以后的研究,要重视"俗"字的研究,这都意味着训诂的范围必须扩大。

前面已经提到过,中国传统的训诂学,其主要目的是为经学服务的,对于方言俗语的研究,毕竟不多。尤其是汉代以后,很不重视。清代训诂学虽然特别发达,但由于"崇古",轻视唐以后的新词俗语,不去作系统研究。但方俗语词的研究,对于阅读古籍至为重要。《朱子语录》卷七八说:"当时百姓都晓得者,有今时老师宿儒之所不晓。"钱钟书《管锥编》说:"按六朝法帖,有煞费解处。此等大半为今日所谓便条字条,即时受者必到眼即了,后世读之却常苦思而尚未通。"凡此种种,都说明了俗语词的研究已经是当务之急了。

四、训诂实践的形式

章炳麟《国故论衡·明解故上》以为训诂有通论、驸经、序录、略例四种。驸经指注疏,略例多附于注疏中;通论、序录大都可纳入通释语义一类。下面基本上按照章炳麟的叙述分别加以提示。

(一)解释语义的专著

解释语义的专著可以分为三类:

1. 总释群书语义的。如《尔雅》(成于西汉初年,作者待考)、《小尔雅》(也叫《小雅》)、《释名》(东汉·刘熙)、《广雅》(魏·张揖)、《拾雅》(清·夏味堂)、《比雅》(清·洪亮吉)、《经籍籑诂》(清·阮元)、《转语》(清·戴震)、《文始》(近人章炳麟)、《读书杂志》(清·王念孙)、《经义述闻》(清·王引之)、《群经平议》(清·俞樾)、《诸子平议》(清·俞樾)等等。

2. 专释一书语义的。《毛诗传义类》(一称《毛雅》,清·陈奂)、《说雅》(清·朱骏声)、《选雅》(清·程先甲)等等。

3. 解释部分词语的。如《通俗文》(旧题汉·服虔撰,已散佚)、《训俗文字略》(北齐·颜之推,已亡佚)、《恒言录》(清·钱大昕)、《通俗编》(清·翟灏)、《常用字训》(晋·殷仲堪)、《难字》、《错误字》(魏·张揖)、《杂字解故》、《异字》(梁·朱育)、《埤雅》(宋·陆佃)、《尔雅翼》(宋·罗愿)、《毛诗草木鸟兽虫鱼疏》(三国·吴·陆玑)、《石药尔雅》(唐·梅彪)、《本草尔雅》(北宋时作,未见此书,唯见苏轼《与陈季常书》)、《骈雅》(明·朱谋㙔)、《迭雅》(清·史梦兰)、《别雅》(清·吴玉搢)、《辞通》(近人朱起凤)、《果蓏转语记》(清·程瑶田)、《释大》(清·王念孙)、《助语》(元·卢以纬)、《虚字说》(清·袁仁林)、《助字辨略》(清·刘淇)、《经传释词》(清·王引之)、《方言》(汉·扬雄)、《续方言》(清·杭世骏)、《新方言》(近人章炳麟)、《蜀尔雅》(不著名氏,已亡佚)、《吴下方言考》(清·胡文英)、《羌尔雅》(刘温润,已亡佚)、《番尔雅》(不载撰人姓名,一说即《羌尔雅》)、《佛尔雅》(清·周春)等等。

(二)音义兼注的专著

音义兼注的专著大致又可分为两类:一是单注一书的音义(已归入注

疏类，从略），一是注释群书的音义。注释群书的如《经典释文》(唐·陆德明)、《群经音辨》(宋·贾昌朝)、《玄应音义》(原名《一切经音义》，唐代和尚玄应)、《慧琳音义》(原名也作《一切经音义》，唐代和尚慧琳)、《华严音义》(唐代和尚慧苑)等等。

(三) 形音义合解的专著

形、音、义合解的专著大致也可以分为两类：一是每解一字都说形、说音、说义；一是书中包含着说形、说音、说义三部分，但并不是逐字说解形、音、义。前者如《说文解字》(东汉·许慎)、《字林》(晋·吕忱)、《玉篇》(南朝陈·顾野王)、《类篇》(宋·王洙、司马光等)、《字汇》(明·梅膺祚)、《正字通》(明·张自烈)、《康熙字典》(清·张玉书等)、《辞源》(陆尔奎、方毅等)、《辞海》(舒新城等，现修订新版)等等；后者如《匡谬正俗》(唐·颜师古)、《通雅》(明·方以智)等等。

(四) 注 释 书

秦以前的许多典籍传到汉代，由于种种原因（如语言的发展，口授和传抄错误等），汉代人已经不能完全读懂，于是有一些人专门为这些古书作注解，毛亨、孔安国、马融、郑玄等都是当时著名的注释家。郑玄遍注群经，《周易》、《毛诗》、《周礼》、《礼记》、《论语》等，他都作了注释。

魏晋南北朝各代，注释古书的范围都有所扩展。到了唐代，距离汉代又有六七百年，许多汉人的注解，在唐代人看起来，又不是那么容易理解了，于是出现了一种新的注解，作者不仅解释正文，而且还给前人的注释作注解。这种注释一般叫作"疏"，也叫"正义"。比如现在最通行的《十三经注疏》中的《诗经》，就是汉·毛亨传，汉·郑玄笺，唐·孔颖达等正义。毛传、郑笺的"传"和"笺"，当时都各有特定的意义。"传"指阐明经义；"笺"有补充和订正毛传的意思，一方面对毛传简略隐晦的地方加以阐明，另一方面把不同于毛传的意见提出，使读者可以识别。

唐人还为汉以下的其他古书作注释，比如司马迁的《史记》，在唐代就有司马贞的《史记索隐》和张守节的《史记正义》；萧统的《文选》，在唐代就有李善注和五臣注。这些注解，有的是以人名地名的考证和史实的考核为主，有的是以词语的出处和典故的来源的考证为主。

中古时期，引经据典几乎成为古典作家一种重要手段，因此给文学作品注明出处就成了注释家的重要任务。比如李善注《文选》,几乎全力集中在注明出典方面(有人说他"释事而忘义",这个批评不一定正确,释义虽较少,但并非完全"忘义")。

另一类注释,往往侧重在阐明哲理上。其中有的阐明原著哲理,也有的在阐明原著哲理时寄寓注者自己的思想观点。比如《庄子》,郭象注与成玄英疏的重点都不在字句注释上,而是在阐述老庄哲理上。

关于注音,也有新发展。早期一般用直音法,或用"读若"、"读如"等标示,后来注释家多用反切注音。至于"如字",表示读本来的字音(在特定上下文里有必要时才如此加注,一般不加注)。有时既注"如字",又注别的反切(或直音),表明这个字在特定上下文里传统有不同读法。这样,因异读而有不同讲法(包括词义或词性)的情况就明确了。汉魏六朝以来利用"四声别义"这一特点给古书注音(有人认为强生分别,实未必尽然),有些字还保留在现代汉语里,如"好"(hǎo)、"好"(hào)之类。(以上仅作历史线索的提示,另详专章叙述。)

唐代以后,宋代学者也做了不少注解古书的工作。朱熹就著有《周易本义》、《诗集传》、《大学章句》、《论语集注》、《孟子集注》、《中庸章句》、《楚辞集注》等等。他直接从正义入手,注释往往较近情理,平易可通,不拘泥汉代学者的旧注。

清代学者几乎注释了每一种重要经典。他们钻研了汉唐人的注解,根据具体材料判断前人的是非,解决了古书中许多疑难问题,缺点是有些注解只是要求无一字无来历,不免过于琐细。与此同时,清代学者还做了许多古籍校勘工作。

清代学者除了为专书做注解和校勘工作之外,还利用读书札记形式对古书词句诠释和文字校订提出自己的见解,其中常有精辟独到之处。

(五) 其　　他

古人有时以某些特殊的表达方式寄寓训诂的内容而被人们忽视。比如以训诂形式出现的正文和以正文形式出现的训诂之类就属上述情况。

1. 以训诂形式出现的正文:"蒙者,蒙也。"(《周易》)这里以"童蒙"、"蒙昧"之义训蒙卦的"蒙"(同字为训)。"季康子问政于孔子。孔子对曰:'政者,正也。子率以正,孰敢不正。'"(《论语·颜渊》)这里以声音相同的"正"来解释"政"的意义(旧称声训)。"诗言志,歌永言,声依咏,律和声。"(《尚书·尧典》)这里"言志"、"永言"、"依咏"、"和声"也都是"诗"、"歌"、

"声"、"律"的词义的解释,属于义训。"春,王正月,戊申,朔,陨石于宋五。是月,六鹢(yì,一种能高飞的水鸟)退飞过宋都。"(《春秋》)古人对这段话的叙述是:"曷为先言陨而后言石?陨石,记闻,闻其磌(tián)然,视之则石,察之则五。……曷为先言六而后言鹢?六鹢退飞,记见也。视之则六,察之则鹢,徐而察之则退飞。"(《公羊传·僖公十六年》)这段话说"陨石于宋五"的语序是由听觉开始,所以说"记闻"。先听后视便知是"陨石"落于宋地,随后"察之则五"。"六鹢"句则先由"视觉"开始,所以说"记见"。随后"视之则六,察之则鹢,徐而察之则退飞"。这里重在解释语序。总之,以上正文都是以训诂形式出现的。

2. 以正文形式出现的训诂:"圉(yǔ,养马)人荦(luò)自墙外与之戏。子般怒,使鞭之。公曰:'不如杀之,是不可鞭。'荦有力焉,能投盖于稷(jì)门。"(《左传·庄公三十二年》)这里鲁庄公告诫公子般的话仅是"不如杀之,是不可鞭","荦有力焉,能投盖于稷门(投车盖过于稷门,喻力大;另有他解,从略)"是《左传》作者插入的话,用来解释荦不可鞭的缘故。"卢蒲姜谓癸曰:'有事而不告我,必不捷矣。'癸告之。姜曰:'夫子愎。莫之止,将不出。我请止之。'"(《左传·襄公二十八年》)这里从对话中对庆舍作了形象描绘,即用"莫之止,将不出"来突现(夫子)庆舍刚愎的性格。意思是说:这个人你不叫他出来他偏出来,你请他出来他却不出来;如果没有人阻止他,他很可能不出来主持祭祀。"莫之止,将不出"这六个字既刻画了庆舍,又为"愎"的含义作了注解,属训诂学上"道形貌"的一例。"古者大事,必乘其产。生其水土而知其人心,安其教训而服习其道,唯所纳之无不如志。今乘异产以从戎事,及惧而变,将与人易。乱气狡愤,阴血周作,张脉偾(fèn)兴,外强中干。进退不可,周旋不能,君必悔之。"(《左传·僖公十五年》)这一段是庆郑针对晋惠公在战争中使用郑国五驾车而说的。意思是:"古代发生战争,一定用本国的马驾车。出生在自己的水土上,知道主人的心意,安于受主人的调度,熟悉这里的道路,随你放到哪里,没有不如意的。现在用外国出产的马来驾车,以从事战斗,等到一害怕即失去常态,就会和人的心意拧着了。鼻子里乱喷着气表示狡戾和愤怒(即气质乖戾暴躁),血液在全身加快流动,使血管扩张膨胀,外表强壮而内部枯竭(即虚弱)。进也不能,退也不能(即不能使它进退,从事战斗),君王必然要后悔的。"这里"生其水土而知其人心,安其教训而服习其道"两句是对"其产"的注释,也是申述"古者大事必乘其产"的真正理由。而"及惧而变,将与人易"是乘异产的结果,用"乱气狡愤,阴血周作,张脉偾兴,外强中干"四句作了"及惧而变"的注释;"进退不可,周旋不能"

两句是"将与人易"的注释。这段话的语言结构缜密,思想线索清楚,前后贯注,体现了训诂的功能。以上种种,都是行文中运用训诂,把训诂材料糅和在上下文里了。类似现象如能较多地搜集起来,加以比较研究,不但可以扩大训诂学的领域,而且还可以有助于揭示语言结构的历史发展道路,增加训诂学的实用价值。

上述解释字词的专著、注释书及其他,这一些都是古人训诂实践的形式。它们各有特点,从不同渠道进行训释,又属训释中紧相关联的几个侧面。

五、训诂学的原则

(一)历 史 的

段玉裁所说的"有古形,有今形;有古音,有今音;有古义,有今义",在今天看来,问题比较简单,但是古人在这些问题上却并不是都有正确认识的。他们的训释只着重在汉代以前,而汉代以后的训释,相比之下,就显得太少了。

重先秦一段的语义训释,是属于平面的静态分析。静态分析当然必要,而单靠静态分析不能达到真正建立训诂学的科学体系的目的。语言的稳定性和渐变性决定了古今汉语的继承与发展的关系,这在语义方面表现得尤其明显。因此,解释古语要懂得语义的历史演变情况,解释现代书面语有时也需要懂得语义的历史演变(现代书面语吸收了不少古词语)。从这一意义上看,从事训诂必须有发展的观点,静态分析与动态分析一定要相结合。比如"革命"是个很早就出现的语言形式(《易经》"汤武革命,顺乎天而应乎人"),可是古今含义截然不同,结构单位也不一致:现代是一个词,古代是两个词。如果无视其语源,解释就不易透彻,甚至可能误解。

在古代作品教学中,经常会遇到词义的历史演变问题。如《汉书·霍光传》"光与左将军(上官)桀结婚相亲"句,学生觉得上官桀做左将军,当然是男的,而霍光也是男的,说二人结婚,不能理解。其实古代结为夫妇的双方,女方的亲属可称为"婚",男方的亲属则称为"姻",这里是指霍光的长女嫁给上官桀的儿子上官安做妻子,双方成了"亲家"。《汉书·杨恽传》:"恽幸与富平侯婚姻"的"婚姻"也是这一意思。又如《国语·周语上》"王犹不堪,况尔小丑乎!"的"丑"是"类"的意思,不是后代说的"丑角","小丑"即"小类",即指没有地位的小辈。《尔雅》"凫(fú),雁丑",意思是说:野鸭(水鸭)是雁的同类。由此可见历史地看待古书词义是十分必要的。

(二) 唯 物 的

语言是社会现象,语音是语言的物质外壳,同意义紧密结合着。"训诂之旨,本乎声音",这是一种很重要的见解。早在战国时的荀况《正名篇》讨论的"名"(古代称"词"为"名"或"字",郑玄曾说"古曰名,今曰字,其实一也")和"实"的问题,也已表明了词以它的形式(音)概括它的内容(义)。因此,词义从它的存在形式、使用状况和运动规律来看,都是客观事物的主观反映,决不能主观臆断,凭空揣测。宋代的主观唯心主义者陆九渊曾公开说:"六经注我,我注六经。"(《象山全集》卷三十四)无怪乎《论语》不仅曾被各式各样的人作了不适当的评价,而且也被各式各样的人作了不同程度的曲解。《论语》没有一个"理"字,而朱熹的《集注》里却处处是"天理"、"理"这些字眼;孔子已经认识到人类社会物质生活的重要意义,才有"先富后教"的主张,可是朱熹的《集注》到处是斥责人欲的词句,这是主观臆断甚至蓄意曲解的典型。

树立唯物观点,对上述情况能够识别并正确对待,对词语的一般训释也就会合理地去对待。比如前边已经提到过朱熹对《礼记·大学》"致知在格物"的注释是值得怀疑的,但只是怀疑而缺乏证验,还是不能纠正错误。我们以《方言》、《三体石经》、《汉费凤碑》中的"佫"为证,说明后世以"格"代"佫"这一史实,就比较可靠了。同时,遇到古训如《诗经·魏风·伐檀》中一些语义的解释,历来就有分歧,如果要恰如其分地去理解它,也必须本着唯物论观点去考察分析。探寻新解也要持有证据,不能随意推测。

(三) 辩 证 的

王力在《汉语史稿》(上册)这样说过:"所谓区别一般和特殊,那是辩证法的原理之一。在这里我们指的是黎锦熙先生所谓'例'不十,不立'法'。我们还要补充一句,就是'例外不十,法不破'。我们寻觅汉语发展的内部规律,不免要遭遇一些例外。但如果只有个别的例外,绝对不能破坏一般的规律。古人之所以不相信'孤证',就是这个道理。例外或孤证当然也有它的原因,但是那往往是一种偶然的外因,例如传抄异文之误。区别一般和特殊,这个原理非常重要,假使同时代一切史料都没有这种语言现象,只有一部书有这种现象,这部书就有被证明为伪书的可能。"王力这段话是很有启发性的。举例来说,《列子·汤问》里有句话是:"遇黑卵之子于门,击之三下。"其中"下"本来是表示方位的名词,由于词义引申而用来表示动量;这种引申意义及用法出现在魏晋南北朝时期,我们不能因为《列子》里有了动量词的用例就轻率地认为先秦或两汉早已出现动量词。相反,我们倒可以从"下"以及其他类似现象推断《列子》不是战国时期的作品,也不是两汉时期的作品,而是晋人的作品。(按:《列子》一书相传为战国时列御寇著。《汉书·艺文志》著录《列子》八篇,早佚。今本《列子》八篇,从思想内容和语言使用上看,应是晋人作品,"下"由名词引申为动量词便是铁证。此外还有其他例证,暂从略。)

是否传抄之误,是否伪书,这当然可作专门讨论,暂且不谈,但至少应该认识到:作为一般的语言现象,必然是常见或比较常见的;要是"绝无仅有",只能算特例。比如先秦古籍中的"是"不表示对事物的判断意义,即便有,只能算是例外。当然,要做到区别一般与特殊不是简单的事。

语言是社会现象,语义和语言其他诸要素一样,是约定俗成的。个人的创造,必须得到社会的承认。比如"朕"这一人称代词,秦始皇开始用为皇帝的自称,以后大家都这样理解了,也就约定俗成了。至于"玉出昆岗"(《千字文》)的"昆岗"用来表示"昆仑山",即把联绵词"昆仑"随意折说为"昆",又为了押韵以"岗"代"山",这样的创造,就很难说是约定俗成,只能作特定含义理解。

语言现象的一般性和特殊性不仅表现在通例和例外上,也表现在经常性的用法和临时性的用法上。这在语法学等著述中已有所分析说明,这儿从略。

(四) 现 实 的

从客观现实出发,至少要注意三点:

1. 以今释古,以易释难

汉代的扬雄,在他的《法言·序篇》里有"蠢迪捡押"这么一句,古奥得很。晋李轨注云："蠢,动也。迪,通也。检押,犹隐括也。言君子举动则当蹈规矩。"这"举动则当蹈规矩"比较浅显易懂。《尚书·尧典》"庶绩咸熙"不大好懂,《史记·五帝本纪》作"众功皆兴"就好懂了,《尔雅》分别解作:"庶,众也。绩,功也。咸,皆也。熙,兴也。"这些都是"以今释古,以易释难"的实例。

2. 以已知释未知

古代齐国的有关记载中的"钟",杜注为"六斗四升"。知道这一点,读"仲子齐之世家也,兄戴益禄万钟"(《孟子·滕文公下》)句,一可以知道"万钟"当为六千四百石(姑且理解为"万钟"乃表实数之词语),二可以据此知道古代战国卿禄之数。已知的感性资料积累得越丰富,疑难问题就会解决得越多越好。

"训诂"原来就有用通俗的话解释词义(训)、用当代的词语解释古代词语或用普通话解释方言(诂)的意思,这是符合客观实际要求的,也是今天仍应坚持的原则。

3. 为"今世"服务

我国古代文化遗产很丰富,必须批判地继承,为"今世"服务。要做到这一点,对古籍的整理和注释工作是极其重要的。古书的注释工作中的重要一环就是训诂,今天从事训诂,有两点是必须特别重视的:

(1) 既要"尊重故训",又不要"盲目依从"。

古人训释有很多科学的东西,应该充分肯定并继承,但也带有时代的和注释者本人的思想观点的局限,要注意鉴别。比如《说文》是一部很有训诂价值的著作,可是它说"祸,害也;神不福也"及"凤,神鸟也;见则天下大安宁"之类,便是迷信愚昧的说法。其他如宣扬封建道德,鄙视妇女等思想意识,也充塞字里行间。我们必须正视这些事实,区别精华与糟粕。

(2) 纠正旧训诂的弊病,推陈出新。

旧训诂的弊病不少,重要的可归结为以下一些:厚古薄今,党同伐异,烦琐寡要,穿凿附会,增字解经,随意破字,误虚为实,拆骈为单,不懂古义,不通语法等等。这些弊病,周大璞《训诂学要略》140～151页多有例析,这儿不想重复,只就周书尚未提及的"沿讹袭谬"这一弊病略举一二例作些说明,以资隅反。《庄子·至乐》"俄而,柳生其左肘"的"柳",前人误解为"杨柳"的"柳",因讹传讹,竟连唐代诗人王维的诗句里也出现"今日垂杨生左肘"的说法。这便是沿讹袭谬之弊。其实"柳"是借用为"瘤"。

《史记·刺客列传》"此臣之日夜切齿腐心也"的"腐",唐代司马贞《索隐》说"亦烂也",后人也以讹传讹,直到现在还有人误注为"恨得好像那颗心也煎熬得腐烂了"。这也是沿讹袭谬之弊。其实"腐"是借用作"拊(拍打)","拊心"是捶胸的意思。《战国策·燕策》"切齿拊心"可为佐证。不言而喻,果能纠正以上种种弊病,则训诂学振兴在望。

六、训诂学的用途

(一)指导古代作品的阅读与教学

在古代作品的阅读与教学中,常会遇到一些疑难问题,有些人常以"不求甚解"的办法略过,这必然影响对文章的深入、准确的理解。为了有根据地解释这些疑难问题,我们很有必要懂得一些训诂常识。比如:

苛政猛于虎也。(柳宗元《捕蛇者说》)

中学语文课本注:"苛酷的统治比老虎还要凶啊!"《文言散文的普通话翻译》译作:"孔子说过:'残酷的统治比老虎还厉害。'"其实这句中的"政"并不是指"统治",而是"征"的通假字,指赋税。王引之《经义述闻》:"政读曰征,谓赋税及繇役也。诛求无已则曰苛政。"杨倞《荀子·富国》注云:"苛,暴也;征亦税也。"张涤华《读新版〈辞海〉偶识》"古字政与征同",也指出了"征"指"烦重的赋税和繇役"。

小大之狱,虽不能察,必以情。(《左传·庄公十年》)

初中课本第五册注:"情,实情。"《阅读与欣赏》(古典文学部分·一)云:"情字当真实的实字讲,意思是说,一切大大小小的案件,我虽然不能每一件都了解得很仔细,但是一定要根据实际情况,尽量评判得公正合理,不使人受到冤屈。"可是,对案情既不能明察,又何从谈起"根据实际情况"处理呢?这样的训释,不禁给人留下了疑点。其实,"情"是"诚"的通假字,因音近(叠韵)关系(同属庚韵)而通假,是"至诚"(诚心诚意),即"不徇私情"的意思,与下文"忠之属也"相照应。

至其时,西门豹往会之河上。三老、官属、豪长者、里父老者,以人民往观之者三二千人。(《史记·滑稽列传》褚先生补)

中学语文课本注:"以,以及、还有。"十三所高校编《中国古代作品选》注:"以及,还有。"《词诠》释作"以……身份"。其实"以"字释为"以及"似嫌未妥:"三二千人"言百姓来看热闹的人数之多,不是指河边各种人员的总数(下句还继续有人员——老巫及弟子女——的交代)。释作"以……身份"亦嫌牵强:中国古代对公共场所"看热闹",从无"凭身份"的规定和限制。于在春《文言散文普通话的翻译》(续编)注说:"这个'以',旧注一说等于'以及',一说是'以名义',都不能自圆其说,缺疑暂不翻译。"作者发现了这个问题并持谨慎的态度。其实,"以"是"有"的意思。裴学海《古书虚字集释》说"以"犹"有",《唐韵正》说"有"古读"以"。《管子·治国篇》"今也仓廪虚而民无积,农夫以鬻子者……"句中的"以"与上例同。可见,"以人民往视者"即"有人民往视者"。

　　　　乐土乐土,爰得我所。(《诗经·魏风·硕鼠》)

郑玄笺云:"爰,曰也。"孔颖达疏云:"则曰得我所。"中学语文注:"爰,乃,才。"上海古籍出版社《中国历代文学作品选》注:"爰,乃。"《词诠》:"语助词,无义。"十三所高校编《古代文学作品选》(上册)注了全句八个字中的七个字,唯独"爰"字不注。其实,这个"爰"字属兼词(是介词"于"和指示代词"是"的结合)。王引之《经传释词》:"爰,于是也。"王力《古代汉语》注:"爰,兼词,即在这里。"杨伯峻《文言虚词》:"爰,可以作兼词,当'于是'解,'在这里''在那里'的意思。""爰得我所"即"于是得我所"。"爰"相当于现代汉语里的介词结构"在那里"。

(二) 指导整理古籍

　　整理古籍一般说来不外乎对古籍进行标点、校勘、注释和翻译,而这些工作都离不开训诂知识。下面就分别谈谈这几方面问题。

1. 训诂与标点

　　正确地理解古书文意,是对古书进行断句和标点的前提,而要正确理解古书文意,必须通训诂。比如:

　　　　……殷仲堪《常用字训》(按,此书今已亡佚),亦引服虔《俗说》,今复无此书,未知即是《通俗文》,为当有异?或更有服虔乎?不能明也。

"为当"是选择连词"还是"、"抑或"之意(见蒋礼鸿《敦煌变文字义通释》四版 345 页),有人不明"为当"之意,误将这句断作"未知即是《通俗文》为当有异……"以致文义不明(见《南开学报》1981 年 2 期,刘叶秋《阅读散记》一文)。

譬之若良医,病万变,药亦万变。(《吕氏春秋·察今》)

"譬若、譬之若、譬之犹、譬之是犹"是古文中常见说法。这句"譬"和"若"间插进"之",本来不能单纯作"譬如"解;"譬之"和"若"中间应该停顿,不能连读。句意是"拿它打个比方吧,好像……"。

正确加标点有助于分清古文层次。《史记·项羽本纪》"行略定秦地函谷关有兵守关不得入"句,有的注本在"行"下加逗号,"守关"下不加逗号,就不大妥当。改为"行(行将)略定秦地,函谷关有兵守关,不得入",语意显豁,层次分明:一言项羽军动向,二言遇到新情况,三言新情况下的新困难。

2. 训诂与校勘

段玉裁《经韵楼集·与同志论校书之难》认为校书的困难不在照本改字不讹不漏,而在于难决是非。陈垣《元典章校补释例》谓校勘之法有四,其四曰"理校",即"不凭本而凭理也"。按段玉裁说的"决是非"和陈垣说的"理校",都必须在通训诂的基础上才能办到,否则校勘就难免谬误。比如:王念孙《读书杂志·战国策杂志》"触詟揖之"条,辨"触詟"应为"触龙"。近年长沙马王堆二号汉墓出土的帛书《战国策》,证实了他的看法。他精通训诂,故能有此卓见。又如《鬼谷子·符言》:"家于其无常也。"俞樾说"'家于'乃'寂乎'之讹",并以《管子·七守》作"寂乎其无端"为佐证(《春在堂全书·读书馀录·鬼谷子》)。这就是运用训诂进行"理校"的例子。(按:"寂"的古字作"家",这与讹变有涉。)

3. 训诂与注释

注释古书,必须通训诂。正如宋人郑樵所说:"古人之言,所以难明者,非为书之理意难明也,实为书之事物难明也;非为古人之文言难明也,实为古人之文言有不通于今者之难明也。"古人之言有不通于今者,即需要运用训诂方法加以解释。比如"内无怨女,外无旷夫"(《孟子·梁惠王下》)的"怨"是蕴积的意思,不可误解为怨恨的意思。又如贾谊《旱云赋》"终风解而雾散兮"的"终风",某选本注为"整日刮的风",这是常识性错误。"终风"的"终"应作"既"解(说见王引之《经义述闻》卷五"终风且暴"条)。可见不通训诂而注释古书,差错是很难避免的。

目前有些古籍的注释看来无甚大错,但它并没能给一般读者具体解决多少问题,这是一种忽略训诂的表现。下面不妨举个曾有人提示申述过的实例,比较各注家作注的几种情况来说明。

犀兕有皮,而色资丹漆。(《文心雕龙·情采》)

黄叔琳注为:"《左传》华元答城者讴曰:牛则有皮,犀兕尚多。役人又歌曰:纵有其皮,丹漆若何?"(《文心雕龙校注》第217页)这条注释仅指明了刘勰此语的出处,选摘《左传》原文。这种以经解经的注书方法有其形成的历史原因,对古籍的研究考证也有一定的参考价值,但对今天的广大读者来说,效果不一定好。范文澜注为:"《左传》宣公二年'宋城,华元为植巡功。城者讴曰,……华元使骖乘者谓之曰,牛则有皮,犀兕尚多,弃甲则那?役人曰,从其有皮,丹漆若何?'"(《文心雕龙注》第540页)这和黄注不同的是:摘引了刘勰语句有关的所有原文。要了解刘勰语句真意,还得再去翻其他注本。王力主编《古代汉语》注为:"犀兕虽然有皮,但要凭借丹漆才能有色彩。资,等于说凭借。《左传·宣公二年》'牛则有皮,犀兕尚多。……从(纵)其有皮,丹漆若何?'"这比以经解经的注释前进了一步,照顾到初学者和学术探讨者两方面的需要。不过注者还没有说清犀兕之皮和丹漆在古代的用处和相互关系,读者也就无法理解刘勰为何用此语比喻文章内容和形式的辩证关系,只得再去查《左传》原文的译注。其中华元与筑城者对话的释注:"'犀'和'兕'的皮皆可制甲。……'牛的皮可以造甲,犀牛、兕牛也还有不少;就是丢弃了甲又有什么要紧呢!'这是华元勉强解嘲的话。……'丹',红色;'漆',漆树的胶液,此处指黑色:都是涂在甲上的染料。此言'纵然牛皮很多,可是丹和漆却不够用,你看怎么办呢?'这是筑城的人民反问华元的话。"(北京大学《先秦文学史参考资料》第172页)到了这时候,读者明白了刘勰语句的原意:甲用坚韧的牛皮制成,涂上丹漆,才能色彩斑斓而威武,正如内容充实的文章,一定要用华美的形式来表现。这种通俗明白的注释,对帮助广大读者明了古代的典章制度、器物名称,理解古籍的内容涵义,效果较好。郭绍虞《中国历代文论选》上册在《情采》篇中对刘勰此语也作了注释:"意谓犀兕皮韧,可以制甲,但须涂上丹漆,才有色彩之美。"(第222页)这种注释,显得准确、精练、易懂,并引导读者深入探索文章的具体内容。我们知道,牛皮涂上丹漆,不仅使甲具有色彩之美,并能使甲更加坚韧,不怕刀砍箭穿,而且色彩斑斓,穿戴起来,威武雄壮,在战场上又能起到威慑敌人的精神作用。刘勰的话,形象地说明内容要通过一定的形式表现出来,完美的形式不仅能正确地表现内容,而且还有强化内容的积极作用。当然,如果郭注能在上述注文基础上对犀牛之皮、丹、漆和甲这些古代器物稍加解释,并摘引《左传》的有关原文,以资参照,那么文字虽长了些,却更能满足专业研讨和一般学习诸方面的需要了。

古书注释恰当与否,多属语言问题,但也涉及其他,这便需要多方考证,防止片面责难。有篇文章对"西门豹簪笔磬折"中的"簪笔"作了这样的叙述:

> 湖北出版的《古代作品讲析》第一册六五页注云:"把笔插在头上,假装准备记录河伯的吩咐。"江西人民出版社一九七九年出版的《历代散文选注》一六六页注云:"古人把笔插在头发上备用,有事就记在笏上。"
>
> 上面的注释,是违背历史事实的。相传,记事的毛笔是秦时蒙恬监军修筑长城时偶然的机会发明的。

上述两个注本对"插笔(以毛装簪头插于冠前)备礼"的"簪笔"解释不妥是应该指出的,而从一般毛笔产生的时代着眼责以违背史实,又简单地凭"相传"之说证以毛笔产生于秦代就未必妥当了。姑且不说"簪笔"之"笔"系属何物,秦代始有毛笔之说也是不正确的。事实上,从新石器彩图案看来,当时已经用笔作画。殷墟甲骨文中发现有写好而未曾刊刻的文字,也该是离不开笔的。即便撇开这些不谈,解放后长沙出土了战国帛画,连同发现有好几支毛笔,总可以证实秦以前早已有笔了吧?既然如此,前面引用的那节文章中所谓"违背历史事实"就未必正确,而古书"恬(秦大将蒙恬)始作笔"的记载也是不足为据的。

总之,古书注释问题是个非常复杂的问题,涉及的面相当广。从事注释工作也好,评议得失也好,都不可掉以轻心。有些问题虽然不是与训诂直接有关,可是训诂学却是必须十分重视的。

4. 训诂与翻译

从事古书今译,必须先把古书读懂,切忌以己之昏昏,而欲使人昭昭,更忌误解古书,以讹传讹。古书文句有时有好几种解释,译者必须认真选择比较好的一说,并在注释中列出有参考价值的其他说法,以供读者参考。

严复翻译十八九世纪世界名著,有过"信、达、雅"之说,翻译古文亦然。"信"是忠实于原文,即正确、准确之意,"达"是译文能表达原意。"雅"更进一层,即译文要有艺术性,值得欣赏。"信、达、雅"三者中,"信"为首,因为如若不"信",译文再好也不抵事(不是原作者文意)。在"信"的基础上求"达",译古文比译外语或许容易些,而"雅"已是译文的最高境界,若非熟练掌握古今汉语而又有文艺修养的人,是不易做到的。万不能为"雅"而走失原意。由此看来,翻译古书,必须要通训诂。此理至显,无烦多说。各种文选出现的不"信"现象,不少报刊已陆续指出,这儿仅以《雅颂选译》这本书的译文为例略作提示。这个选译本中的《十月之交》的原文和译文是这样的(节录):

原　文：　　　译　文：
…………　　　…………
朔月辛卯。　　　月初一辛卯。
日有食之，　　　又有日食了，
亦孔之醜。　　　也就是很大的醜！
彼月而微，　　　那月光就有亏微，
此日而微。　　　这日光也有亏微。
今此下民，　　　至今这些下面的人，
亦孔之哀。　　　也就有很大的悲哀！
…………　　　…………
烨烨震电，　　　闪闪发光的大雷电,还有地震,
…………　　　…………

"亦孔之醜"的"醜"不应译为丑事(古代"醜"和"丑"是意义各不相同的两个字,今"醜"简作"丑"),应译为怪异(坏)之事,才能和日、月食的非常天象联系起来。"微"指不明亮,译为"亏微"不妥,也不成词。"震"应训"雷","震电"即"雷电",不能译成"大雷电,还有地震"。其他像"月初一辛卯"即便不算错,也够不上"达"、"雅";合适的语译应是"初一辛卯日"。(按:"朔月"应作"朔日",即初一,已有人校正。)

(三) 指导编纂字典辞书

工具书的编纂和修订,离开训诂学是无法进行的。首先,工具书的体例总要参照前人的训诂书和注释书。我国最早的字典是许慎的《说文解字》,它首创了用偏旁部首来统帅文字形体的编排方法;这个方法至今仍为现代新编字典辞书所采用。其次,今天编纂字典辞书的方法仍未越出前人范围(汉代人释词方法可归纳为"互训"、"义界"、"推因"三种,详见后文)。显然,不通训诂,对一些词语的解释不可能都确切,会降低工具书的科学性和使用价值。下面以"黎明"一词的几种训释为例作说明,以见

一斑。

旧版《辞源》、《辞海》等解为"天快亮的时候";

《古汉语常用字典》等解为"天刚亮的时候";

《现代汉语词典》(修订本)解为"天将亮未亮之时"。

（按：2009年版《辞海》亦作"天渐亮之时"。）

以上对"黎明"作了"快亮"、"刚亮"、"将亮未亮"等的不同解释。

我们根据清代王念孙《读书杂志》对"黎明"一词的解释,应是:"黎明"一作"犁明",又作"迟明"。"黎"、"犁"、"迟"都应依照徐广、司马贞的解释,训为"比","黎明"就是"比明"。再据杨树达《词诠》的解释:"'犁'、'黎',时间介词,及也,比也,至也。""'迟',时间介词,及也,比也。""'比',时间介词,读去声,及也,至也,与口语'到'同。"不难看出,"黎明"既不是"天快亮的时候",也不是"天将亮未亮之时",而是"天刚蒙蒙亮的时候",即"已明"。从这个例子,可见训诂对编纂字典辞书的重要性。总的说来,训诂应体现对旧字典、辞书的揭疑、补漏、纠误等指导作用。

（四）对其他学科的帮助

其他学科也用得上训诂。比如搞历史的为什么把陈胜的国号和王号理解为"张楚"呢？主要是对"号为张楚"一语的"张"的理解有异。"张",《广雅》作施讲,《广韵》作开讲,《集韵》作陈设讲。"开"、"施"、"设"也可引申为"建"的意思,因此"号为张楚"一句当解释为"宣称为建立楚国"。考《史记·秦始皇本纪》和《汉书·高帝纪》,都说"自立为楚王",而不是"张楚王"。至于"国号",据《陈涉世家》记载,两次称为"大楚"："狐鸣呼曰:'大楚兴,陈胜王。'""袒右,称大楚。"九次称"楚"。由此更可以看出陈胜建立的"国号"是"大楚"而不是"张楚"。"大楚"也就是"楚",如"大唐"也就是"唐"一样。如果有人说"张"也可以作"张大"解释,"张楚"也就是"大楚",这就未免牵强了。这种理解的随意性是训诂学所不取的。

又比如搞医学的混用"黄藤"和"藤黄"这两个词儿,良药与毒药不分,就太危险了。前几年,在一本医校试用教材中曾出现过把预防小儿流行性脑脊髓膜炎的药物"黄藤"误印成"藤黄"的典型例子,这是可能造成事关人命的严重后果的。有人可能说,这是作者或编者责任心不强,排印和校对疏忽,致使词素位置颠倒了。当然,责任心不强,无论做什么工作都有可能出纰漏,甚至铸成大错,但是,如果重视了药物训诂,类似上述的差错是应该可以避免的。过去还有过"锡、钖"不辨、"轻易"的"轻"误解为

"轻重"的"轻"而引致误用药物等现象,就更与训诂有关了。

训诂对日常的工作学习也是关系密切的。比如有些人写文章把"佼佼"当作特出、拔尖的意思来使用,甚至误写成"姣姣",这就妨碍了思想感情的如实表达。"佼佼"应是指"在平常中突出的",不是指"特别优秀的"。《广韵·巧韵》:"佼,下巧切;又,古巧切,庸人之敏。"《后汉书·刘盆子传》:"卿所谓铁中铮铮,佣(庸)中佼佼者也。"凡此均可为证。又比如"商人"这个词儿,我们经常听到用到,如果有人问"商人"究竟是何含义,这也就用得着训诂了。

最后还想再强调几句:训释语义必须持之有据,不能想当然地随意说解。王力在这方面的谨严态度,是很值得效法的。比如"再"字,他统计《左传》共见四十七次,都是"两次"(或"第二次")的意义,没有一次是"复"的意义;再拿《公羊传》、《穀梁传》、《墨子》、《论语》、《庄子》、《孟子》、《荀子》等书的有关用法作比较,也没有例外。这样就用确凿的事实证明了《说文》"一举而二也"的解释是正确的,从而给人们以更具体的启示。古书语言成分的分析统计是很费工夫、花力气的事情。现在随着电脑的利用,分析统计工作已大为省时而简便,为今后从事有关的科学研究提供了优越的条件。有优越条件,而又持谨严态度,成效一定可以更大。

想当然的说法从前有,现代也有,甚至出现在报刊上,我们训释语义时应引以为戒,阅读书刊时应多多关心,随时辨正。本书后边有"古书词语训释二百例",在这方面也提供了一些参考材料。

七、传统训诂学常用术语选录
(包括特定格式)

1. 某,某也

这是训诂最常用的特定形式,表示某一个词当解释为另一个词(解释的词在后,被解释的词在前)。比如:

《诗经·魏风·硕鼠》:"三岁贯女,莫我肯顾。"毛传:"贯,事也。"

有时可不用"也",作"某,某"。比如:

《诗经·召南·采蘩》:"于以采蘩,于沼于沚。"毛传:"于,於;沼,池;沚,渚。"

《荀子·劝学篇》:"木直中绳,𫐓以为轮,其曲中规,虽有槁暴,不复挺者,𫐓使之然也。"杨倞(jìng,一读liàng)注:"𫐓,屈;槁,枯;暴,乾;挺,直也。"

第一例一个"也"字也不用,第二例只有末了用了一个"也"字。《尔雅》之类的分类词汇也常用这种格式,它们将意义相同或相近的词放在一起,下面作一个总括性的解释。比如:

《尔雅·释诂》:"初、哉、首、基、肇、祖、元、胎、俶、落、权舆,始也。"

2. 谓、言、犹、曰、谓之

谓 使用这个术语的时候,被解释的词放在前面。它往往用来表示以一般释特殊或以具体释抽象。"谓"相当于"指的是"或"说的是"。比如:

(1)《论语·子罕》:"后生可畏。"何晏注:"后生,谓少年。"

(2)《离骚》:"众女嫉余之蛾眉兮","恐美人之迟暮"。王逸注:"众女谓众臣","美人谓怀王也"。

(3)《论语·阳货》:"君子学道以爱人。"孔安国注:"道,谓礼乐也。"

这个术语有时也用来表示比喻意义。比如:

《诗经·邶风·谷风》:"何有何亡,黾(mǐn)勉(辛勤努力)求之。"毛传:"有,谓富也;亡,谓贫也。"

言 这个术语加在解释的词语之前,组成"某,言某也"的格式。它有阐述的意思,多用来串讲大意,或总括一段话的中心意思。比如:

(1)《诗经·豳风·东山》:"慆(tāo)慆不归。"《毛传》:"慆,言久也。"

(2)《左传·僖公二十年》:"子鱼曰:'君未知战,勍(qíng)敌之人,隘而不列,天赞我也。'"杜预注:"勍,强也。言楚在险隘,不得陈列,天所以佐宋。"

(3)《素问·六节藏象论》:"草生五色,五色之变不可胜视,草生五味,五味之美不可胜极。"王冰注:"言物之化,禀化各殊,目视口味,尚无能尽之,况于人心乃能包括耶。"

例(1)用以阐述"愔愔"的含义;例(2)用以串讲大意;例(3)用以总括一段话的中心思想,意即人的嗜欲更加复杂,很难用一句话来概括。

犹 用这个术语组成"某,犹某也"的格式,大致和现代"等于说"相当。仔细分析,"犹"的用法有好多种:一是以意义相近的字来解释,如"漂犹吹也"("漂"本训"浮"字,因"吹"而"浮");二是以引申义释本字,如《孟子·梁惠王上》"老吾老以及人之老,幼吾幼以及人之幼"句,赵岐注"老犹敬也,幼犹爱也"(按词性相应变化);三是以本字释借字,如《文选·册魏公九锡文》"若赘旒(liú)然"句,李善注引何休《公羊解故》云"赘犹缀也";四是以今语释古语:"掺掺犹纤纤。"(《诗经·魏风·葛屦》"掺掺女手,可以缝裳。"《诗集传》卷五:"掺掺,犹纤纤也。")

曰 相当于现代的"叫"或"叫作"。使用这些术语时,被解释的词在后面。比如:

《尔雅·释地》:"两河间曰冀州,河南曰豫州,河西曰雍州,汉南曰荆州,江南曰扬州,济、河间曰兖州,济东曰徐州,燕曰幽州,齐曰营州。"

除一般释义外,它还特别用来分辨同义词和近义词。比如:

(1)《诗经·魏风·硕鼠》:"逝将去女,适彼乐郊。"郑笺:"郭外曰郊。"

(2)《论语·先进》:"加之以师旅,因之以饥馑。"朱熹注:"谷不熟曰饥,菜不熟曰馑。"

(3)《论语·学而》:"有朋自远方来。"郑注:"同门曰朋,同志曰友。"

这类的"曰"多半用来给词下定义。

谓之 "谓之"和"曰"、"为"的作用一样,可以任用其一。试比较下面实例:

(1) 谷不熟曰饥,菜不熟曰馑。(《论语·先进》朱熹注)

(2) 谷不熟为饥,蔬不熟为馑。(《尔雅·释天》)

(3) 二谷不升谓之饥,三谷不升谓之馑。(《谷梁传·襄公二十四年》)

"谓之"亦作"为之"(《尔雅·释丘》"绝高为之京"),又作"之谓"(《孟子·告子》"生之谓性")。

但是"谓之"和"谓"不一样。试比较:

"谓之"和
"谓"前后
次　序
相反。
$\begin{cases} 野外　　谓之林。(《尔雅·释地》) \\ 释词　　被释词 \\ 道，　　谓礼乐也。(《论语·阳货》) \\ 被释词　释词 \end{cases}$

3. 当为(当作)、读为(读曰)、读若(读如)、之言(之为言)

当为(当作)　凡遇原文有误字误读须更正的,就用"某当为某"或"某当作某"这个格式。比如：

(1)《太素·顺养》："菀藁不荣。"杨上善注："菀藁当为宛槁。"

(2)《周礼·夏官·训方氏》："诵四方之传道。"注："故书'传'为'傅'，杜子春云：'傅当作传。'"

(3)《礼记·缁衣》："资冬祈(大)寒。"注："资当为至,齐鲁之语,声之误也。"

读为(读曰)　这术语表示用本字说明假借字。比如：

(1)《诗经·卫风·氓》："隰则有泮。"郑笺："泮读为畔。"(按泮为泮宫,畔为田界)

(2)《尚书·尧典》："播时百谷。"郑玄注："时读曰莳(shì,移栽)。"

"泮"、"时"是通借字,"畔"、"莳"是本字。我们理解时自然不能单纯地看作读音问题,而要把读音和释义都当作"畔"、"莳"看待。

读若(读如)　这术语多用来拟声注音。段玉裁说："读如、读若者,拟其音也,古无反切,故为比方之词。"比如：

(1)《说文》："哙,咽也,从口,会声。或读若快。"

(2)《吕氏春秋·夏纪》注："饬,读如敕。"

一般说来,"读为、读曰"的功用是"易其字","读若、读如"的功用是"拟其音"。但是,有时候"读若"、"读如"的作用和"读为"、"读曰"相同,也是用本字来说明假借字。比如：

《礼记·儒行》："起居竟信其志。"郑玄注："信,读如屈伸之伸,假借字(这里指'通假字'而言)也。"

如上所述,"读为"、"读曰"和"读若"、"读如"的分别在于：前者是用本字破假借字；后者一般是用于注音。然而有时"读若"、"读如"也是用本字来破假借字，这是古人使用术语不严密而产生的混乱情况。所以前人对"读若"的性质还曾经有过三种不同的说法：一说"读若"是拟音（段玉裁），二说"读若"是假借（严章福），三说"读若"既有拟音又有兼明假借（王筠）。通常则从第一种说法。至于"读若"的体例，前人归纳有十三种之多，一般说来，重在了解"读若"的性质。

之言（之为言） 这术语和前面讲的"言"不同。使用这术语时，必然是"声训"：除了释义之外，释者与被释者之间有时是同音的关系，有时是双声叠韵的关系，与词义的推原有关。其格式为"某之言某也"，"某之为言某也"。比如：

(1)《论语·季氏》："吾恐季孙之忧，不在颛臾，而在萧墙之内也。"郑玄注："萧之言肃也。墙谓屏也。君臣相见之礼至屏而加肃敬焉，是以谓之萧墙。"

(2)《论语·为政》："为政以德，譬如北辰，居其所，而众星拱之。"朱熹注："政之为言正也，所以正人之不正也；德之为言得也，得于心而不失也。"

"肃"、"正"、"得"除了从意义上分别注释了"萧"、"政"、"德"之外，释者与被释者之间还有语音上的关系："肃"、"萧"双声，"正"、"政"同音，"得"、"德"同音。

《周礼》郑玄注："赋之为言铺也"。

"赋"、"铺"叠韵（均"鱼"部）。

4. 浑言、析言

浑言 笼统地说。**析言** 分析地说。这是指出近义词的共同义和区别义时所用的术语。比如：

《说文·鸟部》："鸟，长尾禽总名也。"段注："短尾名隹，长尾名鸟，析言则然，浑言则不别也。"

"浑言"也称"统言"、"通言"、"散言"或"散文"，"析言"也叫"对言"或"对文"。比如：

(1)《说文·草部》："茅，菅也。"段玉裁注："按统言则茅菅是一，析言则菅与茅殊。"

(2)《礼记·曲礼下》："生曰父，曰母，曰妻；死曰考，曰妣，曰嫔。"孔颖达《正义》："此生死异称,出《尔雅》文,言其别于生时耳。若通而言之,亦通也。"

(3)《诗大序》："声成文谓之音。"孔颖达《正义》："此言'声成文谓之音',则声与音别……对文则别,散则可以通。"

(4)郝懿行《尔雅义疏》："狗犬通名。若对文,则大者名犬,小者名狗;散文,则《月令》言'食犬',《燕礼》言'烹狗',狗亦犬耳。今亦通名犬为狗矣。"

以上"对言"是指相对(同时使用一组近义词)而言,相对而言的文辞就叫"对文";"散言"是指不相对(零散使用近义词)而言,不相对而言的文辞就叫"散文"。段玉裁在综合剖析前人这些训诂材料的基础上就"浑言"、"析言"及其字例作出确切的说明,更丰富了传统训诂学在词义方面的理论与实践的内容。

"浑言"彰其同,"析言"明其别,旨在揭示同义词间内在联系与区别。有人统计,《说文解字注》"浑言"与"析言"对称的有一百零三例,"统言"与"析言"对称的有四十二例,单称"浑言"的三十二例,单称"统言"的二十二例,用"散文"与"对文"的九例,总共二百零八例。这个统计数字不精确。事实上有二百四十五处之多。"浑言"、"析言"诸条例的广泛运用,对训诂学的发展起了促进作用。

不过应该指出:"对文"、"散文"的说法早在唐代就出现,强调的是同义词的使用方式;清代的"浑言"、"析言"则是训释方法,应属两个范畴。但它们有密切的联系。对于不同场合使用的词语,一般要有不同的训释方法。

5. 其他

貌 这个术语表明被解释的词是表示某种性质或状态的,相当于现代汉语的"……的样子"。它的基本格式为"某,某貌"。有时也用"……之貌"。比如:

(1)《周易·咸卦》释文引王肃注:"憧憧(chōng),往来不绝貌。"(用现代汉语说,就是"往来不停的样子"。)

(2)《诗经·王风·氓》:"氓之蚩蚩,抱布贸丝。"毛传:"蚩蚩,敦厚之貌。"(一说借为嗤嗤,犹嘻嘻,笑也。)

辞(或作"词") 这术语用来指明文句中的虚词。比如:

(1)《诗经·周南·汉广》:"汉有游女,不可求思。"毛传:"思,辞也。"

(2)《说文·矢部》:"矣,语已词也。"

属、别 都用来表示事物种类:"属"强调事物的共同性,"别"强调事物的区别性。比如:

《说文·禾部》:"秔(jīng),稻属。""稗(bài),禾别也。"("秔"同"粳"、"粳"旧读 gēng,稻的一种;稗,叶像稻,果实像黍米,稻田害草。)

对此,段玉裁有精确的说明:"凡言属者,以属见别也。言别者,以别见属也。重其同,则言属,秔为稻属是也;重其异,则言别,稗为禾别是也。"

"属"又叫作"醜",比如:

《尔雅·释鸟》:"凫(fú),雁醜。"("醜"简化为"丑"。)

此外必须顺带提到的是"连属"的"属"。"连属"即"连读",表示上下文意和语气要相连。比如:

《左传·宣公十年》:"公出自其厩射而杀之。"杨树达认为:"仍当从旧读,以'自其厩'下属为是。"(意思是"公出"为句,"自其厩"与"射而杀之"连在一起为句)

一曰、一名 "一曰"用以指出别义,或指出并存数说;"一名"限于用来指别名。比如:

(1)《说文·艸部》:"藨(biāo),鹿藿(huò)也……一曰蒯(kuǎi)之属。"

(2)《说文·艸部》:"蘘,蘘荷也,一名葍蒩(fúzū),从艸,襄声。"

破读、读破 用本字去改读古书中的通假字,称为"破",也叫"破读"、"破字"或"易字"。比如:

《周礼·天官·疡医》:"疡医掌肿疡、溃疡、金疡、折疡之祝药、劀(guā,刮去恶疮的脓血)杀之齐(剂)。"郑玄注:"'祝'当为'注',读如'注病'之'注',……'注'谓附着药。"贾公彦疏:"云'祝'当为'注'读者,疾医非主祝说之官,为'祝'则义无所取,故破以'注'。'注'谓注药于中。"("破以注"就是说经文中的"祝"字应以本字"注"改读)

这里既说"当为",又说"破",那么前面说过的"当为"、"当作"、"读为"、"读曰"之类也都可称为"破字"或"易字"了。

"读破"则是另一种含义,即改变一个字的原来读音以表示意义的转变。比如《西门豹治邺》"皆衣缯单衣"的两个"衣"字,前者改读去声(穿着,动词),后者按原来字音读平声(阴平)。改读的主要是声调,所以有人把这类"读破"又称"四声别义";后人并于字旁加圈示意:"舜其大知·(去声)也,与(平声)?""民,鲜(上声)能久矣。""乐·(入声)尔妻帑(同"孥")。"这一现象,过去叫作"读破法"或"圈发之法"。

有时候,读破字不仅是声调的差异,而且有声母、韵母的不同。比如整齐的"齐(qí)"读破为"齐(zhāi,同'斋')"。有时候,读破字不是声调的差异,而是声母、韵母的差异,比如音乐的"乐(yuè)"本来就是入声字,读破为快乐的"乐(lè)",仍是入声字(今普通话读去声)。

现代汉语中也有不少改读字音以区别意义和语法作用的例子。比如"分开"的"分"(动词素)读为 fēn,"名分"的"分"(名词素)读为 fèn;"收藏"的"藏"(动词素)读为 cáng,"宝藏"的"藏"(名词素)读为 zàng。

古书中注明应读破的字,凡常见的、历史悠久的,现在仍应按传统习惯读法,如"降表"的"降"读 xiáng,"陟降"(升降)的"降"读 jiàng。除了上述情况,不一定都一一改读。比如"三"字用于表示实数时读 sān,用于表示虚数时旧时要改读 sàn,现在就不必改读,照一般的读音去读就可以了。

出现"读破"这种现象的客观原因是词义的引申发展。由于语言中某一个词(字)产生了新的意义或新的语法作用,为了在读音上也有所区别,使表达上更加明确,就把这个字念为另一种读音以表示差异。读音不同,意义及语法作用也不同。因此,改读不是任意的,必须有充分的根据。"读破"在东汉时已出现,魏晋南北朝以后便日益多见。给古籍作注的人,对是否改读都要郑重研究,我们也不能忽视。

如字 这个术语是表明某字当读本音,与"破读"、"读破"相对而言。比如:

《左传·隐公元年》:"卫侯来会葬,不见公,亦不书。"杜预注:"诸侯会葬,非礼也。不得接公成礼,故不书于策。他皆仿此。卫国在汲郡朝歌县。"陆德明《经典释文》:"朝,如字。"

这就是说,"朝"应读 zhāo(招),不读 cháo(潮)。

《诗经·魏风·硕鼠》:"逝将去女,适彼乐土。"《经典释文》注云:"乐,音洛;土,如字。"

这也就是说,"土"照习惯上最通常的读音读。

一般说来,照习惯上最通常的读音读,可以不加注。除非认为有可能被人误读,才注明"如字"。

通语、凡语、代语、转语　　通语指非地区性的普通词语,如《方言》卷一:"娥、㜲(yíng),好也。秦曰娥,宋、魏之间谓之㜲。秦、晋之间凡好而轻者谓之娥。自关而东,河济之间谓之媌(miáo),或谓之姣。赵、魏、燕、代之间曰姝(shū),或曰妦(fēng)。自关而西,秦、晋之故都曰妍。好,其通语也。"通语也可以指几个地区内普通使用的词语,如《方言》卷二:"朦、厖,丰也。自关而西,秦、晋之间,凡大貌谓之朦,或谓之厖;丰,其通语也。"

凡语即一般通用的词语。比如《方言》卷一:"嫁、逝、徂、适,往也。自家而出谓之嫁,由(犹)女出为嫁也。逝,秦、晋语也。徂,齐语也。适,宋、鲁语也。往,凡语也。"

代语指方言之间意义相同可互代的词语。比如《方言》卷十三:"梁、益之间谓鼻为初,或谓之祖。祖,居也。"郭璞注:"鼻、祖,皆始之别名也。转复训以为居,所谓代语者也。"

转语指因时、地不同或其他原因而音有转变的词。有音转而义不变的,如《方言》卷三:"庸谓之倯(sōng),转语也。"庸、倯是叠韵相转。《方言》卷十:"煤(huì),火也,楚转语也,犹齐言㷄(huǐ),火也。""煤、㷄、火"是双声相转。有音转义变而分化为不同的词的,如《尔雅·释水》:"大波为澜,小波为沦。""澜"、"沦"是双声相转(音转义变而成不同的词,然其音义仍有联系)。

变文、互文(互辞、互言、互文见义、参互见义)　　用"变文"这个术语,说明引用原文时词语有变动。古人写文章为避免前后重复或为增添文章色彩,引用前人文章时有意改变某些词语,这是常见的情况。比如:

兄宣,静言令色,外巧内嫉。(《汉书·翟方进传》)

"静言令色"原用《论语》"巧言令色"之文。变"巧"为"静",是为了避下文"巧"字。

此外,不是变动引用原文的字眼,而是在行文中变动词语,以协和音韵,避免词语单调、重复,也属变文。比如:

流共工于幽州,放驩(huān)兜于崇山,窜三苗于三危,殛(jí)鲧(gǔn)于羽山。(《尚书·舜典》)

清·王筠《说文句读》中说:"《左传》曰:'流四凶族',《尚书》'流'、'放'、'窜'、'殛'同意。变词以成文耳。"王筠用《左传》来印证《尚书》,指出这里的四个词都是流放的意思,其所以不同用一个,是为避免重复,不致单调。了解变文现象,有助于全面理解句意。比方说,"殛"这个词,现在不少词书都解释为"诛杀"或"杀",而同时却引用上面《尚书·舜典》中同一句例。若依照这些词书的解释,就只好把流放解成诛杀了,可是这便与历史事实不符。按王筠的说法理解,就比较确切了。

  注意:叙写佛教故事的也叫"变文",和这里讲的变文不能混同。"变"为唐人对佛教故事的通称:画出的故事叫"变相",写的故事叫"变文"。

  "互文"这个术语,说明上下文有互相交错补充的情况,必须合起来理解,意思才完整。贾公彦《仪礼注疏》说:"凡言互文者,是两物各举一边而省文,故云互文。"互文关键在"互"上。比如:唐代王昌龄《出塞》诗"秦时明月汉时关"的"秦"和"汉"便是互文,旨在互相补充。诗句实际意思是"秦汉时明月秦汉时关",但写出来以后,上头说"秦"而略"汉",下头举"汉"而隐"秦"。"秦"与"汉"都兼及"明月"与"关",作者各举一边而成文,读者却得两边合文以察义。"互文"又叫"互言"、"互辞"、"互语"、"互文见义"、"参互见义"。比如:

  (1)《诗大序》:"动天地,感鬼神。"孔颖达《正义》:"天地言'动',鬼神言'感',互言耳。"

  (2)《诗经·小雅·楚茨》:"我仓既盈,我庾维亿。"郑玄笺:"仓言'盈',庾言'亿',亦互辞,喻多也。"

  互文基本作用是使有关的词语互相辉映、暗示,从而收到意义全面而行文简洁的效果。比如前面提到的《出塞》,全诗怀念秦汉时代抗击外患的武功与当时的名将,暗中责备唐代边将不得其人。其中"明月"与"关"的含义不同于一般,自不待说。如果把"秦"、"汉"两字割裂开来,孤立理解"月"属秦而"关"属汉,那就是胶柱鼓瑟了。

  "互文"是求行文简洁,"变文"是求避免单调、重复,两者不同。如"即从巴峡穿巫峡,便下襄阳向洛阳"(杜甫《闻官军收复河南河北》)的"即"、"便"为同义虚词,交替使用以求变化,有人列为"互文"的另一种形式,其实还是应该归入"变文"的。否则,把用实词的说法讲成"变文",用虚词的说法讲成"互文",道理就说不通了。

  今文、古文、故书 汉初的经学书籍都是用隶书写的,当时称为"今文"。到了汉武帝末年,鲁恭王因建王府而拆孔子住宅,在夹壁中发现了一些用战国时代字体(有人又称为科斗文)写的经书,和原来存世的今文经书有些不同,于是就有许多人去研究它,这就称为古文经学。随后就形成今文经学派和古文经学派的对峙。今文经派重在微言大义,古文经派重在章句训诂;今文经派认定孔丘之后才有经,古文经派主张六经在孔丘前便存在。今古文经学的差别开始时主要是经书书写字体的不同。今文用的是汉代通用的隶书,古文写的是战国文字;今文经书在行文中多用本字,古文经书则多用假借字,如《诗经》韩氏传(今文)"何彼茙(róng)矣",毛传作"何彼襛(nóng)矣","襛"是"茙"的假借字,"茙"才是本字("茙"、"襛"是多而密,即茂盛的意思)。汉代经学家郑玄兼通古今文诸经,作经注时能用今文本、古文本和故书本来校对,择善而从,并注明"某字今文作(为)某","古文(为)某","故书作(为)某"。比如:

(1)《仪礼·士相见礼》:"毋改,众皆若是。"注:"古文'毋'作'无',今文'众'为'终'。"

(2)《周礼·天官·小宰》:"七事"注:"七事,故书为'小事'。"

"故书"等于说"旧本"。"故书"专用于《周礼》,因《周礼》只有古文本,没有今文本,无称"古文"之必要。

这里"今文"、"古文"、"故书"以及前面谈到的"当为"、"当作"之类,已涉及文字校勘问题。有关文字校勘的还有"夺(脱)"、"衍"、"倒(倒乙、乙)"、"讹"、"本作"、"一本作"、"本亦作"、"一作"、"又作"、"或为"、"或作"等等,不一一示例了。

以上常用术语除了已分别说明外,也可作这样的归类:分别近义词的(曰、谓之、为),用近义词或引申义作解释的(犹),用共名释别名的(属、别),形容状态的(貌),说明虚词的(辞),声训以求语源的(之言、之为言),声训读破的(读为、读曰、读若、读如),正误的(当作、当为)等等。但是,重要的还在于对每一个术语有正确的认识。如何归类,这是次要的。

分　论

第一章　训诂的方法

前人在实践中行之有效的解释词义的方法,要综合运用。

一、以形索义(形训)——外在形式的利用

说明词的含义的义训(如"师者何？众也")之外,有一种情况是"以形索义"。它是指通过字形的分析去了解字所记录的词的本义,也就是"依形求义"的训释方法。比如《左传》里有"梦黄能"的话,杜甫诗中有"鸣弓射兽能"的句子,其中的"能"到底是什么意思呢？《说文解字》十卷上说:"能,熊属。"徐铉说"能"是象形字,那么象什么形呢？查《甲骨文编》,没有"能"字,再查《金文编》,则有"能"字,并引《毛公鼎》写了个象形字,很像熊的样子。而甲骨、金文中都没有"熊"字。由此可以断定:"梦黄能"就是"梦黄熊"、"射兽能"就是"射兽熊","能"就是"熊"的古体字,这样问题就可以解决了。《汉书·苏武传》:"武气绝,半日复息。""息"的本义是呼吸,这也可以从字形上得到证明,即它的上部"自"小篆写作象鼻子的形状(字形见后文)。"息"的引申义很多,"日入而息"的"息"表示休息。从本义上了解"半日复息"的"息",就能跟"日入而息"的"息"区别开来。

作为以形索义的形训,分析字的形体结构必须以推求字的本义为目的。推求字的本义,不仅对确切理解作品的内容有很大帮助,还有助于辨析形似字,指导语言实践。比如"盲"从"目",是眼睛失去视觉功能的意思;"肓"从"月"(肉),表示身体的一个部位(古人把心脏和隔膜之间叫肓)。了解它们的本义,辨析它们的字形,使用的时候便不至错误。在这基础上,它们的引申用法也不难掌握。"盲"用在"盲从、盲动、盲目、文盲、夜盲"等词语里,是泛指对某种事物的不能辨认或认识不清的意思,跟用

在"病入膏肓"这一成语里的"肓"完全是两回事。"病入膏肓"是指病到了膏肓,针、药都达不到,形容病重得无法医治,进而表示人或事情已发展到无法挽救的地步。又比如"奕"的"大"古代写作🔲,像一个人正面站立的样子,本义是大;"弈"的"廾"古代写作🔲,本义是围棋。它们又各有其引申义。通过形训,推求字的本义,寻求字的引申义,则字义(词义)的系统就易于掌握了。

通过字形分析,还有助于研究历史。比如甲骨文的"犁"字已有"牛"字成分,可见殷商时代劳动人民已使用牛耕了;很多有关财物和交易的字从"贝",足证古代普用贝壳作为交易的中介,后世才被金属品代替。若进一步考察,上古社会多方面状况都能有所展现。比如"火、晨、上、母、由、祀、渔、猎、问、追、甘、艰、长、千、万、战、戈、伐、甲、郭、门、囿、舟、行、斧、网、鼎、鼓、帚、衣、米、酒、羌、臣、奚、姜"等等,有的记录了表示一般自然现象及时令、方位的词,有的记录了表示亲朋和称谓的词,有的记录了表示社会制度及风俗习惯的词,有的记录了生产劳动和一般动作行为的词,有的记录了表示事物性质状态的词,有的记录了表示数目的词,有的记录了表示战争及武器的词,有的记录了表示城郭房舍园囿交通道路的词,有的记录了表示食物名称的词,有的记录了表示奴隶名称的词。此外,还记录了商王的世系、干支记日的六十甲子和十多种疾病的名称。凡此种种,都明显地反映了当时生产斗争、科学技术和日常生活各方面的历史概貌。除了以上这些河南殷墟的甲骨文字外,陕西周原发掘的周文王时代甲骨文,情况也基本相同。

以形索义的方法,春秋战国时期就出现了。东汉许慎《说文》对字形的说解多半是为了释义。汉以来,这种方法用得更普遍。近人朱宗莱《文字学形篇·训诂举要》中列举了"七类训诂之法":一形训,二音训,三义训,四以共名释别名,五以雅言释方言,六以今释古,七以此况彼。四至七似可包括在义训中,实际上是三大类。由于汉字的特点,在三大类训诂方法中,形训占有特殊的地位,它的应用范围相当广泛。

下面就从上述形训方法谈三个有关的问题。

(一)文字形体与词义的关系

从《说文》的说解可以清楚地看出文字形体与词义的关系。比如:

独自莫凭阑。(李煜《浪淘沙》)

《说文》:"莫,日且冥也。从日在🔲中。"按:"莫"小篆作🔲,会意;像太阳西下在天边草丛里,表示"暮"的意思。

不狩不猎,胡瞻尔庭有县特兮?(《诗经·魏风·伐檀》)

《说文》:縣,系也。从系持🙰。按:"縣",小篆作🙰;🙰,倒"首";🙰,绳子,会意;用绳索把人头挂在树上表示"悬挂"的意思。"县"(简写)是"悬"(简写)的古字,"悬"是"县"的本义。

凡祭祀,饰其牛牲。(《周礼·地官·封人》)

《说文·巾部》:"饰,刷也。从巾,从人,食声。读若式。"从许慎对"饰"字的字形分析、字义解释和字音的描绘,可以知道"饰"就是今天的"拭"字。《说文》有"饰"字而无"拭"字,与此不无联系。郑玄《周礼注》说:"饰谓刷治洁清也。"这正采用了许慎的解说。由于东西去掉尘垢而显得有光彩,后来"饰"又引申为梳妆打扮、踵事增华的意思。通过对"饰"的字形的了解,"饰其牛牲"的"饰"的含义就不难理解了。

其他如《说文》:"信,诚也。从人从言,会意。""命,使也,从口从令。"都是形训。我们从中看到了字形与词义的关系。

(二) 古文字与训诂

依唐兰的说法,古文字分为四系:"一、殷商系文字,二、两周系文字(止于春秋末),三、六国系文字,四、秦系文字。"(说见唐兰《古文字学导论》,33页)而通常多以殷商系、两周系的文字为主要研究对象。

依靠殷商系文字——甲骨文,可以更好训释词义。比如《说文》说"自"字的本义是鼻,从字形🙰看,应该是靠得住的。但是,在古书里,连一个当鼻子讲的"自"字也找不出来。甲骨卜辞有"疾自"之语,意思是鼻子有毛病,这就给"自"字的本义提供了实例。又比如《说文》"追"、"逐"二字互训("追,逐也";"逐,追也"),在古书里看不出这两个字的用法有什么明显区别;可是杨树达研究甲骨卜辞里"追"、"逐"两字的用法,发现"追"的对象一定是人,像"追羌"、"追龙"(羌、龙都是方国名),"逐"的对象一定是兽,像"逐鹿"、"逐兕"。从字形上看,"追""逐"两者既相似又有区别。可见,"追"的本义是追人,"逐"的本义是追兽,后来才混而不分(见《积微居甲骨文说》)。以上这些问题如果不是通过甲骨文的研究,就不可能发现。《说文》解释"为(爲)"字说:"母猴也。其为禽好爪,下腹为母猴形。"而甲骨文的"为"字,好像用手牵象的形状(古人是用象帮助劳动的)。看来,《说文》解释较牵强,甲骨文较可靠。

依靠殷商系文字和两周系文字——钟鼎文,同样可以更好地训释词义。比如"老"字甲骨文作🗚，像一个长发扶杖的老人；《说文》认为"从人、毛、匕（化）会意"是不妥的。"武"字甲骨文作🗚、🗚，钟鼎文（金文）作🗚、🗚，都是上像戈，下像脚掌（"止"是古代当"脚"讲的"趾"字初文）或脚迹，是荷戈出征的意思，许慎《说文》肯定了"止戈为武"的旧说，却是错误的。"止戈为武"之说源自《左传·宣公十二年》楚庄王说的话。其实，楚子的话是借字形来阐明"武"的"七德"：禁暴、戢兵、保大、定功、安民、和众、丰财。这已是一种军事上的哲学观点，不仅不是造字时用"武"来记录的词的意义即"武"的本义，而且从语言的角度看，根本就不是"武"这个词本身具有的意义。

训释古书要以《说文》为重要依据，同时还得参考古文字，这是大家没有异议的。这道理很简单。首先，过去小学为经学附庸，《说文》释义基本上与经书注释一致，读古文献当然离不开《说文》；其次，《说文》的小篆字体是秦代的统一文字，有其代表性，不像甲金文那样多少带有地域性，收字也大大超过甲金文（根据中国科学院考古研究所《甲骨文编》所收的字统计，在十几万片的甲骨上的字数是四千五百左右，能确认的只有一千七百多；金文字数也不过两千来个），许多字是甲金文中查不到的，像"民"字，甲骨文里就还没有发现。因此，《说文》的价值不应低估。如果不了解这一点，以为有了比小篆早得多的文字可以查考，而对《说文》有所忽视，这显然是错误的。当然，也要防止另一个偏向，即低估甲金文的作用，许慎撰《说文》，甲骨文字自然没有看到，金文也没有看到多少。许慎在《说文解字·叙》里虽然说过"郡国亦往往于山川得鼎彝，其铭即前代之古文"这类的话，可是《说文解字》一书中讲字体的出处时却没有一条是采自前代某某鼎彝的。就是"攴"部"攸"字下面有一"汓"字，解说"秦刻石绎山，石文攸字如此"，这也仅是秦的刻石，原来属于小篆的另一种写法。就是所谓"古文"，许慎所了解的也极有限，龚自珍就有"尝恨许叔重见古文少"的话。甲金文纠正和弥补了《说文》的失误与不足。总而言之，从事训诂工作，《说文》和古文字都不应该有所偏废。

（三）笔意与笔势

在运用以形索义这一方法时，要涉及笔意与笔势问题。许慎在《说文解字·叙》里指出："及孔子书六经，左丘明述春秋传，皆以古文，厥意可得而说。"（句意是：直到孔子编写六经，左丘明写春秋传，都用古文，字的意义还能够说明。）这里所说的"厥意"即字形中反映出的词义，也就是笔意。颜之推《颜氏家训》中曾说："学者若不信《说文》之说，则冥冥不知一点一画有何意焉。"这就是说,颜氏当时的字形已经显示不出"一点一画"之意,只有较早的文字才有笔意。发展的结果,字形日益显示不出一点一画的意思,甚至有的只是象征性的符号,字形与字义的联系疏远了,切断了,这就成为"笔势"了。比如:

"囚,众萌也。从古文之象。""㫃,古文'民'。"(《说文》十二卷下《民部》)

很明显,小篆的"民"的形体,已无法解释字义,只有上推到古文去考察。古文"民"系从女,作捆绑状,其实是俘虏即奴隶的形象。后来简化成现在这样,就使形与义的联系切断了。

其他像奏、奉、秦、舂、春这些小篆形体,上头部分是各不相同的;隶书开始,上头部分一律变成"表"。一直到现在,就写成奏、奉、秦、泰、春,其笔势已都使形义的联系切断了。

这说明运用以形索义原则须以笔意为据,若硬以笔势索义,就难免穿凿附会,导致谬误。有人把"妻"字的结构说成是"十女同耕半亩田",竟把"十"(原是"头饰")解释为数目字"十",把"彐"(原是"手")解释为"半亩田",就犯了片面以笔势说义的错误,即便是戏言,也不应随意到如此地步。

字形从笔意到笔势的变化是属于符号系统的变化,而不是文字制度(体系)的变化。汉字自古到今都还是属于表意制的。符号系统的变化包括构形的变化和体态的变化,而体态的变化则与书写工具的不断改换与改善分不开。了解这一实况,字形的笔势变化就不是什么难以想象的了。

(四) 防止望文生训

由于汉字的特点,形训占有特殊的地位,应用范围相当广泛。又由于汉字从笔意到笔势的变化,形训有了局限性。不仅如此,形训的局限性还有其他表现。通常我们说"望文生训",往往与形训的局限性有关系。"望文生训"是古书注释中最常见的错误之一,其产生的原因是多方面的,现在择要例析如下:

1. 因不明古义而望文生训

(1) 今人主诚能去骄傲之心,怀可报之意,披心腹,见情素,堕肝胆,施德厚,终与之穷达;无爱于士,则桀之犬可使吠尧,跖之客可使刺由。(邹阳《狱中上梁王书》)

有人误注为"堕肝胆,就是肝胆涂地的意思"。其实"堕"古有"输"义,"堕肝胆"即"输肝胆",用现代话说,就是"把心交出来"。《史记·淮阴侯列传》:"臣愿披腹心,输肝胆,效愚计,恐足下不能用也。"可为佐证(参看王念孙《读书杂志·汉书第九》"堕肝胆"条)。

(2)浮云蔽白日,游子不顾反。(乐府诗《行行重行行》)

有人误注为"顾,念,想;反,同返"。其实"顾"有"还、返"义,"顾返"是同义复词,是归返、回来的意思。《韩非子·内储说上》:"商太宰使少庶子之市,顾反而问之曰:'何见于市?'对曰:'无见也。'"这个"顾返"即是归返、回来的意思,"顾"字不能作想念解。乐府诗《度关山》:"行人思顾反,道别且徘徊。"这"顾返"作归返讲,更属显而易解(参看王念孙《读书杂志·史记第四》"顾返"条)。

2. 因不明通借而望文生训

关于通假这类现象,后面"因声求义"部分还要谈到。但因为它与产生望文生训有联系,这里先作必要的提示。

(1)秦吏卒多窃言曰:"章将军等诈吾属降诸侯,今能入关破秦,大善;即不能,诸侯虏吾属而东,秦必尽诛吾父母妻子。"诸将微闻其计,以告项羽。(《史记·项羽本纪》)

有人误注为"微闻,略略听到,暗暗听到"。其实"微"应是"覹"的通假。《说文》:"覹,司也",注:"司者,今之伺字。"乃伺探、伺察之意。"微闻"就是窃听,即暗中偷偷地探听(与上文"窃言"照应,其意更显)。

(2)悲秋风之动容,何回极之浮浮?(《楚辞·九章·抽思》)

有人误解"动容"的"容"为"容貌、容色"之义,殊不知"容"乃"搈"的借用。《说文》:"搈,动搈也。"《广雅·释诂》:"搈,动也。"王念孙《广雅疏证》卷一下引《九章》"悲秋风之动容"句谓"溶、搈、容"并通,可见"秋风之动容",乃秋风劲厉猛烈之意。"动容"是同义复词,"容"不宜作容貌、容色解。

以上就望文生训略举两端,其他如不明语源而望文生训、不明连语而望文生训等等,不一一述说了。

二、因声求义(声训)——内在形式的利用

字形对于语言中的词来说,是外在的因素,语音才是词的物质外壳。这里说的"内在形式",自然就是指口头语言自身的物质外壳说的。内在形式的利用,便是取声音相同或相近的字来解释字义。这种"因声求义"

(声训)是训诂学的一种重要方法,它往往成为探求和贯通语义的根本途径。下面就具体谈谈这方面的问题。

(一) 音和义的关系

义和声分别是语言的内容和形式。它们在社会约定俗成的基础上结合起来后,便产生共同的或相应的运动,即"相为表里"。而字形仅仅是记录这个音义结合的符号,对语言来说,它是外在的东西,是书面符号的形式而不是语言本身的形式,而且它又是语言产生和发展到一定的阶段才产生的。所以,语义的发展变化,本质上是依托于声音而不依托于字形的。

那么音与义在语言里究竟发生什么样的关系呢？它们的关系有哪些特性呢？从语言的实际考察,可以发现音义关系有以下一些特性：

1. 音义关系的偶然性

除了某些象声字另外看待(因为这是第二信号系统里杂入第一信号系统的成分),某一语义要求用什么语音形式来负载,一开始就具有偶然性。同一个声音可以表达多种完全无关的意义,而相同或相反的意义完全可以用不同的声音来表达。这是常识问题,用不着多说了。

2. 音义关系的约定性

音义之间不存在必然联系,但存在着与现实的联系,这种联系是由使用语言的社会成员共同约定的。一经约定之后,音义之间的偶然联系便得到了社会承认,同时也就获得了某种规定性,任何一个社会成员想随意变更这种现实的联系就不可能了。这样一来,音义便互相制约又互相依存。"因此,词的语音和意义必须作为一个整体来掌握。"(斯米尔尼茨基《词义》,见《语言学译丛》1958年创刊号19页)

音义关系的偶然性与约定性,两千多年前我国著名的思想家荀子就已经注意到了。他在《正名篇》里说道："名无固宜,约之以命。约定俗成谓之宜,异于约者谓之不宜。"三国魏·嵇康也说："夫言非自然一定之物,五方殊俗,同事异号,举一名以为标识耳。"(《嵇中散集·声无哀乐论》)他们用"名无固宜"、"托名标识"来认识音义的原始结合关系,极有见地,长期来已为中外语言的实际所证实。

3. 音义关系的回授性

由于社会的"约定",本无必然联系的音义关系便对自身所处的语言系统产生反作用,使语言发展接受其已有的音义关系的影响制约,即早起的音义关系对后起的音义关系产生"回授"作用。先产生的词的音义关系在由它派生发展(孳乳演变)而来的新词上表现出的回授性使由意义上的相承及于语音上的相承。于是"约定"之前音义无关,"俗成"之后音义往往相联系。特别是从先后产生的同源词音义关联上可以找到许多明证。

这种现象汉代郑玄早就发现了,他解释《诗经·豳风·东山》"烝在栗薪"句时说:"栗,析也……古者声,栗裂同也。"就是说,古音栗裂相同,所以栗有裂和析的意思(按,《诗经·齐风·南山》还有"析薪如之何"句,可参照)。《辞海》"栗"条"通裂"这一义项,就引郑笺:"栗,析也。"唐宋以来的训诂学家也懂得这个道理。由此可以说,"回授性"是"有理性","偶然性"则是"无理性";而无理的偶然一经约定俗成,便产生有理回授的可能。约定在从无理性趋于有理性的过程中起决定作用,未经约定自然也就谈不上有理回授。

很明显,事物得名之始,音义结合之初,固然是任意的,"但到了一个词演变为几个词的时候,就不再是任意的,而是在语音上发生关系了。"(王力《中国语言学史》)

4. 音义关系的延展性

同一事物的名称,甲乙两地说法不同,这往往是由地域方言即语言的地方变体所致。同一事物名称的不同地方变体,在音义结合关系上常有明显的脉络可寻。《尔雅·释诂》:"契,绝也。"郭注:"今江东呼刻断物为契断。"这"刻"与"契"古代便是双声字("刻"、"契"古"溪"母字)。我们今天认识音义关系的延展性,主要是从语音系统的对应关系着眼的;音义关系的延展性反映于音义系统的对应性。这主要是地域延展性。

除此之外,如果"鱼"韵字上古读[a],今读[ü],也算是延展性的一个方面的话,那么这延展性事实上又是历史发展了,是历史延展性。

5. 音义关系的类聚性

我们由义到音进行观察,不难发现从"攸"声的字(词)多含有共同义素"长"或与"长"多少有点类似的意思。比如:

悠——忧之长,引申为意之长,再引申为时之长。

修——毛之长,引申为一般的长。

筱——竹之长。

脩——脯之长(条状可束)。

我们由义到音进行观察,不难发现含有"水"这一共同义素的字(词)其发声多在"喉牙"一类。比如:"海、河、湖、濠"同归"晓、匣";"浇、汲、灌、溉"共在"见、群"。又如上古否定词都是唇音字(王力依杨树达所列上古16个否定词作了分析说明)。认识这一类聚性,有利于语源的探求。

6. 音义关系的多元性

音义关系的多元性是指某一音素或音位所允许联系的意义不是单一的,而某一意义单位也允许由不同的语音形式负载。因为音素有限而义位无限,只好"兼职",使一个语音单位所对应的意义单位不可能是唯一的了。比如"斑"、"班"有共同语音结构而无意义关联("班白"通"斑白"是另一回事)。"哉"("才"的借用)、"元"有共同义素"始也"(《尔雅·释诂》),而无语音联系。语言有其自身严整的内部规律,也具有丰富的表现形式,音义关系的多元性也正反映了这一实况。

认识音义关系的多元性,在处理语言材料时就可条分缕析,不为所蔽。比如《尔雅·释诂》中"大也"一条中,"弘、宏、洪"三字双声,"廓、介、昄、京、景、简"六字双声,"溥、庞、墳、丕、甫、废"六字双声,"奕、宇、淫"三字双声。看到这一点,就有利于循音索义,求同探异。《尔雅》"大"的同义词有三十九个,《广雅》又增五十八个;上古有"大"义的词共计九十七个,它们声音多有联系。

(二)因声求义的条件与轨道

在已经约定俗成的语言系统中,音义关系的回授性便促使特定的声音与特定的意义发生了关系。一些特征相类似的事物,语音可能相同或相近,比如"少、杪、秒、渺、小"等音同音近的字,都有微小的意义。这是因声求义的理论基础。我们原则上应同意"凡声同、声近、声转之字,其义多存乎声"(郝懿行《尔雅义疏·释诂》"大也"条)的声近义通说,也同意戴震从音理上推阐的古同声纽的字其义多相近的说法,以及黄元吉的同一韵的字其义皆不甚远的说法,肯定因声求义这种训诂方法是可取的。

今天运用因声求义这一训诂方法,自然不应像初期一些学者单凭语音近似去联系,还要有音理和材料作依据。因此,了解汉语语音系统的沿革,注重辨析字音中声、韵、调三种要素并研究其不同历史时期的分合异同,以及整理古书中有关训诂实践的资料等等,是因声求义的必要条件。关于语音的基础知识和理论,有音韵学专书详作介绍,这儿从略。

现在只谈谈因声求义的轨道。因声求义的重要轨道是通假借,明方言,寻语源。兹分别叙述如下:

1. 通假借

古人在用字时没写本字而假借另一个声音相同或相近的字来代替,于是字形与词义之间的联系被掩盖了,以形索义的原则就无法贯彻。(这样的通假此处称假借,实际上不同于"六书"之一的"本无其字"的假借。

为照顾一般称述的习惯,或为适应特定的表述需要,通假、假借有时混称。)通假借则是排除假借造成的形、义分离现象,弥补形、义联系被掩盖而以形索义原则无法贯彻的不足。它旨在解决同音替代问题。比如:

　　害浣害否,归宁父母。(《诗经·周南·葛覃》)

"害"字《说文》原说"伤也",而用"害"的"损害、杀害、祸害、忌妒(心害其能)"的几项意义中任何一项意义来解释"害浣害否"的"害"却都不可通,这就要通过"通假借"的轨道,了解"害"借用作"何",问题才能解决。句意是:哪件要洗哪件不要洗,回家问父母(浣,洗;否,通"不",一说无义;宁,问安)。正如王引之《经义述闻》所说:"学者改本字读之,则怡然理顺;依借字解之,则以文害辞。"又比如:

　　芄(wán)兰之叶,童子佩韘(shè)。虽则佩韘,能不我甲。(《诗经·卫风·芄兰》)

《毛诗诂训传》释"甲"说:"甲,狎也。""甲"借为"狎",毛传以本字"狎"释假借字"甲"。"狎"是亲昵的意思。陆德明《经典释文》引韩诗也作"狎"。若非由"通假借"入手,用"甲虫"、"甲胄"、"甲子"的"甲"来解释,都不可通。

但必须注意:同是通假字,各家说法往往不一致。比如:

　　乐只(语气词)君子,天子葵之。(《诗经·小雅·采菽》)

《毛传》释"葵"为"揆",即用同音的本字"揆"解释通假字"葵"。"揆"有度(度量,考察)义,"天子葵之"就是天子度之的意思。可是现在有人引《仪礼·大射仪》"乐阕"郑注"阕,止也"为据,说"葵,疑借为阕","天子阕之,言天子止之,即天子留住诸侯,不放他走"。(高亨《诗经今注》350页)面对这种情况,只能择善而从。

可取的训释,一定要有坚实的例证,阐述要合乎情理。《诗经·秦风·终南》"终南何有?有纪有堂"的"纪"和"堂",长期以来不易解释得合情合理。王引之为了解释"纪"和"堂",研究了整部《诗经》的体例(凡说山有某物都是指草木),全篇诗的结构(本诗前一章说的"终南何有?有条有梅"的"条"、"梅"也是树木),《诗经》的异文(其他书所引汉初燕人韩婴所传的韩诗作"有杞有棠"),以及其他书籍中借"纪"作"杞"、借"堂"作"棠"的实例,而后断定"纪"借用为"杞"(木名,柳属)、"堂"借用为"棠"(木名,梨树属),使人十分信服。如果没有在可靠例证的基础上进行去伪存真的分析,所谓通假借,就不免流于臆测了。比如《诗经·周南·卷耳》:"嗟我怀人,寘彼周行"的"寘"(zhì)解释成放置本已通顺,可是有人却用通假借的办法解作"徎"(chí),意为行走。别的暂且不说,单从文献看,此说也是找不到依据的。《诗经》里"寘"字共出现八次,除前条外,还有《魏风·伐檀》三次、《小雅·谷风》一次、《大雅·生民》三次,都不宜那样解释。总之,运用通假借这一训诂方法要力求慎重,防止乱用和滥用。

钱玄同在《汉字革命》里说"周秦诸子、《史记》、《汉书》、汉碑等等,触目都是假借字",通假借对训释古书自然是很重要的。那么古人为什么不用已通行的字,偏要借用呢?一般认为原因有二:一是讹误(写了错别字),二是就简(拣笔画少的写)。这是从汉字的使用上着眼的,说明了问题的一个方面。如果从汉字自身的性质特点上着眼,应该说汉字的表意制度(表意体系)是产生借用的根本原因。汉语古今都只有几百个音节,由于汉字不是表音文字,汉字早就成千上万(这许多汉字担负着记录古今一二百万个词的任务),这就使书面上有把"何"写成"害"的可能。又比如"屎"这个字先秦就有了,可是《左传》"埋之马矢之中"、《史记》"一饭三遗矢",都用"矢"代"屎"。"屎"和"矢"语音都是"shǐ",如果用记音符号来表示,根本无所谓"借用",而用表意的汉字来表示,就截然两样了。

对借用这一语言历史事实,我们了解它,掌握它,这是有必要的。而就借用本身而言,它却不能说是古代书面语中的积极因素。至于古代借用原则今天简化汉字时也常采用,如借"谷"为"穀"之类,当然应该另作别论。这是在一定条件下,在人民群众长期的汉字实践基础上,通过一定的程序,用法定形式加以明确并推广的,不同于先秦的随意借用。

2. 明方言

明方言旨在解决方言词声音变化的轨迹。比如今天广州话和客家话的"渠",是从"其"字变来的。《广韵》"渠,强鱼切","其,渠之切",同属群纽。"渠"始见于《三国志·吴书·赵达传》:"女婿昨来,必是渠所窃。"到了唐代,"渠"字就大量出现了。从这里,我们可以窥见"其"变"渠"的轨迹。(按:广州话"渠"写作"佢","佢"和"渠"只有声调上的差别,客家话"渠"念成不送气的,固然存在细微差异,但变化之迹是清楚的。)又如:

人涉卬否。(《诗经·邶风·匏有苦叶》)

《毛诗诂训传》:"卬,我也。"《郑玄笺》:"人皆从而渡,我独否。"现在有人作如下的解释:

"卬",今北方方言变为"俺"。"卬"古与"吾"通(模、唐韵对转),今转为"俺"……"卬"之转为"俺",其声音变化之迹是非常清楚的。

按:这一解说只能供参考。"卬"实为"姎 āng"的假借。《说文》:"姎,妇人自称。"由于"卬"、"姎"声近而通用,所以成为"我"的通称。

3. 寻语源

寻语源旨在解释某些词诠释命名的由来。前面提到汉人早有"声训"之说;所谓声训,主要是从声音线索推求语源的方法。具体地说,汉人从语音出发研究词与词之间意义上的联系以及词的孳乳,后世学者扩大这种方法,把音同义近、音义相近的词放到一块儿来考察,从而发现这些词有同一来源,是由同一个词分化来的。这样的词通称为同源词。《说文》从声音线索推求语源的例子很多,现在转述《训诂简论》中的一例如下:

菉,茮(jiāo)榝(shā)实。裹如求(裘)也。(《说文·草部》)

"茮"即"椒"字,"茮榝"即今之"花椒树"。"菉"是今之"花椒子"。《尔雅·释木》:"椒榝醜菉。"郭璞注:"菉萸子聚生成房貌,今江东亦呼茮榝。"花椒树结实时有外壳(房),花椒子聚于壳内,这便是《说文》所说的"裹如求"。"求"即"菉"的语源。《说文》卷八上:"裘,皮衣也。古文作求。"古人皮衣多用羊皮(狐裘是极珍贵的),聚毛揉如小丸叫"珍珠毛",紫羔皮亦作小圆珠形。治求必揉毛如丸,而与椒实相似,此即"裘"字得名之由来,这就是推导语源的一个例子。

《毛诗诂训传》用声音推求语源的例子也很多,下面也转述一例:

何以速我狱。(《诗经·召南·行露》)

《毛传》:"狱,确也。"诗的语意是"为什么跟我打官司(招我于狱)。"《毛传》没有解释"狱"是诉讼的地方,而用同音字"确"来说明"狱"的语源,也是推寻"狱"字命名的由来。"狱"是以确定是非曲直而得名的。古代有"治狱"、"辨狱",指审理诉讼作出判决的全过程。由此可知"狱"是旧时的"大理院",即今天的"法院",而不是"监狱"、"牢狱"。古代的牢狱叫"鞠"(始义为审问),汉代有"鞠城"(李尤有《鞠城铭》),那才是"监牢"、"囹圄(亦作'圉'yǔ)"。

这一实例表明毛亨解诗常根据声音线索推寻语源。"速我狱"的"狱",就是诠释命名的由来。当然这并不是说这一句可解释成"速我确"。

章炳麟的《文始》是运用因声求义的方法来探寻语源,疏明语言发展变化的专著。它用《说文》中的"初文"(纯象形或指事的字形)、"半文"(章氏定名"准初文",包括"合体象形或指事"、"省变"、"兼声"和"复重"的字形),集为五百十一字,其中取四百三十七个字形为语根,使同一语根的派生词收集在一个语根之下,以声音为纲领,按韵部对转的现象分为九卷,则"比其声韵,讨其类物"的原则就非常明显了。他得出的语言发展规律,约为二例：一为变易，即异体字；一为孳乳、即派生字。黄侃论章炳麟《文始》说到："若其书中要例，惟变易、孳乳二条。变易者，形异而声义俱通；孳乳者，声通而形、义小变。"这对于声训法基本条例的概括说明，可谓切中肯綮。

　　人们之所以能根据声音推出同源词来，这是由音义关系的特性决定了的（音义关系已在前边谈过）。人类语言发展的初期，词的音义间没有必然联系，而在词的不断增多的过程中，随着词义的引申，就分化出新的词来。新产生的词，由于是旧词派生出来的，语音上往往与旧词相同或相近（双声、叠韵）。因此，声音相近似而意义相关的词往往是同源词。

　　词的同源，一般是从纵的（历时）联系去认识的。也有兼从横的（共时）联系去认识，这样，考察词的同源，就得顾及音近方言字。由此看来，因声求义重在通假借与寻语源二端。而通假与同源既有相通之处，又有明显差异。它们的相通与差异可用下列简表示意：

同	通　假	同　源
异	音：相同或相近	同左
	形：不同	同左
	义：两字本不相关	数字意义相通

　　无论通假还是同源，都涉及双声、叠韵问题。特别是上古声母，众说不一，除能共同肯定的之外，有些尚有待进一步探索。清代钱大昕说："叠韵易晓，双声难知。"（《小学经解》卷五十九 14 页）正说明了这一实况。尽管钱大昕之后不少学者从事上古声纽的研究，这一难题仍未能妥善解决。

　　最早运用声训的专书是东汉刘熙的《释名》。《释名》一方面用声音相同或相近的字去解释词义的来源，探索词的命名的意义，另一方面广泛地综合了各地的方音，分辨它的发音部位和方法，以探索词义的特点。其中不乏可取之处，但也难免穿凿附会。因此，运用声训推寻语源时，须从实际材料中找出"信而有征"（可靠又有证据）的线索。至于"绝缘无证"（不可靠又没有证据）的事物，就不能作为推寻本源的依据。

　　无论是汉代的声训，还是宋代的"右文说"（详见后边的叙述），还是清代的因声求义，向来是训诂的重要方法，要运用得好，就必须了解音韵学知识。这一点，前面已经说过了。但是，传统音韵学著作却很难懂，究其原因，主要是：一、汉字是表意型的文字，而传统音韵学用汉字来代表声类和韵部的读音，当汉字读音变迁以后，前人所注的声类和韵部的读音也就难以确定了；二、传统音韵学有许多含混的术语，分析声韵又多不合语音学原理。黄侃曾说：

>音韵学之至,不能以口,不能以耳,则以心知。故口得者半,耳得者半,心得者亦半。犹三十六字母知照、彻穿之不分,唐以前以后读皆同耳,就唐韵知之,吾口耳不能分,独心能分之耳。(转引自《语文杂志》4页,1983年11期,香港中国语文学会出版)

"考古功多,审音功浅",是前人讲音韵学的通病。他们无可奈何,只能求助于"心"。现在有字母和音标可以利用,有语音学原理可指导对古音的分析,情况就大不相同了。

前面集中叙述了因声求义这一中心内容,并指出因声求义的理论依据是音近义通。在了解音近义通的同时,还要注意"音近义殊"现象。黄侃早就以"蛊"与"瑟"音同而义异为例,指明"同音者虽有同义而不可言凡","若言凡,'匚'母字皆有'大'义则非也"(黄跃先《文字学笔记》)这一事实。所以,训诂实践中切忌顾此失彼,以偏概全。

同理,因声求义是重要的训诂方法,但不是唯一的。有人以为不以声音相训便不是真正的训诂,这是欠妥的。没有形训,就不能了解古人造字的本意;没有义训,就不易"释古今之异言、通方俗之殊语",且难以理解词语的一般定义。段玉裁认为汉字有形,有音,有义,"一字必兼三者,三者必互推求;万字皆兼三者,彼此交错互求",这是正确的。这也就是说,不仅每个字的三方面要结合起来训释,有关的字也要联系起来训释。他正是依据形、音、义互求这一原则注《说文》的,很值得我们重视。具体释例参阅《说文解字注》,这儿从略了。

三、据文证义——语言环境的利用

用"同音"、"音近"的方法来解决通假问题和推求词义来源,是不能离开当时的语言实际的。如果离开确凿的文献语言的佐证,仅仅根据声音妄加推测,势必多有谬误。要是能从文献语言的实际出发来解决同源词问题,就会减少或者避免谬误。同样,多义词的训释显然必须重视据文证义。

(一) 语境与词义的关系

要具体了解语境与词义的关系,可以从语言实例中作必要的剖析:

(1) 杀诸绛市,六日而苏。(《左传·宣公八年》)

(2) 蛰虫昭苏。(《礼记·乐记》)

词不离句,句不离篇。这两个例句中的"苏"字都是指死而复生之意。先看《方言》:"悦、舒,苏也。"这"苏"具有悦怿、舒畅两义。显然,像"大夫色少宽,面文学而苏也"(《盐铁论·国病》)的"苏"就是悦怿的意思。("悦怿"即"说释","面文学而苏"即"面向文学而中心释然了"。)再像李时珍《本草纲目》据《方言》的解释用"舒"说明"苏":"苏(蘇)从稣,舒畅也;苏性舒畅,行气和血,故谓之苏;苏乃荏类而味辛如桂,故《尔雅》谓之桂荏(《说文》本于《尔雅》)。"心气舒散和畅,体现了喜悦的心境。还有,古人形容这种心境常以"吾"或"悟"来表示:"(优施)乃歌曰:'暇豫之吾吾,不如鸟乌;人皆集于苑,己独集于枯'。"(《国语·晋语》)这"吾吾"写暇豫(悠闲逸乐)之状,读为"鱼鱼"(读音据韦昭注);"鱼"用作"苏"声符,"苏"与"吾"音近无疑。又"悟"有觉悟、醒悟之义,亦同"寤"(《说文》)"觉而有言曰寤";《毛传》"寤,觉也","苏"与"吾、悟、寤"音同而义通。由此可见,"苏"训"死而复生",犹言"寐而又寤"。在这里,词义的训释借助于语境就很明显了。要是离开了实际文献语言,声音线索不但起不了作用,有时还会产生误解。比如有人认为《说文·艸部》"苏,桂荏也",与复生无涉,复生之义应作"朔"。其根据为《说文·月部》"朔,月一日始苏也";《释名》"朔,苏也,月死复苏生也"。二书都用"苏"训释"朔"是"苏"的本字,这便是误解;后人引为训释根据,自然未妥。这是离开语境而单凭"同音"、"音近"的结果。有人把"同音"、"音近"比作小学家"犯罪的凶器",不是没有道理的。

(二)紧扣本句

词按照语言规则组织成句子,词在句子中都有特定的意义(用词不当另作别论),解释词义无疑要紧扣本句。比如"可怜"这个词,在下列各句中都有特定含义,必须紧扣句意才能确切理解:

(1)可怜体无比,阿母为汝求。(《孔雀东南飞》)
(2)可怜身上衣正单,心忧炭贱愿天寒。(白居易《卖炭翁》)
(3)西北望长安,可怜无数山。(辛弃疾《菩萨蛮·书江西造口壁》)

例(1)的"可怜"是可爱的意思,例(2)的"可怜"是值得怜悯的意思,例(3)的"可怜"是可惜的意思。这些意思都是在特定场合体现出来的。如果不去揣摩全句,就难以确切理解。以上仅是极普通浅显的例子;有些复杂难解的例子,更非扣紧本句不可。

(三) 结合邻文

结合文章上下句也是训释词义的重要一环。比如《孟子》："为长者折枝,曰不能。非不能,是不为也。"其中"折枝",赵岐注为"解罢枝",而朱熹却作"折断树枝"解。朱注表面上似乎明白了当,实际上是离开上下文句孤立地解释,"折断树枝"跟"长者"凑不拢来。赵注似乎一般人不易了解,但实际上却是密切结合上下文句的。依照赵注来解释,"枝"(古代也可作"支")是"四肢"的"肢"(清人桂馥《札朴》说:"枝、支皆借字,当为肢"),"罢"跟"疲劳"的"疲"同,"解罢枝"就是松动疲劳的肢体的意思,"为长者折枝"即指为长者做按摩敲背一类动作。"折枝"是古语,赵岐是汉代人,这古语当时可能还活着,到了宋代,已经不见使用了,朱熹不了解这一情况,又孤立地单纯地从字面上理解,就成了问题了。

照理说,朱熹也应该见过赵注《孟子》,而终不依赵注,也许是为了避免随汉儒而流于穿凿之弊。又查"折"的二十多个义项,都没有作按摩、抚摩解释的,这也许是孟子运用了当时惯用语或沿用了古词语,而以后不传了。更阅其他经传,折枝作按摩解亦罕见。但从"枝"解作"肢"这点看,"折枝"合解为松动疲劳肢体,还是比较切合文意和语言事实的。

(四) 联系成片语言

训释词义往往还得联系成片语言乃至全篇。这从下面一段话中就看得很清楚:

> 子玉使斗勃请战,曰:"请与君之士戏,君冯(凭)轼而观之,得臣与寓目焉。"晋侯使栾枝对曰:"寡君闻命矣。楚君之惠,未之敢忘,是以在此。为大夫退,其敢当君乎?既不获命矣,敢烦大夫,谓二三子:'戒尔车乘,敬尔君事,诘朝将见。'"(《左传·僖公二十八年》)

子玉挑战,用"戏"示意交战,用"观之"、"寓目"示意亲自到场指挥,言婉而气傲。晋侯也不甘示弱,立即应战,并自豪地叫对方"戒尔车乘,敬尔君事,诘朝将见"。婉约之中显示自己的雄厚实力。这段话中好些词孤立起来理解,似乎不能全面深刻领悟其真实含义;若结合史实,联系成片语言捉摸,不难看到双方的话说得蕴藉大方,却都绵中有刺,锋芒自露,有很浓的火药味。

还有"之"称代的对象,有时也要从成片语言中来确定。这是语法问题,也关系到词义确定问题。比如:

有牵牛而过堂下者,王见之,曰:"牛何之?"(《孟子·梁惠王上》)

这句中"见之"的"之"的先行词有三:一是牛,二是牵牛者,三是牵牛这件事。因下文梁惠王问"牛何之",就可以确定"王见之"的"之"既是牛,也是牵牛过堂下这情况,虽然牵牛者也在梁惠王眼中,但是心中并不在乎牵牛者,只是向他发问罢了。

晏平仲善与人交,久而敬之。(《论语·公冶长》)

"敬之"的"之"有两个先行词,一是"晏平仲",一是"人",而"久而敬之"上又没有主语。因之既可以解释为"晏平仲久而敬之",也可以解释为"人久而敬晏平仲"。两种解释同样不违反古汉语语法规律。杨伯峻认为这句话以晏平仲为主,以"之"代晏平仲,解释为"晏平仲善于和别人交朋友,相交越久,别人越尊敬他"较合情理。若是原文作"人久而敬之",那"之"字指晏平仲便不致产生歧义了。(以上"之"两例均据杨伯峻《古汉语虚词》)

四、析词审义

析词审义是指分析词的结构关系(顾及词与词间的结构关系)以审意义。这种结构关系不同于上下文意义的呼应、配合、对照或其他逻辑关系,而属于下列一些必须分清的关系。

(一) 分清词与词组

两个音节的语言单位究竟是一个双音词,还是一个词组,还是其他什么,必须分清。比如:

(1) 汝为人臣子,不顾恩义,畔(叛)主背亲,为降虏于蛮夷,何以汝为见!(《汉书·苏武传》)

(2) 大臣相与阴谋……(《汉书·高后纪》)

(3) 今成皋、陕西大涧中,立土动及百尺,迥然耸立,亦雁荡具体而微者,但此土彼石耳。(沈括《梦溪笔谈·雁荡山》)

例(1)"臣子"是"臣"和"子"两个词,属并列词组(与后边"主、亲"照应,"主、亲"也是"主"和"亲"两个词,同属并列词组);例(2)"阴谋"是暗中秘密地谋划,也是两个词,属偏正词组;例(3)"具体"是具有大体之形的意思,也是两个词,属动宾词组。

(4) 夫传言不可以不察,故数传而白为黑,黑为白。故狗似玃

(jué)，玃似母猴，母猴似人，人之与狗则远矣。此愚者之所以大过也。（《吕氏春秋·察传》）

例（4）两个"母猴"，都不是"母"的"猴"，谈不上是词组，而是一种猴子的名称。章炳麟《新方言》说："沐猴、母猴、猕猴，今人谓之马猴，皆一音之转。"姚维锐《古书疑义举例增补》十五也说："母猴一曰沐猴。……一曰猕猴。"可见"母猴似人"意为猴子像人。"母猴"既然不是"母"的"猴"（雌猴），而只是一种猴子的名称，那么它非但不是偏正词组，而且也不是偏正结构合成词，而是单纯词。

（二）分清单纯词与合成词

前面刚提到单纯词与合成词问题，现在接下来就谈单纯词与合成词要分清的问题。汉语大量单纯词多为连绵词（联绵词）。古代有些注释家往往把连绵词拆开来作为合成词来解释。比如：

计犹豫未有所决。（《汉书·高后纪》）

唐代颜师古注："犹，兽名也。……此兽性多疑虑，常居山中，忽闻有声，即恐有人来且害之，每豫（预先）上树，久而无人，然后敢下，须臾又上，如此非一，故不决者称犹豫焉。一曰陇西俗谓犬子曰犹，犬随人行，每豫在前，待人不得，又来迎候，故云犹豫也。"其实"犹豫"是连绵词，又写作"犹与"，是"迟疑不决"的意思。这说明过去的训诂学家认识上的不足，致使"兽性多疑"、"犬豫人前"之说长期来成为笑柄。又如：

秋水时至，百川灌河。……于是焉河伯欣然自喜，以天下之美为尽在己。顺流而东行，至于北海，东面而视，不见水端。于是焉河伯始旋其面目，望洋向若而叹。（《庄子·秋水》）

这是一段神话，说的是秋水涨时，河伯自以为了不起，后来见到了北海，才自愧弗如，"望洋向若而叹"。"若"是海神的名字。那么"望洋"又作何解呢？可解"望着海洋"吗？回答当然是否定的。理由之一是：宋朝以前"洋"还没有海洋的意义；理由之二是："望洋"又写作"盳洋"、"望羊"、"望阳"之类，实是古代生动的有声语言的记录。"望洋"显然是连绵词，表示"仰视"的意思。要是把它看作合成词，那就错了。

根据一般常识，分清单纯词与合成词是比较简单的事情；可是人们遇到某些具体词儿要明确分辨的时候，却还会产生这样那样的不少问题，以致影响对词义的正确理解。

还有些现象也值得注意：连绵词除了形体不固定，如"澎湃"一作"滂溃",又与"滂沛"通,"逶迤"的写法有三十二变(各例均见方以智《通雅》)的情况外,音节组合往往可交并、倒易,"蒙蒙"、"茸茸"可作"蒙茸","绵渺"可作"渺绵"。了解这点,对训诂上某些疑难问题的解决也有帮助。比如:

  九月肃霜,十月涤场。(《诗经·豳风·七月》)

  有本《诗经》注本这样训释:"肃霜,即下霜。""涤场,把场园打扫干净。"这训释的依据是《毛传》:"肃,缩也。霜降而收万物也。""涤,扫也。场工毕入也。"《毛传》把连绵词拆开解释了。王国维不同意《毛传》的说法,在《观堂集林·肃霜涤场说》指出:"'肃霜'、'涤场'皆互为双声,乃古之联绵字,不宜分别释之。'肃霜'犹言'肃爽','涤场'犹言'涤荡'也。"王国维还编有《联绵字谱》,从先秦著作(《诗》、《书》、《易》、《礼》、《左传》、诸子、《楚辞》)以及《说文》、《尔雅》中选辑了二千七百七十四个连绵词,其中双声的一千三百五十三个,叠韵的七百零五个,双声叠韵的共二千零五十八个,占百分之七十以上。

  连绵词从来源上看,有的是汉语本身早就存在的,如"窈窕、参差";有的是从西域翻译过来的,如"葡萄、玻璃";有的是从梵文翻译过来的,如"刹那、夜叉"。这些都是当时口语的形象记录。有不少记录还反映了当时语音发展的状况。比如"匍匐(púfú)又作"扶服","扶"上古也读重唇音,后来才随语音演变而读成轻唇音。了解连绵词的来源及其义异、形异在语音上的根据,是有利于对连绵词的正确理解的。

  有人把连绵词说成是"连语",并引王念孙"凡连语之字皆上下同义,不可分训"的说法(《读书杂志·汉书》)为据。这要正确对待。既然"上下同义",就不是一般的连绵词(叠字暂不讨论),因为"上下同义",顾名思义是指上下各有其相同之义。其实,连绵词是上下凝结成一体的,不能拆开来分析其上下义。汉人把《诗经》"窈窕淑女"的"窈窕"拆开来分析,唐人把前面提到的"犹豫"拆开来分析,就都是弊病。今天如果不从理论上澄清,自然还会给分辨单纯词与合成词带来麻烦。

(三) 分清合成词的合义与偏义

  合成词的合义、偏义,也是分析词的内部结构关系以审义时所应当重视的。合义的合成词,两个词素意义相辅相成,如"宾客"、"欣喜"、"弘大"之类;偏义的合成词,两个词素意义相反或相对,而偏用其中一个词素意义,另一个词素意义只作陪衬(或因求得陈述上的映衬效果,或因求得偶数音节的均称效果)。如下列例句中的"寒暑"、"成败"、"缓急"便是偏义的：

    (1) 无羽毛以御寒暑。(《列子·杨朱》)
    (2) 先帝尝与太后不快，几至成败。(《后汉书·何进传》)
    (3) 即有缓急，周亚夫真可任将军。(《史记·绛侯周勃世家》)

例(1)的"寒"指寒冷，"暑"指暑热，原来都是单音词，组成为合成词"寒暑"，只用"寒"义，"暑"无义。例(2)例(3)同样只有"败"义和"急"义，而无"成"义与"缓"义。

合义的合成词是由两个相同(或相近)词素构成的，一般没有引申义，如"宾客"、"土地"之类。偏义的合成词是由两个相反(或相对)词素构成的，往往具有引申义，如"本末"、"左右"之类。还有些既非合义又非偏义，而是由两个关义词素构成的，也往往具有引申义，如"爪牙"、"腹心"之类：

    (1) 祈父！予王之爪牙。(《诗经·小雅·祈父》)
    (2) 将军者，国之爪牙也。(《汉书·李广传》)
    (3) 此诸将或任腹心，或堪爪牙，或是功臣。(《资治通鉴·魏黄初三年》)
    (4) 内外臣僚，皆其腹心。(《三国演义》第二回)

"爪"与"牙"原是动物身上两个锐利部分，构成合成词"爪牙"用来比喻勇士，多指英勇善战的武将。它在古书中无"帮凶"、"狗腿"的贬义，现在有了贬义。"腹心"(也作"心腹")情况一样，也是从无贬义变到有了贬义的。

有没有引申义，是词义的客观现象。为什么有些词有引申义，有些词却没有，这是一个值得研究的课题，以往的训诂学家没有明确说明其所以然，我们今后应该作新的探讨。

(四) 分清词素结合的固定与自由

并列式合成词的合义词素在结合过程中往往有较大的自由。比如：

    (1) 介绍而传命。(《礼记·聘义》)
    (2) 胜请为绍介而见之于将军。(《战国策·赵策》)

"介绍"是古代聘问行礼时在宾主之间的传话人，也作"绍介"。其他"整齐"也说"齐整"，"仪表"也说"表仪"，"离别"也说"别离"(这些都是古代就有的并列式合成词)。值得注意的是有些词的词素次序虽有顺倒两式，但意义却有差别。比如：

    民人俗语曰："即不为河伯娶妇，水来漂没，溺其人民"云。(《史

记·滑稽列传》褚先生补）

唐以前，"人民"和"民人"一般不混用："人民"的对立面往往是禽兽、树木、财物等，且常论多少；"民人"的对立面是朝廷、官府、官吏等，且往往论贫富。上例"民人"指"人"。单从"人"与"民"来看，唐以前也是不对等的："人"包括"民"，"民"属于"人"。唐代为避李世民讳而把许多古书的"民"改为"人"，那是另一回事。从事训诂工作，对这类现象必须有正确的认识。至于词素次序不能调换的，那当然就无所谓注意其区别的问题了。

（五）分清词素组合的结构方式

对合成词的词素组合要注意分清结构方式，如平列结构不能误作偏正结构，偏正结构也不能误作平列结构。

是非知能材性使然也，是注错习俗之节异也。（《荀子·荣辱》）

杨倞注"习俗，所习风俗"，把"习俗"当作偏正结构看待。王念孙看到"知（智）能"、"材性"、"注错（措）"（按"注错"意为措置）都是平列结构，又看到同书《儒效》中"习俗移易"等的"习俗"也是平列结构，断定杨倞的解释是不对的。"习俗"确是并列结构，指习惯风俗。用于他书，也应作平列结构理解。比如："遂登会稽，宣省习俗，黔首斋庄。"（《史记·秦始皇本纪》）

寡人唯是一二父兄不能共亿。（《左传·隐公十一年》）

杜预注："共，给；亿，安也"，把"共亿"当作平列结构看待。王念孙改读"共"为去声，作"相共"之"共"解，说"共亿"意为"相安"，这就文理通顺了。否则"给"与"安"就"文不相属"。

（六）其他（缩略、用典、转化、连类而及）

其他还有不少现象也需要辨析。

有些词原来是缩略说法，后来逐渐形成固定形式的词，如"承先祖，守其家"缩略为"承守"之类。

有些词原来是用典说法，后来也逐渐形成固定形式的词，如"使君从南来，五马立踟蹰"的"五马"之类。汉朝规定，太守外出驾五马，后来"五马"便用来称"太守"了。又如《后汉书·徐稺传》载豫章太守陈蕃在郡不接待宾客，但因很看重徐稺，特设一榻招待他，他离开了，榻就挂起来。王勃《滕王阁序》有"人杰地灵，徐孺（即徐稺）下陈蕃之榻"句。后来人们就把招待宾客或住宿叫"下榻"。《桃花扇》："我二人不回寓，就下榻此间了。"这"下榻"既是用典说法，也是缩略说法。

有些词原是词组,因词组意义向相关事物转化而具有定型性的特点。比如"布衣"本指布料衣服,后转指穿布衣的人,即平民。据说上古没有官职的人只配穿布衣服(实际上是一种粗劣的麻织品),只有到了八九十岁才能穿丝绸衣服。诸葛亮《出师表》里说"臣本布衣,躬耕于南阳"的"布衣",就是说自己本来是平民。用到后来,成了代称现象。代称的形成当然不都是转化,但转化是重要的来源。

文言文代称现象很多,来源不一,像"神州"代中国、"社稷"代国家、"庙堂"代朝廷、"朱门"代显贵之家、"白屋"代平民之家、"纨绔"代贵族子弟、"万乘"代皇帝、"苍头"代仆人、"蛾眉"代美女、"黄冠"代道士、"总角"代幼儿、"须眉"代男子、"垂髫"代儿童、"手足"代兄弟、"心腹"代亲信、"烽烟"代战争等等。而且代称往往不止一个,"神州"代"中国","赤县"、"九州"也都代中国。书信在我国历来也有许多代称,如"简、牍、柬、素、笺、函、件"等等。这些代称,大抵与我国书写材料的起源、发展有关。

诸如此类,都有辨析之必要。要不然,把上述"五马"当作一般"五匹马"来解释,那就明显地错了。这类现象训诂学要关注,但毕竟是词汇学、修辞学所要具体过问的,这儿就从略了。

还有一种所谓"连类而及"(简称连文)的现象,倒应该着重提一提。连类而及在历代文献尤其是在先秦典籍中屡见不鲜。表现形式一般是两个词连在一起出现在文句中而只表达其中一个词的意思。比如:

朋酒(两壶酒)斯(语助词)飨(以酒食款待人),曰(语助词)杀羔羊。(《诗经·豳风·七月》)

疏文引《王制》说:"大夫无故不杀羔羊",指明这里说的只是"羊","羔"不过连及而已。

润之以风雨。(《易·系辞》)

润物的是"雨","风"也是连及。

……故盛其车服,疾驱于通道大都。(《诗经·齐风·载驱》序)

孔疏:"经有车马之饰而已,无盛服之事,既美其车,明亦美其服,故协句言之。"

有人说汉以后的文献中出现了反义词的连及现象,算是特殊的连文。举的例子之一是"生女不生男,缓急无可使者"(《史记·仓公传》)的"缓急"只能当"急"讲,即主讲"急"而连及"缓"。其根据是杨树达先生《汉语文言修辞学》一书的说法:"此种对待之辞,一正一负,连类用时,往往意在负而连及其正。"这里有个概念要明确:前面讲词的偏义,已经把这一现象分析到了,"缓急、祸福、存亡"之类都看作偏义词,既然如此,就不必同时又看作特殊连文。事实上,现在无论讲现代汉语还是讲古代汉语,都已经把这一现象说成是偏义词了。

对于连类而及,人们连声赞赏者有之,别有议论者亦有之;而从训诂学角度出发,重要的是正视语言事实,借鉴古人的训释,确切理解其所表述的意义。本书对它的叙说,目的也正在于此。但同时为了让读者了解有关动态,以利更好对待,这儿也不妨作些简介。

赞赏者认为:

《九辩》中"关梁闭而不通"的连文,"关"谓门,而门的种类很多,只言门还无法在我们头脑中形成一个具体的形象,文中与"梁"连文,就将门确指为临近城池的国都大门,使"关"的含义确切而生动。我们可以想象到它的威严高大,想象到门外深深的护城河,甚至可以想象到守门的卫兵。理解的空间显然是扩大了。若不把"关"限制在一定的范围,就不存在它的特殊性,当然也就无法表达出这样丰富的内容。

《易·系辞》"润之以风雨"的连文,虽所讲只是雨而非风,但加一"风"字,不仅表现了有雨必有风的自然现象,而且容易使人勾画出在轻风的吹拂下,条条雨丝倾斜而下的画面,这就使"雨"显得更加形象、逼真、动人,同时,对于"润"字的理解也相对加深了。

《孟子·公孙丑上》"北宫黝(yǒu)之养勇也,不肤挠(nào,退却),不目逃,思以一毫挫于人,若挞之于市朝"句中由"市"而连及"朝",除了意义表达上的积极效果外,还明显地构成了与"挠"、"逃"的协韵,使全文散中有韵,音调和谐。

《诗经》用连文,保证了四字句格式,使全诗语言均齐优美。

别有议论者认为:

《礼记·玉藻》"大夫不得造车马"句动宾配搭不当,"车"可以造,"马"不能造。

《孟子·离娄下》"禹、稷当平世,三过其门而不入"句主谓配合不当,"三过其门而不入"的是"禹",与"后稷"(周的祖先)无关。

赞美也好,批评也好,都可以说出些理由来。但归根结蒂,还是要从全面探讨的角度把它放到特定的语言历史地位上加以考察,给以合理的剖析说明。说优点,不能添枝加叶;说缺点,也不能简单地用今天常见的语法规则来衡量。黄侃说:"古书文句驳荦(luò)奇侅(gāi)者众,不悉其例,不能得其义旨,言文法者,于此又有所未暇也。"又说:"文法书虽工言排列组织之法,而于旧文有所不能施用。盖俞君有言,'执今人寻行数墨之法,而以读周秦两汉之书,犹执山野之夫,而与言甘泉、建章之巨丽也。'斯言谅矣。"(均见《文心雕龙札记·章句》)古书遣词造句的特殊性,不仅连文而已,其内部规律性还有待全面揭示。其间有些现象还得结合校勘工作进行清理,工程之浩大,自不待说。包括训诂学在内的古汉语研究,无疑将是十分重要而又十分复杂的一项工作。

五、辨体明义

(一)辨明韵文与散文

有些古代作品因为文体的风格关系,用词往往袭用古义,因此,我们还必须结合文体风格来理解词语的意思。比如"美人"这个词,在古代韵文中只是指心所怀慕的对象,没有性别上的涵义。像《诗经·邶风》"彼美人兮,西方之人兮"的"美人"和《离骚》"恐美人之迟暮"的"美人"就是指心所怀慕的人而不带性别上的涵义;可是在散文中,"美人"却用来指"美女"了,像《韩非子·六微》"魏王遗荆王美人"的"美人",《史记·秦始皇本纪》"所收诸侯美人钟鼓以充入之"的"美人",以及《三国演义》上"美人计"的"美人",便都是指"美女"。然而宋代苏东坡《赤壁赋》中"望美人兮天一方"的"美人"却又是指心所爱慕的贤人,因为苏文的体裁是赋,赋是"古诗之流",属于韵文范围,是继承《诗经》、《离骚》传统的,所以也袭用了《诗经》、《离骚》的词义。

(二)重视文体的表达形式

古代辞赋、骈文以及律诗等,常用对偶形式来表达。对偶形式早在《尚书》、《易经》、《诗经》中就出现,发展到后来,成为辞赋、骈文、律诗等的主要表达形式。构成对偶的词儿,往往是词性相同或词义相同的。根据这一规律,我们在一定程度上可以更好地去确定作品的词义。"天作孽犹可违,自作孽不可逭"(《尚书·太甲》)中的"违"和"逭"实际意义相同,"智不足与权变,勇不足以决断"(《史记·货殖传》)中上一句的"与"跟下一句的"以"也是避免重复而意义相同的。清代王引之《经传释词》曾经根据这一规律去解决古书上许多虚字疑义问题;我们今天阅读古代作品,也应该掌握这种规律去更好地理解词义。至于对偶形式,在后来韵文中的表达是极其大量的,可以触类旁通,不必在训诂学专章里一一赘述了。本书"训诂术语"部分讲到变文、互文问题,叙述的角度不同,内容实在也是相通的,可以参照。

由此可见,训释词义,辨明文体风格,并重视特定文体的表达方式,是很有必要的。

第二章　训诂的方式

解释词义已经有二千一百多年的发展历史，情况相当复杂。解释词义的方式，归纳起来，主要有三种，即：互训，义界，推因。前一章"训诂的方法"从运用上着眼，本章从表现上着眼。

一、互　训

（一）互训的实质

训诂首先从同义词的调查研究入手，在实际语言材料里找出同样环境里的词，通过分析综合，然后用以互相训释。这样，"互训"实质上是实际语言的比较训释，即"用同义词相互训释"（《辞海》）。更具体地说，互训就是指意义和用法相同或相近的两个或两个以上的词的相互解释。比如《说文·老部》："老，考也。""考，老也。"《尔雅·释言》："宫谓之室，室谓之宫。"互训是义训的一种。用互训方式释义，显得简明切要。

（二）互训的根据

互训是以古书中训释词和被训释词在词义上的基本共同点为依据的。比如《尔雅·释诂》："疑，戾也。"这一训释是根据《诗经·小雅·雨无正》"靡所止戾"和《诗经·大雅·桑柔》"靡所止疑"这两句诗而得出来的。这两句诗都描述了国家灭亡，人民没有安定处所的情形，"疑"和"戾"都表示了"安定"的意思。《尔雅》认为这两个词在同一语言环境中曾经有过相同的含义，便用为互训。又比如《尔雅·释诂》："询、度、咨、诹（zōu），谋也。"这是因为《诗经·小雅·皇皇者华》中二至五章的末了"周（忠实）爰（于）咨诹"、"周爰咨谋"、"周爰咨度"、"周爰咨询"等几句话中的"咨诹"、"咨谋"、"咨度"、"咨询"都当作"访问"讲。这些说法基本意义相同，行文避免重复而形式略异，《尔雅》把它们综合起来作比较，并用为解释，就成了互训。

同一部书的不同版本当然也可以运用这种比较方法。不仅如此,这一比较方法还可以运用于不同的书籍。比如《尔雅》"俞,然也","若,顺也",其根据便是《尚书·尧典》"帝曰:'俞'"、"钦若昊天"的"俞"、"若"和后来他书"帝曰:'然'"、"敬顺昊天"的"然"、"顺"同义。它们可以互训,也是综合比较的结果。古人曾经称之为"异言相代",简称"代言"或"代语"。从形式上看,有点像现代的"今译"。我们说它是"互训",指的是广义的互训。

(三) 互训的类型

从时代上着眼,互训有同时的,也有异时的(前面已都有实例)。又如《说文·舟部》:"舟,船也。"段注:"古人言舟,汉人言船。"这也是异时的互训。异时互训反映出古今用词及词义的发展变化。从地域上着眼,互训有以通言释方言的。比如《方言一》:"党、晓、哲,知也,楚谓之党,或曰晓,齐宋之间谓之哲。"从体例上看,互训是甲乙两词互相直接训释,又叫直训(直训还包括单训,如"踊,跳也")。还有甲、乙两词用丙来训释,叫作同训。比如《尔雅·释诂》"命"和"令"同训"告也"。再有甲用乙来训释,乙用丙来训释,甲、乙、丙三词递相为训,又叫递训或转训。比如《尔雅·释言》:"煽,炽也。""炽,盛也。"从类属上着眼,有以共名释别名的(指出某一事物所属的种类),比如《说文·木部》:"李,果也。""橙,橘属。"这又叫作类训。类训与一般互训的不同,主要在不能反复为训(倒训)。另外从使用频率上看,互训有以常用词释非常用词的,比如《广雅·释言》:"媞(wěi),是也。"

(四) 互训的局限

互训只是指在特定的语言环境中一组词有相对的同义,而不是指在一切语言环境中一组词有绝对的同义。我们不能认为:既然可以互训,便可不加区别。《说文》"元,始也",虽是互训,而其用法有别,不能误认为绝对同义。有些同义词所指的虽是同一种事物,但涉及的面有广有狭,范围有大有小,像"法"和"律"基本意义差不多,但它们所指的范围大小不同:"法"所指的范围大,多偏重于"法则"、"制度"等意义,因此"遵先王之法"不能说成"遵先王之律","变法"不能说成"变律";"律"所指的范围小,多偏重于具体的刑法条文,如"萧何造律"(扬雄《解嘲》)不能说成"萧何造法"。这方面的实例举不胜举。后世注《尔雅》的人,都很重视阐明这些互训的词的区别所在,我们应当重视。特别是上古单音节词表意相当灵活,又往往具有模糊性特点,这也给互训带来一定的难处(不能精确表达),造成了局限。互训只能彰其同、不能辨其异的局限怎么克服呢?这就有待于后面将要讲到的"义界"方式的运用了。

(五) 互训的发展

由于词义的灵活性和模糊性不利于思想表达,也不利于明确理解,有很多互训词往往逐渐相互结合成同义复词。复合词的义素互相补充和制约,意义便比较稳定和明显。这是词汇发展的趋势,也是社会发展的需求。比如《尔雅·释诂》:"遐,远也。""远,遐也。""遐"、"远"两词互训,又结合成为"遐远"。又如:"劳,勤也。""勤,劳也。""勤"、"劳"两词互训,又结合成为"勤劳"。《尔雅·释宫》:"宫谓之室,室谓之宫。""宫"、"室"两词互训,又相结合成"宫室"。《说文》中这类例子相当多,下面不妨再举一些:

"吹"(嘘也):"嘘"(吹也)——"吹嘘";
"讽"(诵也):"诵"(讽也)——"讽诵";
"歌"(咏也):"咏"(歌也)——"歌咏";
"偏"(颇也):"颇"(头偏也)——"偏颇";
"险"(阻难也):"阻"(险也)——"险阻";
"奉"(承也):"承"(奉也)——"奉承";
"意"(志也):"志"(意也)——"意志";
"追"(逐也):"逐"(追也)——"追逐";
"辽"(远也):"远"(辽也)——"辽远";
"排"(挤也):"挤"(排也)——"排挤";
"吟"(呻也):"呻"(吟也)——"呻吟";
"杀"(戮也):"戮"(杀也)——"杀戮"。

以上都是甲、乙两词互相训释,后来又结合成为同义素并列复合词(或者说是一种同义的联合结构)。甲、乙两词同用丙训释的(同训)也有复合情况,也就《说文》所录举例如下:

"珊"(治玉也):"琢"(治玉也)——"珊琢";
"冷"(寒也):"凓"(寒也)——"冷凓";
"悽"(痛也):"恻"(痛也)——"悽恻";
"诏"(告也):"谕"(告也)——"诏谕"。

以上都是甲、乙两词同用丙训,后来又结合成同义素并列复合词。甲用乙训而乙又用丙训的(递训)也还有复合情况,仍就《说文》所录举例如下:

"论"(议也):"议"(语也)——"议论"、"论语";
"诽"(谤也):"谤"(毁也)——"诽谤"、"毁谤";
"惶"(恐也):"恐"(惧也)——"惶恐"、"恐惧";
"税"(租也):"租"(田赋也)——"租税"、"税赋";
"祸"(害也):"害"(伤也)——"祸害"、"伤害"。

以上都是甲、乙、丙递相为训,后来又结合成同义素并列复合词。

从互训及同训、递训的构词发展中,可以看出汉语同义词的丰富性。同义词的丰富性来自训诂学上广泛应用"同义为训","同义为训"又促使同义素复词不断产生,更增加了同义词的丰富性。比如《说文》"遭,遇也"、"徙,移也"等等"同义为训"是极大量的。今天进行训诂学的研究,对语言中的这种发展不能忽视。

互训、同训、递训、同义为训这些训释方式的共同基础,是意义相同(包括相近),其不同点在于它们的表述上。试比较如下:

互训
"勤,劳也";"劳,勤也"("劳"训"勤"、"勤"训"劳")
同义为训 同义为训

同训
"冷,寒也";"凓,寒也"("冷"、"凓"同以"寒"训)
同义为训 同义为训

递训
"遭,遇也";"遇,逢也"("遇"训"遭"、"逢"训"遇")
同义为训 同义为训

不属互训、同训、递训
"疲,劳也";"劳,勤也"("劳"训"疲",但"勤"不训"疲")
同义为训 同义为训

互训、同训、递训、同义为训的共同基础是意义相同,表述虽有差异,却又都互有联系,那么我们以互训而概其余,也是未尝不可的。

二、义　界

(一) 义界的实质

黄侃说"凡以一句解一字之义者,即谓之义界"(《训诂述略》,见《制言》第七期),陆宗达加以发挥,说"用一句或几句话来阐明词义的界限,对词所表示的概念的内涵作出阐述或定义,这种方法叫做义界"(《训诂简论》)。义界也是义训的一种。

设义界是为弥补互训之不足,使词义明确化,表达词的概括意义。陆宗达《训诂简论》有段话就义界问题作了表述。他说:

> 义界比互训在训诂上的应用更为广泛和普遍,这是因为语言中绝对相同的两个词是很少的。互训只能对具体语言环境中的相对同义的词进行比较,并不能说明词的概括意义。用义界的方法来训释词义,对帮助人们了解词的概括含义,是更为行之有效的。比如《说文解字·旦部》:"暨,日颇见也。"这就是用义界的方法来训释"暨"。"颇"是偏斜的意思。"日颇见"有两个含义,一个是和"日全见"相反的,意思是太阳没有出来而只看见它旁射的光芒。这是时间上的"暨"。另外一个是和"日正见"相反的,因为太阳是直射赤道,赤道南北纬二十三度半以内是"日正见"的地方,其他都是"日颇见"的地方,这是方位意义上的"暨"。这个词一方面标志了时间:太阳尚未涌出而大地上已有光亮,所谓"暨旦"的时候;一方面标志了方位:"朔暨"——最北方,"南暨"——最南方。对于这样一个有复杂内容的词义,许慎只用"日颇见"三个字就准确地概括出来了。又如《说文解字·车部》对"辍"的解释:"辍,车小缺复合者也。""辍"的本义不是停止,而是行车中途发生障碍,修理修理还可以继续前进的意思。由此引申成凡是中间暂时停止的现象都叫"辍"。……这些义界都是概括得既简练又准确的。

不过也必须指出,根据逻辑规则,定义一般是:被定义概念等于种差加邻近的属。古人运用"义界"方式释词,有时或多或少地符合定义的逻辑规则,但总的说来,义界的理论与实践并不能与科学的定义等量齐观。正因为这样,不少人不把"义界"直接表述为"定义"。

设立义界这种训诂方式在古代是常见的,下面再举些例子:

《尔雅·释亲》:"男子先生为兄,后生为弟;男子谓女子先生为姊,后生为妹;父之姊妹为姑。"

《尔雅·释宫》:"宫中之门谓之闱,其小者谓之闺,小闺谓之阁,巷门谓之闳。"

《说文·口部》:"口,人所以言食也。"

《说文·肉部》:"肥,多肉也。"

《说文·衣部》:"衰,草雨衣。"

《说文·车部》:"毂,辐所凑(会合,聚集)也。"

《说文·教部》:"教,上所施下所效也。"

《说文·贝部》:"赢,有余贾利也。"

义界不仅能阐明本义,而且能辨析意义相近的同义词。段玉裁《说文解字注》就或用经注,或参己见,以义界方式对需要辨析的同义词加以申说,补许慎《说文解字》互训义的不足。比如"国"下注说:"按邦国互训,浑言之也。《周礼》注曰:'大曰邦,小曰国。'邦之所居亦曰国,析言之也。"

义界也有连用于互训之后以补互训之不足。比如《说文·老部》:"老,考也。七十曰老。"《说文·衣部》:"衣,依也。上曰衣,下曰常(注:常,下帬也)。"

至于同类词(由同一偏旁组成的一组意义上有联系的词)之间的差异,也能展示。比如《说文·衣部》"被,寝衣,长一身有半。""衾,大被。"

此外,训释内容不止一个的义界,有两种情况。一是同名异实,比如《说文·目部》:"瞥,过目也;又目翳也,从目敝声。一曰财(纔)见也。"二是同类异名,比如《说文·艸部》:"萆,雨衣;一曰衰衣,从艸,卑声。"有些虚词的训释,看似义界而实非义界(只表明语法功用),当作别论,比如《说文·矢部》:"矣,语已词也。"

(二) 义界的原则

义界既然是下定义式的,自然应该以能揭示事物本质属性为基本原则。具体地说,就是必须确切而简要地说明一种事物的本质特征或一个概念的内涵和外延。

在训释词义的实践中,完全体现这一原则是不多见的。比如:

(1)《素问·金匮真言论》:"经谓经脉,所以流通营卫血气者也。"

(2)《礼记·乐记》注:"道谓仁义也,欲谓邪淫也。"

这两例其实只是以狭义释广义,即以外延较小的词语解释外延较大的词语。又比如：

(1)《尔雅·释鸟》："二足而羽谓之禽，四足而毛谓之兽。"
(2)《尔雅·释畜》："駮如马，倨(jù)牙，食虎豹。"

这两例其实只是对词所标志的事物的形状、性能加以描写而已。再比如：

(1)《周礼·天官·大宰》："以八法治官府，一曰官属。"郑玄注引郑司农曰："官属，谓六官，其属各六十，若今博士、大史、大宰、大祝、大乐，属大常也。"
(2)《尔雅·释兽》："兕，似牛。犀，似豕。"

这两例其实只是把两种类似的事物加以比拟：前者以今制拟古制，后者以此物拟彼物。凡此种种，类似义界，而又并非严格的义界；要是给它个名称，不妨叫作"准义界"。要不然，只好把义界范围扩大，既包括定义，又包括释义了。

(三) 义界的局限

义界方式的运用，有明显的局限性。

首先，定义难以下得精确。以上实例已经大致表明了这一情况。现在再进一步举例说明：

《说文·足部》："足，人之足也，在体下。"

现代汉语的"脚"和古代汉语的"足"相当。随着人认识的深化和词义的发展，《现代汉语词典》解释"脚"为"人或动物的腿的下端，接触地面支持身体的部分"。其实，"足"与"脚"的古今定义都不见得精确。别的暂且不谈，单就其功能而言，古代没有提到，现代说"支持身体"，就欠周全。"脚"的作用不只是"支持身体"，更重要的是"行走"。下定义而未说重要功能，就不妥了。再就"人"的定义来看，中国古代似乎还没有过，"圆颅方趾皆人类"的说法自然够不上定义。古希腊人认为是"没有羽毛的两腿动物"，又进而认为是"能思维、有理性的动物"；后来美国的富兰克林提出"人是制造工具的动物"，固然逐步有所发展，但还不能说是完善了。马克思主义者认为，"人是有语言、能思维、会制造和使用生产工具的社会动物"，这才算是对"人"的本质特点有了充分的揭示。可以说，完美无缺的定义，一般是不多见的，因此训诂学上义界方式的局限性也就势难避免了。尽管方式多种多样，有类别式、比况式、情状式、自嵌式等等，而类别式又有区别状态、区别特性、区别方式、区别形貌、区别地点、区别部位等等情况,运用起来都有局限性。

其次,采取义界方式释义,文字往往冗长,不是所有场合都能适用。能用互训表述清楚的,就没有必要用义界。有些人主张用义界方式代替其他一切训诂方式,就失于偏颇了。

(四)义界与声韵

有人从声音着眼,寻找义界与声韵的关系,说:"凡义界多有一字或一字以上之字,与所训之字有声韵之关系。"(林尹《训诂学概要》71页)刘师培曾经这样解说:"《说文》'神'之下云:'天神引出万物者也。从示,申声。'申、引音义相同,从申得声,犹之从引也。"(《左盦集》卷四)刘师培这一解说本自段玉裁《说文解字注》:"天神引三字,同在古音第十二部。"(按,段玉裁分上古韵为十七部,第十二部平声韵为"真、臻、先"。)这类情况,《说文》不乏其例:

诂,训古言也。
贫,财分少也。

"诂"与"古"古同音,"贫"与"分"古同音。

有人据此进一步说:"凡字义必寄于其声,所以就声求义,乃能得字义的本原。"但以上这些只能略备一说而已,不可强为古书说解。

三、推　　因

(一)推因的原则

黄侃说:"凡字不但求其义训,且推求其字义得声之由来,谓之推因。"(《制言》第七期)推因的原则便是根据词的声音线索探求词义的由来。比如毛亨的《传》说:"盗,逃也。"《诗经》用的是盗贼的"盗"的词义,这是容易理解的,而毛亨则进而从推求"盗"命名的由来,解释"盗"由"逃"得义。这种推求就是以词的声音线索为根据的。

(二)推因的途径

既然推因的原则是根据词的声音线索探求词义的由来,那么推因的途径便是从实际语言材料中找出"信而有征"(可靠而又有证据)的线索来,进而探求其本源。汉末刘熙的《释名》就曾经广泛地综合了各地方音,分辨它的发音部位和方法,据以探索词义。比如对"天"的解释是:"天,豫、司、兖、冀以'舌腹'言之,天,显也;青、徐以'舌头'言之,天,坦也。"这就是说,豫、司(司州,今河南洛阳)、兖、冀和青、徐等地区"天"字发音虽然略不相同,意义却是相同的。

前面"因声求义"部分也讲了寻语源和同源字(词)问题;这儿说的推因方式是"因声求义"这种训诂工作的体现,是训释条例。运用推因方式时,如果没有大量的文献作为佐证,常会穿凿附会。比如《论语·八佾(yì)》记载宰我答复鲁哀公"社主"(社神的牌位)用木材的意义的说法,便是附会。他说:"夏后氏以松,殷人以柏,周人以栗,曰:使民战栗。"周人的"社主"用"栗木"来做,宰我随便从声音上胡乱凑合着说,结果便遭到孔子的斥责。可见推求事物命名的由来不能凭主观臆测,必须遵循从实际语言材料出发寻找佐证的途径,否则很难令人信服。

自然,在"推因"实践中,不一定都能做到"推"出真正的"因"来;有时只要推因的结果能够大体适于解释词义,也可以看作"推因"的表现。因为语言有其自身的特点,不能都拿科学上严格的因果定律来衡量。比如前面讲到的"盗,逃也"并非"盗"的本义,"盗"的本义是偷窃,即"盗人之财犹谓之盗"(《左传·僖公二十四年》)、"窃货曰盗"(《荀子·修身》)的"盗"义。毛亨以"逃"释"盗",严格说来并不是推因。按"盗"、"贼"古今义有别:现在说的贼(偷东西的人),古时叫"盗";现在说的"盗"(抢东西的人),古时一般称"贼",但也可以叫"盗"。

(三) 推因的步骤

陆宗达《训诂浅谈》有一段话具体说明推因(该书称"推因"为"推原")的步骤,可供参考:

> 农历十二月叫"腊月",夏至第三个庚日起有"三伏"。如果有人问,为什么要叫"腊"、叫"伏"? 我们就可以对这两个字,做一番"推原"的工作了。首先,查一下历史,知道"腊"和"伏"是古代农村里的两种祭祀(腊祭在十二月举行,伏祭在夏至第三个庚日以后举行)。其次,就从研究词义的角度,进一步去探索这两种祭祀得名的原因。"腊祭"是用腊肉作祭品的意思,"腊"的命名,就是由腊肉得来,比较容易解释;"伏祭"是用"杀狗"作仪式,"伏"是由"杀狗"而得名。"杀狗"为什么叫"伏"呢? 这就要进一步去推求。《周礼》上称"伏祭"叫"疈辜"。"疈"就是"副"的异体字,"伏"和"副"的古音相同,所以"伏"就是"副"的同音假借。《说文解字》说:"副,判也。""副"就是用刀剖开的意思,也就是"杀"。现在湖北方言仍把宰杀牲口叫作"副",说副猪,副鸡等等。这样一层一层推求,最后从声音线索探求到词义,就

能弄清楚"伏"和"杀狗"的关系。

依照以上推因的步骤,我们读西汉杨恽的《报孙会宗书》"田家作苦,岁时伏腊"中的"伏腊",便有可能洞悉其命名的渊源了。

(四) 推因的意义

推因方式,对于今天和今后编纂语言工具书,特别是编写同源字典,颇有参考价值。比如汉代的《释名》:"负,背也,置项背也。"根据这一声训,便可推定"负"、"背"是同源字。到了清代,古音学研究取得较大成就,相应地,推因的效用提高了,推因的意义也更为显著。

四、三者的交叉

互训、义界、推因三种释义方式,是汉代训诂学家常用来解释词义的。有人说:"任何一个'词'都能拿这三种不同的方法去解释。但是要知道并不是某些词只能用'互训',不能用'推原'和'义界',或者只能用'推原',不能用'互训'和'义界',或者只能用'义界'不能用'互训'和'推原'。"(陆宗达《训诂浅说》)另外也有人认为"并不意味着每一个字都可具备以上三种方式,有时候有些字只可以用一种或两种方式来解释它。"可是这两种不同说法中,都没有举例分析说明。

应该说,交叉情况是存在的。比如《尔雅·释言》:"葵,揆也;揆,度也。"这既用推因,又用递训,便是一例。又如《史记·项羽本纪》"籍长八尺余,力能扛鼎"的"扛",裴骃(yīn)《集解》:"韦昭曰:'扛,举也。'"司马贞《索隐》:"《说文》云:'扛,横关对举也。'"(段注对此还有具体解释,可另参阅)《集解》用的是互训方式,《索隐》用的是义界方式。至于是否"任何一个词都能拿这三种不同的方法去解释",那就是另一个问题了。

上述三种释义方式只是主要的,不是解义方式的全部。《说文·虫部》:"蛊,腹中虫也。"《春秋传》曰:"皿虫为蛊,晦淫之所生也。"这"蛊,腹中虫也",是用义界或准义界方式释义;"皿虫为蛊"用近似"拆字"方法释义,则属于形训,另当别论。

无论是古代的训诂专书还是注释书,运用上述三种方式释义,由于行文简约,往往言不尽意,有待参照其他资料互证,使之意义显豁。就拿"蛊"字来说,"腹中虫也"、"皿虫为蛊"的解释是正确的,但很难使人有明确的印象,不能理解"腹中虫"、"皿虫"是怎么回事。但是我们参照《隋志》有关的叙述,就不难更好理解"蛊"的意义了。《隋志》这样说:"江南之地多蛊。以五月五日取百种虫,大者至蛇,小者至虱,合置器中,令自相啖。余一种存之,欲以杀人,因入人腹中。"这样,"蛊"的意义便可明确理解了,同时也可以看到许慎是言之有据的。明了"蛊"的本义,推究其来源,那么"蛊惑人心"这个成语的含义也能够迎刃而解了。《本草纲目·虫部四》:"取百虫入瓮中,经年开之,必有一虫尽食诸虫,即此名为蛊。"此说亦可补解上述"蛊"义。

五、其　他

(一) 关于"右文"

汉代就有用音同音近字来解释字义的"声训"。宋代王安石的《字说》强调"凡字声都有义",王子韶(舜美、圣美)提出"右文"说。"右文"说就是从声符求字义的学说。取名"右文",是就大部分声符在右而言。《梦溪笔谈》说:"王圣美治字学,演其义为右文。……凡字其类在左,其义在右,如木类,其左皆从木。所谓右文者,如戋,小也,水之小者曰浅,金之小者曰钱,歹(同歺,本音遏,今误念为 dǎi)而小者曰残,贝之小者曰贱:如此之类,皆以戋为义也。"历宋明至清,"右文"说渐有发展。清焦循分析从"襄"得声的瓤、酿、镶、囊、让五个字,断定它们都具有"在中"和"包裹"的意思(见《易余籥论》),虽未明指"右文"说,实际上是进一步发挥了"右文"说。又黄承吉《字义起于右旁之声说》集例四千余,数量空前。近人刘师培《中国文学教科书》、《字义起于字音说》,都充分发挥了"右文"说。沈兼士作《右文说在训诂学上之沿革及其推阐》,对"右文"说的历史和内容都作了分析说明,把"右文"说更具体化、系统化、科学化了。它不仅阐述了形声字的声符有意义,还表明了同一声符的形声字多属同义。如"倚(偏、歪)"、"崎(山路不平)"、"埼(弯曲的岸)"都从"奇"声,同含偏义。又如"秾(草木茂盛)"、"酞(酒味厚)"、"浓(与淡相对)",都从"农"声,同含厚义。(按:有人说:"若农声之字多训厚大,然'农'无厚大义"。此说未妥。《玉篇》"农,厚也"证明"农"有厚义。)

"右文"说从形声字的形符与字义的关系着眼,通过字族来研究汉字,揭示汉字孳乳变易的某些特征,为古代语言文字的研究指示了新途径。

随着"右文"说的发展,清代发生了"音近义通"说。"右文"说限于同一声符,"音近义通"说却把范围扩大到异形的字;异形字只要音近,义就可通。也可以说,"音近义通"说把"右文"说向前推进了一步。梁启超在《从发音上研究中国文字之源》里说:"凡音同者,虽形不同而义往往同。

如'地'字并不从'氏',而含'低'、'底'等义,'弟'字亦因其身材视兄低小而得名。'帝'字有上接下之义,故下视亦称'谛视'。"刘师培在《正名隅论》里说:"'侯'类、'幽'类、'宵'类三类文字,义多相近。""'阳'类同部之字,义多相近,均有高明美大之义。"我们由此便可看到"音近义通"说的精义。根据这一理论类推,我们不难发现"明"声母字"暮、墓、幕、昧、霾、雾、灭、晚、密、冥、梦、眇、茫、蒙、盲"(其中"雾、晚"已演变为零声母字)等等表示与黑暗有关的概念,当是同源字,"阳"部字"亮、旺、皇、昌、扬、强、广、光、朗、王、章、张、刚、壮、旷、长"也当是同源字。

"音近义通"说由王念孙等开其端,由阮元、刘师培等先后发挥,由章太炎、梁启超、刘赜、杨树达等共为推阐,逐渐形成了学术体系。特别是章太炎在《语言缘起说》里面,从语根研究音近义通,又在《文始》里面,从音近义通出发研究汉字的孳乳,由五百十字(初文)演成五六千字,不但总结了过去的音近义通说,并且扩大了它的范围。

"声训"、"右文"、"音近义通"有重要的参考价值,但也不可过分强调。《释名·释疾病》说:"痔,食也,虫食之也。"这种声训已到了荒唐的地步。王安石是《释名》以后第一个强调文字的声义关系的学者,他说"薇"是"微者所食",就流于附会之弊了。王圣美说"戈"声字有小义,可是"划"训剪、"践"训履、"饯"训酒食送行,又怎样解释呢?至于双声叠韵字,固然有"义通"的,可也有相当大一部分是意义毫不相干的,如"鸡"与"狗"是双声字("鸡"、"狗"的声母都是见母),"晚"与"旦"是叠韵字,其意义并无相通之处。这些语言事实证明了"音近义通"说不能毫无例外地随意运用。主张"音近义通"而抓不着语源或音根,缺点就暴露出来了。更何况语言中"音近义通"有其可能性,并无必然性。

探讨语源有唯物主义的,也有唯心主义的,应该有所鉴别。王力指出,上古声训糟粕多,精华少;清代以来因声求义精华较多,糟粕较少。应该善于去粗取精,去伪存真。声训、"右文"说、"音近义通"说作为学术体系可以借鉴,同时也应该注意分析批判。

(二) 关于反训

训诂学上还有用反义词来解释词义的"反训"说法。新版《辞海》这样说:"有些词在古代含有相反的两义,如乱字有'治理'、'紊乱'两义,后世只通行'紊乱'一义。而《尚书·皋陶谟》'乱而敬',《史记·夏本纪》作'治而敬',以治训乱,训诂学上称为反训。"人们对这种被称为"反训"的现象还有过比较具体的例说,兹略举数端如下:

1. 事物本身包含好坏两面内容,表示某一事物总体的词也就包含好坏两种相反意义,可用于好的方面,也可用于坏的方面,于是产生"美恶同辞"的情况。比如:

　　　　(1) 嘉耦曰妃,怨耦曰仇。(《左传·桓公二年》)
　　　　(2) 赳赳武夫,公侯好仇。(《诗经·周南·兔罝》)
　　　　(3) 结发辞严亲,来为君子仇。(曹植《浮萍篇》)

例(1)"仇"表示坏的方面的意义,例(2)、(3)表示好的方面的意义。"仇"的本义是两人相对,相匹配。相对、相匹配的两人既可以是同伴、嘉耦,也可以是仇敌、怨耦,所以"仇"可以表示好坏两种相反的意义。后来"仇"专用来指敌对的双方,词义范围缩小,就一般不再表示同伴、嘉耦的意义了。

　　2. 动作行为的施事者和受事者相对立而又相依存,表示某一动作行为的词由于在实现动作行为的过程中所处地位不同而有正反两义,于是有时产生"施受同辞"的情况,比如:

　　　　(1) 秦借道两周之间,将以伐韩,周恐借之畏于韩,不借畏于秦。(《史记·周本纪》)
　　　　(2) 有马者借人乘之,今亡矣夫!(《论语·卫灵公》)

例(1)三个"借",第一个是"借入"意,后二者是"借出"意。例(2)"借"是"借出"意。可见"借"包括"借入"和"借出"两方的动作行为的含义。这相反两义的产生是由于实现动作行为的双方在实现"借"这特定动作行为中所处的施受地位不同所致。

　　3. 词所表示的概念自身具有程度的相对性,随着意义的引申而产生了反义。比如:

　　　　(1) 楚师老矣!(《左传·僖公二十八年》)
　　　　(2) 枚乘文章老。(杜甫《奉汉中王手札》)

"七十曰老。"(《说文》)随着词义引申,"老"形成对立性:例(1)指"衰竭",例(2)指"老练"。

　　4. 词义引申向对立面转化而产生反义。比如:

　　　　(1) 公输子之巧,不以规矩,不能成方圆。(《孟子·离娄上》)
　　　　(2) 此夫鲁国之巧伪人孔丘非邪?(《庄子·盗跖》)

"巧"本义《说文》说是"技也"(技巧、技艺),引申为"灵巧",如例(1)。可是"灵巧"过了头,就向贬义转化,变成了"虚浮不实"、"作伪"的意义,如例(2)。

　　以上种种,的确存在于语言实际。然而,是不是都要看成"反训"呢?

尤其是由词义引申而产生相反意义的也称之为"反训",有没有必要呢?这些都不无商讨的余地。另外有人还认为"离"有"罹"义,"苦"有"快"(高兴、痛快)义,"曷"有"盍"义,它们都可以形成反训,就不能不说是误会了。试看下面的语言实际情况:

独离此咎(灾祸)。(贾谊《吊屈原赋》)

依段玉裁"借离为离别"(《说文解字注》)的解释,"离"由本义鸟名"黄鹂"的"鹂",借为"离别"的"离"("本无其字"的假借),再由"离别"的"离"借("本有其字"的假借)用为"罹",表示遭遇的意思,属通假现象,不是既有离开意义,又有遭遇意义。应该防止不明通假而误为反训的毛病。

扬雄《方言》卷二:"苦,快也。楚曰苦。"卷三:"苦,快也。……宋郑周洛韩魏之间曰苦……自关而西曰快。"

"苦"表示"快"义,这是方言同音的缘故,即"快"读成"苦",不是"苦"本身包含痛苦和痛快的意义。应该防止不明方言同音字而误为反训的毛病(按上古"快"只作"痛快"、"高兴"讲,"快速"义是后起的)。

曷为何,而又为何不;盍为何不,而又为何,声近而义通也。故《尔雅》曰:"曷,盍也。"(王引之《经义述闻》卷二十七"曷,盍也"条)

"曷"表示"何"义,又表示"何不"义;"盍"表示"何不"义,又表示"何"义,原是声近义通,无所谓反训。应该防止不明声近通义而误为反训的毛病。

总的说来,"反训"一说不够科学。语言中意义相反相对的,不必笼统地用"反训"来概括表述。意义相反相对的语言现象很复杂,其自身规律有待进一步揭示。章炳麟在《转注假借说》中说:"语言之始,义相同者,多从一声而变;义相近者,多从一声而变;义相对相反者,亦多从一声而变。"不少人即以"一声之变"为所谓反训产生的主要原因。其实大可不必这样附会。与其说所谓反训产生的主要原因是一声之变,毋宁说是意义引申,因为无论从理论上或材料统计上看,意义相对相反多与引申密切相关。既然说是引申,又何必更释为"反训"呢?词义兼反正现象,现代汉语中也属屡见,比如"拉幕"的"拉"有"揭"和"闭"两种截然相反的意义;"上课"的"上"对学生来说是"听",对老师来说是"讲",听和讲相对立;"看病"的"看"对病人来说是"就医",对医生来说是"诊断"。解释这类现象,自然没有必要也不应该称之为"反训"。如为了便于称述,定要给个名称,不如用引申倒更恰当些。

此外,还有人说"反训"产生的原因是"语急"所致。臧琳就说是"古人语急反言"。俞樾也说"古人语急,故有以'如'为'不如'者"(《古书疑义举例》)。黄侃《文心雕龙札记》作为"语急省"看待,说《左传·庄公二十二年》"敢辱高位以速官谤"的"敢"即"不敢也,语急省"。林尹《训诂学概要》归纳历来各家关于反训的起因之一"语变关系"的条目下还有这么一些话:

> 《诗》:"徒御不警,大庖不盈。"《传》:"不警,警也;不盈,盈也。"又:"不戢不难,受福不那。"《传》:"不戢,戢也;不难,难也;那,多也;不多,多也。"又:"有周不显,帝命不时。"《传》:"不显,显也;不时,时也。"又:"上帝不宁,不康禋祀。"《传》:"不宁,宁也;不康,康也。"(林尹《训诂学概要》初版,175页)

林尹认为以上"反训的起因"的说法是成立的。但是,齐佩瑢《训诂学概论》则早就不认为是反训之例,而认为是"不识古字而误以为反训者"。他说:"不知'不'乃'丕'字,'不'、'丕'于古为一体,'丕'音近'溥',故有'大'义,用以表极甚之副词,《诗》之'不显……'即《书》之'丕显……',《孟子》引《书》语,赵注训为'大',得其义矣。"齐佩瑢的说法是可取的。高亨《诗经今注》"不显不承"(《清庙》)和"不显文王之德之纯"(《维天之命》)都注"不,通丕,大也",与齐说同。类似现象尚多,都不必强解为"反训"。

有人认为所谓"反训",不是汉语独有现象,其他民族语言中也存在类似现象。董艳琴《〈反训〉与思维》一文中便说过:"黑格尔曾经发现德语'aufbe wahren'一词蕴含'灭绝'与'保存'相反两义共存一体的情形。"(《上海师范大学学报·研究生论文专辑》210页,1999年第6期)对"反训"的认识,亦可备参。

第三章 词义引申与褒贬

一、从词义的特点说起

词义和声音的具体关系,本书前面讲"因声求义"部分已经讲到。词反映的是概括了的客观对象,那么我们就不难了解词义的概括性与客观性的特点。

先讲词义的概括性。

列宁说过:"任何词都是概括了的。""人"的词义是会说话、能制造劳动工具、过社会生活的脊椎动物,它不是专指一个人,而是指具有以上特征的一切人,既包括张三,也包括李四,既包括男人,也包括女人,既包括大人,也包括小孩,既包括中国人,也包括外国人,既包括现代人,也包括古代人。另外像"上海"、"鲁迅"之类,也都同样是概括了的,"上海"概括了上海各个方面的特点,同时把上海与其他地方区别开来;"鲁迅"既概括了鲁迅各个方面的特点,同时把鲁迅与其他人区别开来。至于概括的程度,有的词概括性大,有的词概括性小;"植物"这个词的意义概括性大,"橘子"这个词的意义概括性小,"无核橘子"这个词的意义概括性更小。概括性最大的是"物质"这个词的意义。整个宇宙中的一切现象,除了与物质相对的"精神"以外,都可以称为物质。从大的范围说,整个宇宙都是物质;从小的范围说,"原子"、"中子"、"质子"也是物质。词义的概括性是就词义本身特点说的,与事物本身的大小没有必然联系。比如泰山是一座很大的山,比原子大几千万亿倍,但"原子"这个词却比"泰山"这个词的词义概括的范围大得多。因为"泰山"这个词的词义概括的只是一座山,而"原子"所概括的却是一切原子。

再谈词义的客观性。

词义的形成是生产以及全部社会生活的发展所确定的客观过程。比如"拖拉机"这个词的产生跟生产活动有关,"共产主义"这个词的产生跟阶级斗争有关。它们的产生不是偶然的,都是社会发展的结果,都是客观事物的反映。唯心主义者认为词义是由人们任意确定的,是人们主观的产物。词义的产生有它的客观物质基础,绝对不是人们任意确定的。我国十年动乱期间,有人把《论语》"学而优则仕"的"优"作随意性的解释,只能是自欺欺人。"评法批儒"中把同一个"民"字在《论语》中解释为"奴隶",证明孔子是奴隶制的辩护士,在《孟子》中反过来解释为"奴隶主",证明孟子是奴隶制复辟狂,在《商君书》中则解释为"新兴地主阶级",证明商君是地主阶级政治家。这只是从政治需要出发作随心所欲的解释而已。

自然,我们这里说的词义不是人们任意确定的,这跟人对词义的理解往往附带有主观性是两回事。我们知道,词义有概括性和客观性,是概括了客观事物的意义;概念也有概括性和客观性,是概括客观事物的思维形式。它们有相同的地方,却不是绝对相等的。"人"这个概念包括"是脊椎动物","能说话","会制造劳动工具"等内容,其中"是脊椎动物"这个特征其他生物也有,属一般的特征;"能说话"、"会制造劳动工具"等特征是人所特有的,属本质的特征。由此可见概念是反映对象的一般特征和本质特征的总和。至于"人"这个词的意义,不同的人就可能有不同的理解。比如大人理解的"人"与小孩理解的"人"并不完全一样,大人理解的"人"的含义一定比小孩深刻得多,但是这并不妨碍大人与小孩的交际,因为大人也好,小孩也好,说"人"决不会是指别的生物,它只包括一些足以确定那个词所表示的对象的范围的特征,并不包括对象的一般特征与本质特征的总和。由此可见词义与概念是有区别的。(参看林裕文《词汇、语法、修辞》和德·高尔斯基《论语言在认识中的作用》)当然,人对词义的理解的主观性不能超越客观对象的本质特征所决定的范围,也就是词义的主观性不能抹杀词的基本内容。正因为这样,不同的人对词义的不完全相同的理解并不会影响思想交流。至于随意误解和蓄意曲解,那另当别论,不能与一般的词义主观性混为一谈。

了解词义的概括性与客观性,也了解词在运用时人对词义理解往往带有主观性,有助于理解词在贮存状态中的意义(字书、词书里的意义),有助于理解词在使用状态中的意义(出现在文章里的意义),也有助于理解词义的引申与褒贬。前面提到的"民"的随意说解,既背离词义客观性,也背离词义的概括性,不同于一般词在运用时附有主观性;对这类现象有所识别,无疑是有利于正确、全面地理解词义的。《左传·庄公十年》"肉食者谋之,又何间焉"的"间"有人解释为"补充或纠正",这也是背离客观性等的误解。查《左传》中"间"用了八十一处,其他八十处都不作"补充纠正"解,唯独这一处作"补充纠正"解,显然缺乏根据。先秦两汉以来古籍及各类字书、词书,本义和引申义也都没有作"补充或纠正"解释的。这种个人的随意"创造",没有社会的客观的依据,自不能与词在运用时附有主观性相提并论。其实"又何间焉"的"间"应是"参与"义。《孔雀东南飞》"自可断来信"的"信"有人解释为"媒人",说"断来信"就是回绝那个媒人的意思。这样解释也不合词义的概括性与客观性,"媒人"不是"信"的引申意义。古代带信的使臣可以叫"信使",往后一般送信的人也叫"信",可没有把媒人直接称为"信"的。余冠英对本句作解释时,先说"信,使者",进而说"断来信"就是"回绝来使",末了再用括号注明:"来使,指媒人。"这样的解释就符合语言事实,没有造成"媒人"是"信"的意义的"跳跃式"引申的错觉。

二、看清词义的历史范畴

概念是全人类所共有的,属思维范畴;词义则属语言范畴,它处在某一语言词汇系统中。词义受本民族语言系统所制约,具有民族性。词义又有历史性,是历史范畴,它随着社会的发展、人们的运用而逐渐演变。它一方面继承、充实、深化,一方面扩大、缩小、转移。这里以"电"为例说明词义的继承、充实、深化的情况。"电"的最初含义相当模糊,而且带有神秘成分。古代人尽管也观察到"摩擦起电"现象,可是并没有形成对"电"的科学概念。现在,随着人们对电的本质、特性和控制方法日益深入了解和掌握,"电"的含义就比古代深刻得多。关于词义的扩大、缩小、转移,这已经是众所周知的了。

无论是继承、充实、深化现象,还是扩大、缩小、转移现象,总的方向是由低级向高级,由粗疏到精细。如果它所代表的客观事物已经不存在,自然也不被使用,只存在于特定的历史文献中了。

一种语言的词义系统是一个整体。词与词义之间、词义内部这个意义与另一个意义之间的种种联系及影响,是语义学研究的重要内容。训诂学以研究词义为核心,词义的引申与褒贬这一语义学内容,无疑也应该是训诂学所必须关心的。词义引申的现象,翻开古书,触目皆是,后面将有所分析说明。这里不妨先从现实生活中经常接触到的用例作些剖析,以利于把问题说得更具体些。

拙作《词汇与习作》(江苏人民出版社,1962)举了这样一个例子:

> 传说从前有一个走江湖的医生,一天,他在一个市镇上摆摊子卖膏药,附近有一个老头儿把他请到家里给儿子医病。医生看了病情

之后，就给病人吃了一斤巴豆。病人吃了一斤巴豆之后，第二天就断气了。老头子看到自己的儿子吃了巴豆就死了，急忙把医生揪住，到衙门去打官司。

法官问：

"你用什么药医治病人的？"

医生回答："巴豆。"

"你看过药书吗？"

"正因为看了药书，才用巴豆医治。"

"药书上怎么写的？"

"……巴豆不可轻用。"

"叫你不可轻用，你为什么用上一斤？"

"说巴豆不可轻用，意思就是要重用，所以我就用了一斤。"

"你这笨家伙，巴豆不可轻用，意思是不要轻易用，即不要随便乱用。你把药书上的'轻'字的意思理解错了，竟害死了一个人！"

这是一个笑话，实际上它告诉我们：理解词义，特别是词的多种意义时，不能粗枝大叶，浮光掠影。要想做到如实理解，至少要初步掌握词义发展引申诸概念。我们知道，"轻"总的说主要有两个义项：一是分量小，与"重"相对，如司马迁《报任安书》"人固有一死，或重于泰山，或轻于鸿毛"；引申为轻微、浅薄，如诸葛亮《与参军掾属教》"任重才轻"。二是轻视、看不起，如《老子》"祸莫大于轻敌"；又表示轻易、随便，如《盐铁论·刑德》"千仞之高，人不轻凌（登上）"。上述"巴豆不可轻用"的"轻"就是第二义项中的"轻易、随便"之意。有人可能以为误解"巴豆不可轻用"的"轻"不过说说笑话而已，事实上像这样司空见惯的字（词）不大可能会弄错。这可不一定。成语"掉以轻心"也是人们经常说的，用来指事情采取轻率的漫不经心的态度，这里的"轻"就是轻易、随便的意思，可是并不见得人人一见便都能正确理解它的。实际上，阅读古籍，太深的字并不可怕，我们可以查字典得到解答，如"靝"字可从《康熙字典》中查到它是道家的"天"，"墬"字也可从《辞海》查到它是"地"字，而很浅的字，司空见惯，反而容易弄错。拿"一"字来说，最简易，而它的义项极多，人人都认得，不见得人人都掌握好。有句老话说："不怕生字怕熟字。"这话不假。总之，对于词的引申义，不能粗心大意，一定要多从词义的历史发展性着眼，认真对待。

下面就着重谈谈词义的引申问题。

三、词义引申研究的回顾

在词义引申与褒贬问题的认识上,段玉裁说了这样的话:"凡字有本义,有引申假借之余义焉。守其本义,而弃其余义者,其失也固;习其余义,而忘其本义者,其失也蔽。蔽与固皆不可以治经。"(《经韵楼集》卷五)段玉裁这个见解是在对语言现象作大量分析之后才提出来的。他在《说文解字注》中分析了一千一百多字的引申义。许慎的《说文解字》收字九千多,而其中常用字不到半数。段玉裁分析的千余字基本上是常用字,因此其分析研究具有实用性与普遍性。现在从段玉裁分析的千余例中选引十余例于下,以窥一斑。

(1) 梳——理发也(许慎原解,下同)。注:器曰梳,用之理发亦曰梳。(段玉裁注,下同)

(2) 缚——束也。注:引申之,所以缚之之物亦曰缚。

(3) 狯——健犬也。注:本谓犬,引申谓人。

(4) 怀——有力也。注:本谓人有力,引申谓马。

(5) 翼——翅也。注:翼必两相辅,故引申为辅翼。

(6) 副——判也。注:副之,则一物成二,因仍谓之副。因之凡分而合者皆谓之副。训诂中如此者致(极)多。

(7) 桡——曲木也。注:引申为凡曲之称。(按成语"百折不桡"的"桡"即用此引申义。今写作"百折不挠"。)

(8) 疾——病也。注:依经传多训为急也,速也。此引申之义,如病之来多无期无迹也。

(9) 匠——木工也。注:以木工之称引申为凡工之称也。

(10) 州——水中可居者曰州。注:州为州渚字,引申之,乃为九州。俗乃别制"洲"字,而大小分系矣。

(11) 宰——皋(罪)人在屋下执事者。注:此宰之本义也,引申为宰制。

(12) 削——一曰析也。注:凡侵削、削弱皆其引申之义也。

以上词义的引申,有的连同词义感情色彩起变化。如"宰"本来是屋内奴隶(所谓"罪人"),因贴近奴隶主,有可能得到奴隶主信用,逐渐具有职权,乃至扩大职权;到了后代,直至成为官僚,执掌国政。这样,"宰"就由贬义演为褒义了。又如"削"由"破木"引申为"侵削"之类,这就由中性义演为贬义了。

关于词义的引申问题的阐述，与其说段玉裁是集大成者（前人偶有散见的叙述，但并非有意识的探索），毋宁说是首创（像段玉裁这样较全面而深入的揭示，前人还没有过）。正因为是首创，所以在段玉裁以前传统训诂学是不专门谈词义引申诸问题的。鉴于首创的深远历史意义和重要价值，本书特专章叙述目前一般训诂学专著所不大关注的词义引申与褒贬问题。

　　词汇学固然也说到词义引申，但回顾几十年来的研究历史，不免有浅尝辄止之感。我国语言学界一向流行着词义的扩大、缩小、转移的说法，这一说法原来是德国语言学家赫尔曼·保罗（1846～1921）在《语言史原理》中提出来的。它对我国词义引申演变的研究曾经起过重要的促进作用，但它并没有使汉语词义引申演变的研究有大的进展。原因不在于这种说法本身缺乏理论价值，而在于人们没有紧密结合汉语特点，立足于吸收我国传统的词义研究的丰富而宝贵的成果的基础上。段玉裁词义引申的探讨比德国学者保罗词义扩大、缩小、转移说早一百多年，涉及内容之丰富，是首屈一指的；而且他有许多理论性阐述，虽然还不是严格的科学抽象，毕竟是发前人所未发。即便有些内容前人略已提及，段玉裁也还有自己的见解，乃至对前人述说进行补正。比如唐代颜师古《匡谬正俗》说："副贰之字本为福，从衣，畐声；俗呼一袭为一福衣是也。"段玉裁《说文解字注》则说"颜说未尽然也"，接着便表明自己的见解（已见上述例（6）"副"字解）。我们如能很好地总结归纳前人研究成果，必将有新的发现，对词义引申规律有新的揭示。任何学术研究都不可能从零出发，应该看到可以继承的基础。况且段玉裁由于历史的局限，也由于缺乏科学的方法论的指导，许多理性认识散见于各字例的训释中，没有能升华到理论高度，没有建立起一套理论体系（这也是乾嘉学派共有的弱点），这未竟之业正有待我们今人完成而后来居上。在这过程中，当然要吸取众长，精益求精。仍拿前面提到的"副"字来说吧，段玉裁的说解比颜师古高明，但颜师古说"俗呼一袭为一福衣"，从另一个角度看，颜师古看到了"副"充当量词的倾向，为段玉裁训释所未备。我们如能借鉴段玉裁的训释，参照颜师古的提示，如实观察词义的历史现象，则不仅可知其引申之迹，还不难理解"副"由动词转变成量词的情况，有利于古汉语语法现象的探讨，起到词义与语法研究相辅相成的作用。我们知道，"周人言贰，汉人言副"，这只是就一般用法说的，不是说"副"在汉代已经用为量词了。"副"用为量词是在魏晋南北朝时期，如"今赠……赤戎金装鞍、辔十副"（曹操《与太尉杨彪书》），"赐钱百万，床帐、簟、褥百副"（《全晋文》卷六司马炎文），崔复"致衣一袭,被、褥一副"(《世说新语·方正》注引《孔氏志怪》)。这里的"副"就是当时新兴的量词。

遗憾的是,词义引申及其规律的研究目前还是个非常薄弱的环节。当然,在若干个别的字词的研讨上有人也下了工夫,但毕竟还是些零珠碎玉。零珠碎玉固然是华构所必需,但要使之成为华构的有机组合体,还得匠心独运,群策群力,多从汉语实际出发,借鉴西方理论而不只在名词术语上做文章。这样说并不是无的放矢。比方前面提到的德国语言学家赫尔曼·保罗《语言史原理》讲的词义的扩大、缩小与转移这一说法,在研究汉语词义时可以参照并用之于实际,却不能过多从字面上各显神通而别无其他作为。如有人说词义的扩大、缩小、转移是词义演变的三种现象,20世纪50年代编写的初中汉语课本参考书也跟着采用"三种现象"的提法;有人说词义的扩大、缩小、转移是词义演变的三种方式,同时把"转移"改说成"移动";有人又说词义的扩大、缩小、转移是词义演变的三种结果,同时把"扩大"改说成"放宽";还有人说词义的扩大、缩小、转移是词义演变的三种规律;也还有人说词义的扩大、缩小、转移是词义演变的三种情况,同时把"扩大"改说"扩展",把"缩小"改说"收缩"。凡此种种,不一而足。考其实际却并无新解,例证也只是互相辗转引用而已。

四、词义引申论析

(一) 综述

我们这里说的词义的引申,跟章炳麟说的"引申"不一样。章炳麟在《语言缘起说》里的例说是:

> 如立辡(biàn)字为根。辡者,罪人相与讼也。(按:"辛"《说文》解为"秋时万物成而孰","辛"才是罪人,即王筠所说"辛,辠〔罪〕也"。但王筠《文字蒙求》又说"不敢强解"。今姑且依章说"辛"为"罪人","辡"则"罪人相与讼"。)引申则为治讼者,字变作"辩"。治讼务能言,引申则为辩论、辩析。由辩析义引申,则为以刀判物,于是字变作"辨"(刂本是刀形刀)。……由刀判义引申,则瓜实可分者亦得是名,其字则变作"瓣"矣……一字递衍,变为数名。

章炳麟所说,实际上是"义自音衍"的文字孳乳现象。这种孳乳应该是指词的分化而造出新字,属同源字。

这里说的引申也不能依江声的说法去理解。江声在《六书说》中认为:"凡一字而兼两谊(义)、三谊者,除本谊之外皆假借也。"江声把引申误看成假借了。其实,引申是词的问题,是词义在本义基础上的发展变化;假借是用字的问题,是用音同音近字来记录语言中的词。如果把引申也叫作假借,在研究词义时就会产生混乱,分不清词义发展变化的来龙去脉。如果把本义外的都称假借,就只会使词义研究失去科学性。古人乃至今人,往往就在缺乏科学头脑方面吃了亏。《王力论学新著》(广西人民出版社,1983)在"自序"的末端这样写道:"我常对我的研究生说:'科学研究并不神秘,第一,要有时间;第二,要有科学头脑。后者最为重要。否则浪费时间,徒劳无功。'谨将这两句话贡献给亲爱的读者。"这是王力治学经验之谈,对我们是有启迪的。

我们这里说的引申,是和段玉裁说的引申一致的,即指一个词由本义推演而形成新的意义。比如"节"字,字的本义是"竹节"。《说文》:"节,竹约也。"段玉裁解释说:"约,缠束也。"由这个本义产生出下列引申义:用于树木,则指木节;用于动物,则指关节;用于时日,则为节气;用于音乐,则为节奏;用于社会政治,则为礼节;用于道德,则为节操;用于动作,则为节制、节省。比如:

(1) 不遇槃根错节(木节),何以别利器乎?(《后汉书·虞诩传》)

(2) 彼节(关节)者有间(今字作"间"),而刀刃者无厚。(《庄子·养生主》)

(3) 长歌赴促节(节奏)。(陆机《拟古》)

(4) 四时八位十二度二十四节(节气)。

(5) 礼不逾节(礼节、法度)(《礼记·曲礼》)

(6) 时穷节(节操)乃见。(文天祥《正气歌》)

(7) 节(节制、节省)用而爱人。(《论语·学而》)

为节省篇幅,下面仅作综合提示,古书用例不一一列出:

薄——林薄,林木相迫之义。引申为凡事物相迫都说薄。《尚书》"外薄四海",《传》说"薄,迫也"。《易经》"雷风相薄"、《左传》"宋师未陈而薄之"(庄公十一年)、"薄而观之"(僖公二十三年)、"半涉而薄我"(僖公三十三年)、"薄诸河"(文公十年)等,都是"迫"义。相迫则无间可入,物单薄不厚也无间可入,所以又引申为厚薄之薄,念 báo。

理——治玉。引申为一切治理之理。凡治理必期有条不紊,遂又引申为条理之理,腠理、肌理之理;更引申以至于广大精微,便是物理、情理、天理之理。

莽——谓犬善逐兔草中,引申为草莽、卤莽。《辞海》释"莽"为"密生的草",释"草莽"为"杂草,丛草",只是说明大意。《说文》:"南昌谓犬善逐兔草中为莽。从犬从茻(音 mǎng),茻亦声(意符兼有声符作用)。了解词的本义和引申义,可依《说文》。

革——兽皮治去其毛叫革,引申用为一切的改革之词。这是就"革"的词义内部规律说的;上古汉语里"汤武革命"与今天"工农革命"都包含上述引申义。但是前者指改换天命,后者则指:"被压迫阶级用暴力夺取政权,摧毁旧的腐朽的社会制度,建立新的进步的社会制度……破坏旧的生产关系,建立新的生产关系,解放生产力,推动社会的发展。"(《现代汉语词典》)

胎——子之初成。引申为始义,如《尔雅·释诂》"胎,始也"。

臧——善。引申为善而存之。加草头的收藏义项的"藏"是汉代以后造的字。

糜——粥。《释名》说:"糜,煮使糜烂也。""糜烂"实是"糜"的引申义,原来是中性词,现多用为贬义词,如"生活糜烂"。

宇宙——《淮南子·览冥》"燕雀以为凤皇(后世形体类化为凰),不能与争于宇宙之间",高诱注"宇,屋檐也;宙,栋梁也",这是宇宙的本义。宇引申为边宇,宙引申为舟车之反覆,而边宇无限,反覆无已,所以又引申为"上下四方曰宇,古往今来曰宙"(《淮南子·原道》高诱注)。今天一般当作天地万物的总称。按:同是《淮南子》高诱注,本义与引申义互见。引申义注另见后面"外来语词义"章"世界"目下。《辞海》列本义屋檐与栋梁于末了一个义项,《辞源》列本义屋檐与栋梁于开头一个义项,二书考虑出发点不同,处理方法也不同;《辞海》一般先列常用义,《辞源》一般先列本义。既是常用义,又是本义,了解起来不成问题;要严加辨别的话,最好先查《辞源》,追寻《说文》、《尔雅》,参考《辞海》。

出——像草木萌生,引申为往,引申为凡生长之称,又引申为一切出入的"出"。

归——妇人嫁归在家,引申为凡人还家之称,又引申为一切归宿之义。

硕——本谓头大,引申为凡大之称,今说"硕果"、"丰硕"、"硕士"等都含大义。

县——悬挂。《说文》"县"下说"系也"。引申为郡县之县。先秦县系于国,秦汉县系于郡。后代另造"悬"字以区别于"县"。按:不少文章注本或辞书常说"县,同悬",或说"县,通悬"。这个"同"、"通"把问题的实质掩盖住了。要知道,上古只有"县",没有"悬";既然当时并不存在"悬",就不能简单地说"同"或"通"。即便必须表明"等同"之意,也应说:"县等于悬(悬挂),后写作悬"。

绝——断丝。引申为一切断绝之称。绝必横断,引申为横渡河梁。绝必穷,又引申为穷极之称,"绝妙"、"绝大"、"绝小"即"极美"、"极大"、"极小"。

紕——羌氏人所织毛布(按:《周书》、《说文》均作"紕",《后汉书·西南夷传》作"毞")。毛布粗糙,不平滑,所以引申为"紕缪"。

轧——本谓车辗转于路,引申为以势相倾。

尊——酒器。周代尊各有制,所以引申为尊卑之称。

夭——屈。屈有折义,所以引申为夭折。

发——射出箭。引申为出生(发芽)、"产生"(发电)、"放出"(发光)、"说出"(发誓)、"呈现"(发红)等意义。

深——从地面往下垂直的程度(深渊、深谷)。引申为平面由外到里的程度(深院、深山),又引申为指时间晚(深夜、深秋),还引申为"浓"和"多"的意思(深色,工夫深),甚至引申为指心理状态(深信不疑)。

词义引申的情况是很复杂的。因为引申义总是就该词所代表的概念的某一特点发展起来的,而任何事物的特点都是多方面的,这样,从一个本义出发就可能朝着不同的方向引申出新义。比如"资"本义是资财、钱财;财物是用以进行交易的,而交易时财物有往有来,所以"资"既引申为取,又引申为与(按,这种现象称为施受同辞;施受同辞是词义引申所致,像《考工记》"或通四方之珍异以资之"的"资"郑玄注"取也",《战国策·齐策》"太子何不倍楚之割地而资齐"的"资"高诱注"与也"便是)。财物又是人们做某些事情所不可缺少的条件,因此又引申为所凭借的对象,像《史记·留侯世家》"夫为天下除残贼,宜缟素为资"的"资"。"资"既有凭借义,而人所倚仗的条件,既有金钱、物质以及社会生活、自然环境,又有体质、才智、阅历等等,因此又引申为"资格、资斧(路费)、资望、资源、资历、资质、天资、笔资、川资、工资、师资、邮资"等等。《辞海》所列义项有(1)财物、费用,(2)资料,(3)资质,(4)指地位、声望、阅历等,(5)供给、资助,(6)凭借、依赖,(7)贩卖。由此不难看出词义引申的复杂性。但是不管引申得多么远,引申义总是围绕着一个中心,或者说总有着共同的特征。

词义的系统性是语言中客观存在着的事实(不是主观的任意假定),但是词义引申的方向、层次、顺序,却需要从大量的文献资料中去概括、剖析、总结。由于前人在这方面给我们留下的成果不多,而各人的体会不一,因此对词义系统的描写也就见仁见智,不尽相同了。兹略参照陆宗达、王宁《训诂方法论》的说法,结合个人的粗浅认识,大致归纳为下列理性、形比、礼俗等三种。

（二）理性的引申

指词义之间因本民族共同的理性认识（按,词义有民族性,与概念不一样）而发生联系,从而产生引申意义。

1. 因果的引申

"习"从羽从白（同"自",表声）。从羽表明它的本义跟鸟飞有关。《说文》解释为"习,数（shuò）飞也";"数飞"就是鸟屡次拍着翅膀飞。比如：

鹰乃学习。（《礼记·月令》）

"习"用的是本义,是反复地飞的意思。这一意义引申为反复练习、实习、温习。比如：

学而时习之。（《论语·学而》）

清人阮元在《论语解》中说"时习"是"时诵之、时行之也",正切合原意。他不仅指出"温习",还指出反复进行。现在人们常解"习"为"复习、温习",没有说明反复进行的含义,就不大妥当了。《论语》"复习、温习"概念用"温"不用"习"。"时习"的"习"主要内容是"行",即对所学的知识在实践中反复练习、运用。看到这一点,就更能了解到"习"的本义和引申义的联系,进而把"习"和"温故而知新"（《论语·为政》）的"温"区别开来。

由于反复练习,反复实践,就通晓、熟悉了。比如：

习地形,知民心。（晁错《言守边备塞疏》）

2. 时空的引申

"往"字《说文》解释为"之也",本义是"从一地到另一地去",就空间而言。"往往"两字连用起初也指空间,是"到处"的意思。比如：

旦日卒中往往语,皆指目陈胜。（《史记·陈涉世家》）

按:新版《辞海》说"卒中往往语"的"往往"是"每每、时常"的意思,原有两解,应取"到处"。

后来引申为指时间。

李侯有佳句,往往似阴铿。（杜甫《与李十二同寻范十隐居》）

3. 反正的引申

《广雅·释诂》既有"藐,广也"的训释,又有"藐,小也"的训释,就是反正引申造成的。前面讲的"资"训"取"又训"与",也是这样。

由于反正意义不便用同一形体表达,因此有些词就产生分化,用了不同的形体来表示,如"受"表示接受,"授"表示"授予"。(本来"受"既表示接受又表示授予。)

4. 虚实的引申

词义的引申常常是从具体到抽象的,这儿只是就实词虚化而言。"益"本义是水满溢出,引申为增加义,如"曾益其所不能"(《孟子》)的"益"和"曾"同义复用,都表示增加义。后来再虚化为副词"更加",如:

独夫之心,日益骄固。(杜牧《阿房宫赋》)

(三) 形比的引申

事物之间有外部的偶然的相似,使词义作形似类比的引申有了可能。比如"斗"原来是一种酒器,像《诗经》里的"酌以大斗"的"斗",后来引申为容量单位,像《汉书》里的"十升为斗"。又如"本"的本义是树根,像《国语·晋语》"伐木不自其本,必复生"的"本"。人们常用树木的根本来比喻事物的基础、发源和决定一切的重要部分,所以"本"就有根本、本质、本源等意义。

(四) 礼俗的引申

"祭"的本义是残杀。由于古代宗庙祭祀要杀牲作为祭品,所以"祭"的引申义就成了祭祀的"祭"了。

"虞"本义是化装舞,也就是头戴虎头假面具进行舞蹈,后来娱乐就称"虞"。王力《同源字典》说:"在虞乐的意义上,'虞、娱'实同一词"。(141页)

"玉"是指"温润而有光泽的美石"。它的意义的引申,跟当时的历史条件、社会状况分不开。比如:

(1)(晋惠公)淫色暴慢,身好玉女。(《吕氏春秋·贵直》)

(2)惟辟(指君)玉食。(《尚书·洪范》)

"玉女"指美好的女子(美女),"玉食"指珍美的食品。其他如"玉音、玉趾、玉貌、玉颜、玉容、玉井、玉手、玉爪、玉立、玉池、玉宇、玉衣、玉羽、玉肌、玉沙、玉局、玉步、玉指、玉泉、玉流、玉梁、玉理、玉堂、玉署、玉窗、玉叶、玉实、玉醅"等等,也都是表示同类事物中的最佳最美的。

为什么最美好的事物用玉来称述呢?这就不妨回顾一下历史,然后作进一步分析:

新石器时代,玉已为人们所重视。青铜器时代,石器在社会生活中的地位被铜器所代替,但玉器反而受统治者的喜爱而越来越被重视,逐渐成为统治阶级生活片刻不能离开的东西,即所谓"古之君子必佩玉","无故玉不去身"。不仅如此,还用所佩的玉标志身份等级,用玉祭祀鬼神或殉葬,甚至服食玉屑以求长生不老。

既然古人对玉这样爱好、崇尚,那么以玉来比况自己心中最宝贵美好的事物,就是很自然的事了。

联系社会礼俗及历史条件了解词义的引申,这是唯物主义的方法。前人不明白这个道理,往往误入歧途。清代的阮元认为《诗经·大雅·民劳》中的"玉女"就是"畜女"(畜 xù,畜养),玉、畜同音假借;王先谦解释《尚书·洪范》中的"玉食"也有类似看法,这显然是不妥当的。"玉女"、"玉食"的"玉"用的是引申义,不能凭声音的偶合说是同音假借。

另外,阮元用同音假借说解"玉女"为"畜女",固然是不妥的,但也有人在提到阮元这一不妥的讲法时,说"玉女"应为"美好的女子",这一解释本身也欠妥。《诗经·大雅·民劳》"王欲玉女,是用大谏(深深规劝)"的"玉"是"当作玉一样地宝爱"的意思,"女"通"汝"。

前面较多地着眼于义素分析。义素的分析既可以为区别词的本义和引申义提供依据,也可以为区别词的引申义与假借义提供依据,还可以为分清同源字和通假字提供可靠的依据。比如:

(1) 若不早图,后君噬齐。(《左传·庄公六年》)
(2) 以受齐盟。(《左传·襄公二十二年》)
(3) 民不齐出于南亩。(《史记·平准书》)

例(1)的"齐"是指"腹脐"。我们分析"齐"的本义(《说文》解为"禾麦吐穗上平也")及引申义,都找不到相当于"腹脐"的意义,因此便可断定例(1)的"齐"是同音借用。例(2)(3)情况就不一样,应是引申义:"齐盟"即"同盟","齐出"即"皆(全)出"。

(4) 以刑治则民威,民威则无奸,无奸则民安其所乐。(《商君书·开塞》)

王力《同源字典》:"有威则可畏,故'威''畏'同源。"(392页)通过"威""畏"义素的分析,知道二者意义上有联系,意义相同(相近),就能判定"威"不是"畏"的借用字,而是二者同源。通假字与同源字的区别就在于前者意义没有联系,后者意义有联系。可以明确地肯定,凡是意义有联系的,都要排斥在通假字之外。

了解词义的引申及其内部联系,对本义的了解,还是个难点,因为有些词的本义往往不易发现。但是我们应该尽可能多方考察、发现它。比如"良",《说文》说是"善也",《尔雅》说是"首也";郭注说未闻"良"的"首"义,郝疏亦未证明。其实"首"应是"良"本义。"良"本义为"首",所以引申为长幼之长。《广雅·释诂四》:"元、良,长也。"王念孙疏证:"元、良为长幼之长。"《左传·昭公二十一年》"司马以吾故,亡其良子"的"良子"即"长子"。"良"本义为首,又引申为首领义。《左传·桓公八年》:"季梁曰:'楚人上左,君必左,无与王遇,且攻其右,右无良焉,必败。'""良"指将领。《国语·齐语》:"十连为乡,乡有良人。"韦昭注:"良人,乡大夫也。"凡为首领,须孚众望,又从"首领"引申出"善"即"美好"义。《说文》训"良"为"善"不是本义,而只是常用义。封建社会,丈夫为一家之首,"良"又引申为"丈夫",妻子称丈夫为"良人"。汉代"良"又引申出"甚(很)、信(真是,确实)",用为副词。"郎、良"同音,又借"郎"为"良",称长官或丈夫。扩大开来,未婚成年男子亦称"郎",如"云有第五郎,娇逸未有婚"(《焦仲卿妻》)。汉代以后,"良"的引申义"善、甚、信"通行,本义"首"及引申义"首领"、"丈夫"义渐消失。"良"的词义系统可以下图示意:

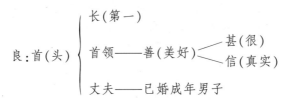

至于在不同的古籍中分别出现本义与引申义,都应细心辨认。《史记·鲁仲连邹阳列传》:"周烈王崩,齐后往,周怒,赴于齐。"张守节《正义》说:"郑玄曰:'赴,告也。'"《说文》则说:"赴,趋也。"《说文》段注解释说:"按古文讣告字,祇作赴者,取急疾之意。今文从言,急疾意转隐矣,故言部不收讣字,从古文不从今文也。"可见"赴"与"讣"是古今字,"赴"字从"走",训为"趋"即快走,是取其急疾之意。后人把报丧这一意义另造了区别字"讣",只取其"言",不取其急疾之义。《正义》引郑玄注"赴,告也",用"告"解释"赴",正是以引申义为训;《说文》"赴,趋也",用"趋"解释"赴",则是表明"赴"的本义。

最后必须指出的是:一词多义的内部联系,照理说,本义应是演变的中心,可也不尽然。某些重要的引申义往往发展成为新的中心。这就更要认真考察了。以"朝"为例,本义是"早晨",但很多引申义的复音词所依据的中心词却不是本义"早晨",而是"早晨"的引申义"朝见"。朝见时臣必须面向君王，所以引申出"朝向"；朝见时必须下拜，所以引申出"朝拜"；朝见在朝廷进行，所以引申出"朝廷"；朝廷是国家统治中心，所以由"朝廷"引申出"王朝"；王朝兴亡更替，改朝易姓，所以由"王朝"又引申出"朝代"。"朝向、朝拜、朝廷、王朝、朝代"都跟"朝见"关系很密切，形成了一个"义群"，这个"义群"里的几个意义的引申，有人把它叫作"近引申"，而对本义"早晨"说，有人把它叫作远引申。词义的远、近引申的称述是否合适暂且不论，词义间关系的疏、密毕竟是客观存在的。倘若词义引申得过远，与本义的联系已经不易察觉，有似是而非之感，就可以认为是发展成了新词了。

五、词义的褒贬

有些词除了表示一定的意义之外，还能同时表示说话的人的一种感情色彩。拿现代汉语来看，"小伙子、活泼"带有喜爱的感情色彩，"先生、伟大"带有尊敬的感情色彩，"国旗、宣布"带有庄严的感情色彩，"老爷、嘴脸"带有讽刺的感情色彩，"勾结、叛变"带有憎恨的感情色彩，"脆弱、生硬"带有不满的感情色彩。而带有庄严的感情色彩的词，往往也带有尊敬、喜爱的感情；带有尊敬色彩的词，也很自然地带有庄严、喜爱的色彩。同样，讽刺的色彩往往也和憎恨、不满的感情联系在一起，而且憎恨的色彩也不能与不满的感情截然分开。所以，一般常把带有喜爱、尊敬、庄严色彩的词概括称为"褒义词"，把带有讽刺、憎恨、不满色彩的词概括为"贬义词"。现代汉语如此，古代汉语也如此。

同一个意思，往往既可以有褒义的说法，也可以有贬义的说法。比如关于"死"的说法，就多种多样。褒义的有"就义、献身、捐躯、殉国、国殇、殉节、殉难、殉职、逝世"等等，贬义的有"丧生、丧命、殒命、毙命、毕命、送命、断气、呜呼哀哉、一命呜呼"等等，中性的有"死、亡、死亡、夭亡、殁、阵亡"等等。古今关于死的说法有一二百个，包括好死、歹死、光荣的死、可耻的死、享足天年的死、未成年的死、自然的死、横死、俗人的死、宗教人士的死、平民的死、帝王的死等等，这里只是就"死"的一例，以示词义褒贬的梗概。注意词的感情色彩，有助于领会文章的思想内容，也有利于更好地表达作者思想感情。

词的感情色彩，在一定的历史时期内一般是稳定的，但也会发生一些变化。这种变化不是无缘无故的，而是有原因的，我们可以从中看到变化的规律。

（一）社会因素

1. 政治观点的进步

人们随着政治观点的进步，改变了旧的认识，用新的是非善恶标准来看待旧制度，于是词义的感情色彩也产生了变化。比如：

> 惟辟作福，惟辟作威。（《尚书·洪范》）

意思是：只有国君才可以给人以幸福，只有国君才可以给人以惩罚。这是对国君专制独裁的肯定与赞赏。但是历史证明国君作威作福给人民带来的是无穷尽的火害，今天就用"作威作福"来表示妄自尊大、滥用权势等意思，成为贬义词了。

> 孔子将行，雨而无盖（伞）。门人曰："商也有之。"孔子曰："商之为人也甚吝于财。吾闻与人交，推其长者，违其短者，故能久也。"（《孔子家语·致思》）

对于这一件事，嵇康《与山巨源绝交书》说："仲尼不假盖于子夏，护其短也。""护短"这个词就是从这儿来的。"护短"原意是"讳言过失缺点"，也就是顾全人家的短处，不使人难堪。这在当时是褒义的。但是这种待人处世的哲学是封建道德的反映，是旧制度的产物，所以遭到人们的嫌弃，"护短"也就成为贬义词了。

2. 艺术思想的变化

"吟风弄月"原是指诗人以风花雪月为题材来表达闲适的情怀，是古人所赞赏的。比如：

（1）析句分章功自少，吟风弄月兴何长。（朱熹《抄二南寄平父因题此诗》）

（2）吟风弄月，抚掌抱膝，笑歌自若。（刘壎《隐居通议·李牧坡悟入》）

（3）乃复吟风弄月，胸次悠然。（史震林《华阳散稿·与曹震亭书》）

现代把"吟风弄月"的文艺看成是内容空虚、逃避现实的作品，这种观点已经广泛地为人们所接受，因而"吟风弄月"的感情色彩也就由褒义转变为贬义了。

正确的艺术思想自然也反映出进步的政治观点。《百家姓》中的赵姓是国姓，列第一，其次是钱姓。《水浒传》的作者偏偏蔑视这种序列，尤其排斥赵姓，一百零八个英雄好汉就没有一个姓赵的。"八方共域，异姓一家！帝子龙孙却姓柴,叫柴进。"这表现了强烈的爱憎,褒贬十分分明。

3. 科学的发达

"清规戒律"原来指佛教寺院所订的规则和戒律。《释门正统》说:"百丈山怀海禅师始立天下禅林规式,谓之清规。"后来人们对宗教的信仰渐有所转变,"清规戒律"也成为讽刺性的词语,常常用来比喻繁琐、不合理的成规、惯例。其他如"护身符"、"乞灵"也是这样("乞灵"在后面还要分析到)。

(二) 语言因素

1. 词义的变迁

词义的扩大、缩小和转移往往会带来词的感情色彩的变化。"因陋就简"本来是指在读经做学问上的一种将就简陋、不求改进的作风,或者是走捷径的不踏实的作风。比如:

(1) 苟因陋就简,分文析字,烦言碎辞,学者罢(pí)老且不能究其一艺。(《文选·刘歆〈移书让太常博士〉》)

这里,"因陋就简"是将就简陋,不求改进的作风。

(2) 于是后生之徒,复相仿效,因陋就寡,赴速邀时……不以指实为本,而以浮虚为贵。(《旧唐书·薛登传》)

这里,"因陋就寡"是走捷径的不踏实的作风。

后来"因陋就简"使用范围扩大,感情色彩有了变化。比如:

(3) 深戒守臣,因陋就简,勿事壮丽。(李纲《议巡幸》)

这里,"因陋就简"是指在仪式上要简单朴实,不求浮华,语义扩大。

(4) 令因陋就简,毋得骚扰。(李心传《建炎以来系年要录》九)

这里,"因陋就简"是指利用原有简陋条件办事,语义扩大。

发展到今天,"因陋就简"的使用范围已经被缩小在办事情这一点上,如说"要提倡因陋就简、少花钱多办事的精神"之类。

从以上实例中我们可以看到:感情色彩的变化跟词义变化不是一回事,但是他们有密切的联系:词义变化了,感情色彩往往随着变化。

2. 上下文的感染

中性词在不同感情色彩的上下文里会受到感染而转化成非中性词。比如"引诱"是个中性词,在特定上下文里,可以是褒义的,也可以是贬义的:

（1）引诱（引导诱掖）情性，导达聪明。(《宋书·庐陵王义真传》)
　　（2）王者钦想奇端，引诱幽荒（把荒远地区的异族人吸引过来）……(葛洪《抱朴子·诘鲍》)
　　（3）谋作乱，因设诡计，籍（登记）乡人姓名，未及引诱（把……吸引过来），为人所告。(元好问《续夷坚志·石公阴德》)

例(1)是中性的，例(2)是褒义的，例(3)是贬义的。

到了后来，"引诱"多用于诱惑别人做坏事情，贬义的色彩非常明显。比如：

　　（4）装成圈套，引诱良家子弟，诈他一个小富贵。(《二刻拍案惊奇·赵县君乔进黄柑子》)

可见，"引诱"自古到今都有"吸引"的意义，而在不同的上下文里褒贬色彩不一样，现在则一般用为贬义。

有些中性词发生褒贬色彩的转化，完全是在特定的格式里体现出来的。"居心"表示"存心"的意思，是中性的，如"为人居心，以忠厚为要"(清·陈康祺《燕下乡脞录》卷九)；而在"居心叵测"、"居心何在"、"是何居心"之类中的"居心"就都属贬义，表示"怀着某种不好念头"的意思。

3. 修辞手法的影响

修辞对词的感情色彩的转化能起极为重要的作用。"暮气"这个表示自然现象的词并不带有褒贬色彩，而它用来比喻人不振作的精神状态和疲疲沓沓、不求进取的作风，说成"暮气沉沉"，就带有贬义色彩。现在人们对它的本义很少过问，比喻义成了它的主体。"打退堂鼓"是封建时代坐堂审问时的一项程式：坐堂问事完毕以后击鼓退堂。这种程式本来没有褒贬可言。今天用来比喻遇到困难撒手不干，自然就转化为一个贬义的词语了。"粉饰"指的是古代妇女以粉涂面的一种打扮，无所谓褒贬，但是后来用来比喻掩盖社会的弊病或者比喻掩盖人的缺点错误，就带上了贬义色彩。这些都是由本义发展为比喻义所产生的感情色彩的变化。另外还有古今同为比喻义，而由于被比喻的对象有了变换，便产生感情色彩变化的情况。比如"死灰复燃"，古今都用来比喻失势者重新抬头，但古代是褒义的，现代则是贬义的。最初，汉代韩安国在狱中被侮辱时说"死灰独不复燃乎？"这是说失势的人未必没有重新抬头的时候。后来比喻已经停歇的事物又重新活动起来，现在比喻恶势力复活，比喻对象由善转恶，感情色彩由褒到贬。

讽刺也是词义褒贬转化的一个因素，比如"难兄难弟"，古代指兄弟才德都好，难分高下，后来也指两个人同样恶劣，或者处于类似的困境，这在开始的时候是一种讽刺说法，沿用久了，原来的含义被掩盖了，人们就把它当作贬义词语使用了。

词义褒贬转化的语言因素，还有其他一些方面有待进一步分析。比如"莫须有"本来是"恐怕有"、"也许有"的意思，即《辞源》释为"未定之词，犹言或许"，但今天"莫须有"的字面意义已经不再是主要的，而是作为一个典故性词语来运用，当作"凭空捏造"的代名词，因而成为贬义词语了。这种现象，我们不妨称之为"移借的转化"。又如"闭门造车，出门合辙"本来是说明同一规格法度的重要性，意思是只要有一个统一规格，就是关起门来造出车子也能通行无阻。这话当然是正确的。今天截取了"闭门造车"四个字，表示了跟古人说的这句话的原义正好相反的意思：只凭主观办事，不问是否符合实际。因而成了贬义词语。这种现象我们不妨称之为"断取的转化"。

词义褒贬的转化有些并不是单纯地由某一种因素造成的，它们可能同时包含着几种因素在内。比如"乞灵"本指求助于神灵，最早见于《左传》，因为时代的进步和科学的发达使人们破除了迷信，"求助于神灵"的说法当然受到贬斥，这是社会因素；今天"乞灵"这个词语多用为"乞求不可靠的帮助"，这又属于讽刺性的比喻说法。它之成为贬义词，既包含社会因素，也包含语言因素。

语义褒贬的转化不管是由于社会因素还是语言因素，都是约定俗成的，不是某个人或某个集团所能随心所欲的。个人或集团虽然可以给词的感情色彩带来影响，但最终都取决于整个社会使用语言的人的态度。比如"气节"指人的志气和节操，是褒义词，但也曾一度沦为贬义词。可是它毕竟没有被某些人任意抹杀，今天的辞书仍解释为"坚持正义，在敌人面前不屈服的品质"，就是个明证。

词的感情色彩是词义的相关部分。对词的感情色彩的研究，有利于对语义演变原因的深入探讨。

以上谈的是词义的引申和褒贬现象。至于修辞现象或修辞现象尚未转化固定为词义本身的现象，不能与词义引申与褒贬混为一谈。比如婉辞就属修辞现象，不属词义自身现象。看下边的例句：

　　子反曰："如天之福，两君相见，无亦唯是一矢以相加遗，焉用乐？"（《左传·成公十二年》）

战争是祸事，却说"如天之福"；不说交战，却说"一矢以相加遗"，还说"焉用乐"(哪里用得上音乐),话说得很文雅,而锋芒自露。

> 齐侯使请战,曰:"子以君师辱于敝邑,不腆敝赋,诘朝请见。"对曰:"晋与鲁、卫,兄弟也。来告曰:'大国朝夕释憾于敝邑之地。'寡君不忍,使群臣请于大国,无令舆师淹于君地,能进不能退,君无所辱命。"(《左传·成公二年》)

晋师围齐,齐侯反说"辱于敝邑";齐已严阵以待,齐侯反说"不腆敝赋",这样的请战可说是"谦虚"到了极点。而晋人的回答更妙,"无令舆师淹于君地"显示求战之心比齐更急。虽然双方说话都绕着弯子,但都扣住"交战"这个中心。

凡此种种,都是古人思想表达的特有方式。今天的外交辞令,有些也与此近似。

了解词义褒贬及其与修辞现象有所不同,对训诂实践有积极的作用。古人在这方面已有过实例。比如《史记·留侯世家》:"良曰:'沛公诚欲倍项羽耶?'沛公曰:'鲰(zōu)生教我距关,无内诸侯。'"司马贞《索隐》引吕静曰:"鲰,鱼也,谓小鱼也。""鲰生"本来是指一个儒生,司马贞只注"鲰"的本义,把沛公轻蔑"鲰生"之情如实传达了出来。"鲰"指小鱼,当然谈不上什么感情色彩,而以"鲰生"指儒生,就含贬义了。往后"鲰生"常用作骂人的话,也用为自称的谦词,便都含特定的感情色彩。

讲词义的褒贬,一般多着眼于实词,较少关心虚词。其实训释古书,虚词在使用上的感情色彩也不容忽视,这儿顺带也举些例子:

> 张仪已学而游说诸侯。尝从楚相饮,已而楚相亡璧,门下意张仪,曰:"仪贫无行,必此盗相君之璧。"共执张仪,掠笞数百,不服,释(释)之。其妻曰:"嘻!子毋读书游说,安得此辱乎?"(《史记·张仪列传》)

司马贞《索隐》:"嘻音僖。郑玄曰:'嘻,悲恨之声。'"

> 秦王斋五日后,乃设九宾礼于廷,引赵使者蔺相如。相如至,谓秦王曰:"秦自缪公以来二十余君,未尝有坚明约束者也。臣诚恐见欺于王而负赵,故令人持璧归,间至赵矣。"……秦王与群臣相视而嘻。(《史记·廉颇蔺相如列传》)

司马贞《索隐》:嘻"音希,乃惊而怒之辞也。"

同是叹词"嘻",因出现于不同语境中不同人物之口,便表达出不同感情色彩:张仪妻的"嘻"声是在张仪失意情况下发出的,交织着又悲伤又遗憾的复杂心情,注为"悲恨之声",恰到好处;而秦王与群臣的"嘻"声是在谋划意外落空情况下发出的,交织着又惊奇又恼怒的复杂心情,注为"惊而怒之辞",也恰到好处。词的感情色彩是文章中的客观存在,注释家能如实反映,虽属虚词,也毫不轻易放过,这对我们今天的训诂实践,也是很有启发的。

了解词义的褒贬,不仅有利于古书的阅读、注释与欣赏,也有利于现代语言的有效驾驭。

纂词要在博览,用词贵乎应时。一个词在不同时代,甚至在不同作家的作品中,往往有其特别含义和用法。这都涉及词义引申与褒贬问题。《尚书·尧典》"浩浩滔天"的"滔天"为漫天之意,同书"象恭滔天"的"滔天"是怠慢天之意。("象恭滔天"句意是:态度好像很恭敬,其实对天也是怠慢的。)《山海经·海内经》"洪水滔天"的"滔天"用的是漫天之意。可是后代多用"滔天"形容祸害、罪恶等的巨大,如"罪恶滔天"之类。"滔天"用于褒义的如《好逑传》"那个少年乃是铁都宪之子,叫铁中玉,年才二十,智勇滔天"的"滔天",而现在已经不这么用了。

第四章 方言俗语的词义

一、方言俗语及其研究

王力在《中国语言学史》一书中说了这么一些话：

上古时代中国的幅员虽然没有今天这样广阔，但是交通不便，方言可能比今天还要复杂些。《孟子·滕文公下》有这样一段话："假如有那么一位楚大夫，他希望他的儿子学齐国话，他给他找齐国人做老师呢？还是找楚国人做老师呢？"（原文：有楚大夫于此，欲其子之齐语也，则使齐人傅诸？使楚人傅诸？）可见齐方言和楚方言的差别是很大的。孟子在另一个地方（《滕文公上》）说楚国人陈良是"南蛮鴃舌之人"（鴃jué舌，比喻语音难懂，如鴃鸟的叫声一样）。这虽是一句骂人的话，但如果方言差异不到听不懂的程度，决不会比喻为鴃舌的。《左传》宣公四年记载说：楚国人把哺乳叫作"穀"，把老虎叫作"於（wū）菟（tú）"，令尹子文是老虎哺乳过的，所以命名为鬭穀於菟（鬭是姓）。（原文："楚人谓乳穀，谓虎於菟，故命之曰鬭穀於菟。"）这更表明，楚语和中原的语言不但词汇不同，连语法也有所不同了（"虎乳"不说"於菟穀"而说"穀於菟"）。其他方言之间，有一些词汇上的差别。《左传》文公十三年叙述秦伯的军队驻扎黄河西岸，魏人在东岸，魏寿余对秦伯说："请你派一位河东人能够跟魏邑的官员们交谈的，我和他先渡河去交涉。"（原文："秦伯师于河西，魏人在东。寿余曰：'请东人之能与夫二三有司言者，吾与之先。'"）魏邑是晋国的属邑，据此可见，秦国与晋国之间，方言也是有差别的。《史记·秦始皇本纪》记载寿余的先人是晋国人，所以他会说晋国话。这也证明秦晋方言的不同。《说文解字·序》说战国时代的七个国家"言语异声，文字异形"，那是符合当时情况的。（以上原文和注音是本书作者所加。）

秦统一天下以后，"书同文字"（《史记·秦始皇本纪》），这表现了书面语言的统一，同时也有利于民族共同语的形成。但是方言的分歧不是一下子可以消灭的,州与州之间,郡与郡之间不能没有交际往来,语言的隔阂引起人们的重视,方言学由此兴起。

王力这些话是符合历史实际情况的。孔子平日说话用鲁国的方言,而读《诗》、《书》与执礼时,则用雅言。春秋时,各国方言差异很大,而士大夫朝聘会盟之际,都用雅言,所以不至于有语言的隔阂。语言的隔阂引起人们的重视,这是势所必然,方言学的兴起也是不可避免的。

周秦时代每年八月派遣𫐄轩(一种轻车)之使到各地采集方言,回来加以编纂,藏于秘室。秦亡以后,这些采集来的资料逐渐遗失了(蜀郡人严君平记有一千多个字,林闾翁孺——林闾复姓,林闾翁孺是扬雄的老师——也只整理出一个大纲)。扬雄很喜爱方言,曾利用孝廉(略等于后代的举人)和士兵们集中在首都的方便,广泛进行调查访问,积累了可观的材料,历时二十七年,写成了九千字的《方言》(现存《方言》共一万一千九百余字,可能有后人增补)。《方言》的全称是《𫐄轩使者绝代语释别国方言》。"绝代"是远代的意思,"绝代语释"是书的内容之一,"别国方言"则是书的主要内容。书中包括"绝代语释"和"别国方言"两部分,这是因为古语与方言有极其密切的关系。各地的方言,由于同出一源,所以语音有对应的规律,产生了同一个词的不同语音形式。另有一些古代的词在甲方言中保存下来,而在乙方言中消失了。

在许多情况下,方言词汇的差异实际上只是语音的对应关系。同是一个词,在不同的方言里,有不同的语音形式。《方言》是注意到这种现象的。它把这种现象叫作"转语",说"火"字在楚方言里的转语是"煤"(huì),在齐方言里的转语是"烣"(huǐ)。"火、煤、烣"上古同属"晓"纽"微"部,惟形异而已。

自东汉以后数百年来,洛阳(东汉、魏、晋京都所在)语音已经成为北方语言的标准音。而颜之推所谓"共以帝王都邑,参校方俗,考核古今,为之折衷,权而量之,独金陵与洛下耳",这是很合于南北朝时语言情况的,因为西晋末东晋初士民大量南渡,给语言带来了影响。唐朝诗人张籍《永嘉行》说:"北人避胡皆在南,南人至今能晋语。"(《张司业集》卷一)晋语指西晋时以洛阳为标准的北方语言。既有南语,又有晋语,当时语言的差异不言而喻。东晋以来的都城建康(今南京)语虽然很受洛阳语影响,而吴语成分长期存在,颜之推所谓"南染吴越",就一直成为后来的突出现象,尤其是北方自鲜卑拓跋氏入主中原以后,洛阳语音受鲜卑语的影响而有所变化,正如元朝北方语言受蒙古语的影响而有所变化一样,即颜之推所说的"北杂夷虏"。"晋语"本身就有少数民族语言因素,加之南北混杂,中古以来的方言显然也是相当复杂的。往后由于历史的社会的种种原因,方言的复杂现象更是可以想见。

方言俗语的存在是个客观事实,可是历来在这方面的研究显然很不充分;即便有过一些文字资料,现在能看到的也少得可怜。但是尽管数量少,价值却不低。南北朝著名学者颜之推《颜氏家训·书证篇》解释古书中的字义,不但根据古人字书,而且参考当时包括方俗语词在内的说法,并考验实物,以求得正确解释,这就是难能可贵的。比如解释"蒜果":

《三辅决录》(今佚)云:"前队大夫范仲公盐豉蒜果共一筩(筒)"(按:言范氏廉俭),"果"当作魏颗(晋大夫)之"颗"。北土通呼物一凵("块"异体),改为一颗,蒜颗是俗间常语耳。故陈思王《鹞(yào)雀赋》曰:"头如果蒜,目似擘(一作花)椒。"又《道经》云:"合口诵经声琐琐,眼中泪出珠子碨(wō)。"其字虽异,其音与义颇同。江南但呼为"蒜符",不知谓为"颗"。学士相承,读为裹结之"裹",言盐与蒜共一苞裹,内(纳)筩中耳。《正史削繁》音义又音蒜颗为"苦戈反",皆失也。(括弧里的注系本书作者所加。下同)

又比如解释"苦菜":

《诗》云:"谁谓荼苦?"《尔雅》《毛传》并以"荼,苦菜也。"又《礼》云:"苦菜秀。"案《易统通卦验玄图》曰:"苦菜生于寒秋,更冬历春,得夏乃成。"今中原苦菜则如此也。一名"游冬",叶似苦苣(jù)而细,摘断,有白汁,花黄似菊。江南别有苦菜,叶似酸浆,其花或紫或白,子大如珠,孰(熟)时或赤或黑,此菜可以释劳。案:郭璞注《尔雅》,此乃"蘵(zhí),黄蒢(chú)也。"今河北谓之"龙葵"。梁世讲《礼》者,以此当苦菜,既无宿根,至春子方生耳,亦大误也。又高诱注《吕氏春秋》曰:"荣而不实曰英。"苦菜当言英,盖知非龙葵也。

这样的例子在《书证》中还有,不再一一列举了。

到了唐代,颜师古的《匡谬正俗》曾讨论到若干俗语,比如卷六谈及俗语中"底"用为"何"之义的一条说:"此本言'何等',其后遂省,但言'等'耳。'等'字本音'都在反',又转音'丁儿反'。……今人不详其本,乃作'底'(丁儿反)字。"同时还举例并训释,很有学术价值。

明·杨慎的《俗言》及方以智的《通雅》、《谚俗篇》,清·翟灏的《通俗编》及李调元的《方言藻》、范寅的《越谚》都可资查考,惜学术价值不高。章炳麟著《新方言》,"求现代方言之起源于古语之中,是言语学有价值的研究"(日本青木正儿《中国文学概说》第11页,重庆出版社1982年版),

似乎是应该肯定的。但是,"现代离开先秦二千余年,离开汉代也近二千年,这二千年来,中国的语言不知经过了多少变化。《新方言》的作者及其同派的学者怀抱着一个错误的观念,以为现代方言里每一个字都可以从汉以前的古书尤其是《说文》里找出来,而不知有两种情形是超出古书范围以外的。第一,古代方言里有些字,因为只行于一个小地域,很可能不见于经籍的记载。那个小地域到后来可能成为大都市,那些被人遗弃的字渐渐占了优势。第二,中国民族复杂,古代尤甚,有些词汇是借用非汉族的,借用的时代有远有近,我们若认为在方言中每字都是古字的遗留,有时候就等于指鹿为马。"(王力《新训诂学》)况且章炳麟从现在的话直溯汉魏以前的古语,中间对宋、元、明等的方俗词语研究弃置不顾,更嫌不足。

近三十多年来,对近古方俗词语的研究已有所进展,也出版了一些专书:徐嘉瑞于1948年出版了《金元戏曲方言考》(商务),张相于1945年编成了《诗词曲语词汇释》,1953年出版(中华书局)。张书对诗词曲中习用的特殊语词详引例证,精释意义,是同类书中的白眉。张书所举"遮渠、隔是、袄知、厮句"之类,今已罕用甚至不用;"可能、当家、问事"之类意义与今不同。仅此两端,在训诂学上的价值就很大,其他精彩独到之处也很多。近年王锳又有《诗词曲语辞例释》之作,以补张书之未备。还有朱居易的《元剧俗语方言例释》,材料也不少。此外陆澹安的《小说语词汇释》、蒋礼鸿的《敦煌变文字义通释》,也都是重在解释俗语的。蒋书是其中的优秀之作。其他如新出的《西厢记》、《琵琶记》、《董西厢》、《永乐大典戏文三种》的注释本,对俗语的解释,也用了许多工夫。今天对方俗语词训诂的研究已不能说是"赤贫如洗"(日本青木正儿语,见《中国文学概说》第10页)了。

二、关于方俗词义的训释

对方俗语词的研究尽管取得了一定成绩,但从实际要求看,距离还是相当大的。正因为如此,有些常用的方俗语词也还是难明其具体含义,更不知其所以然。比如"曲律"这个词,在"曲律竿头悬草稕,绿杨影里拨琵琶"(《酷寒诗》)里和在"他这般乞留曲律的气"里,含有屈曲不伸、冤郁不舒的意思。如果不从方俗语中去认识,释义无疑是困难的。不从方言俗语中去认识,很可能从"词曲格律"上去望文生义,那就错了。又比如"打盹儿"这个词,倪大白《鲁迅著作中方言集释》(辽宁人民出版社1981年版)解释为"打瞌睡",《现代汉语词典》解释为"小睡","断断续续地入睡(多指坐着或靠着)"。前者只作一般解释,后者则作具体深化的解释。从这两者的解释中,"盹"指时间很短的意思是没有疑问的。"打"是什么含义呢?这就很少有人过问了。人们可能认为"打"不是独立的词,只是构词成分(或称"词缀",或称"类词缀"),可以不必过问。其实,从训诂的义素分析角度,还是应该问个究竟的。何况它涉及成片的语言现象,如"打水、打饭、打伞、打赌、打发、打牌、打滚、打搅、打捞、打量、打转、打短工、打呼噜"等等。"打"使用的历史已经很久了。宋代欧阳修《归田录》就说过当时的人上自士子,下至走卒,几乎无语不打,人人皆然。章炳麟考释说:"打自训撞击而外,有所作为,无不言打,如打坐、打躬、打招呼,此犹有所作为者。"从这里不难看到"打"的实义虚化情况,用它作为动词的构词成分,其语法意义是"词缀"或"类词缀",其词汇意义则是"有所作为"。了解这一点,我们就从习而不察进而自觉地知其所以然了。

考察方俗词义,也是一个相当复杂的问题。比如宋代以来的俗语文学中常见的"恁地",是"这么、那么"的意思,也写成"宁底"。它是从晋代常用的俗语"宁馨"演变来的,《晋书·王衍传》就有"何物老妪,生宁馨儿"的说法;到了宋代,只不过用"地"代替"馨"而已。宋代《嫩真子》卷三说:"宁作去声,馨音亨,今南人尚言之,犹言恁地也。"便可为证。再有,宋代俗语"能亨"也跟"宁馨"同音同义,"宁、恁、能"显然是一样的。《方言藻》中把韩愈的诗"杏花两株能白红"和唐子西的诗"桃花能红李能白"的"能"字看作跟"恁"字相同,也就是相当于现在的"这么,那么"或"这样、那样",这是正确的。要是把它当作"能够"来解释,那就不对头了。

"宁馨"又用来表示"怎么样"的意思。明代胡震亨《唐音癸签》卷二十四说:"今吴人语音尚用宁馨为词,犹言何若也。"直到现在,苏州话里还在使用它,读如"能亨"。从这类实例中,可以看到方俗词义的复杂性。

三、方俗词义难释的原因

训释方俗词义往往会遇到重重困难。其原因在于:

第一,可以作为引证的材料很缺乏,几乎没有合适的字书、词典可查。比如,"馉饳"(gǔduò)是宋代的一种面食,《汉语词典》释为"面果,即今之馄饨",而另外有人考证是像"油燉子"那样的食品。究竟是什么?无法查考。读到《水浒传》第二十六回"他家是卖馉饳儿的张公",只好不求甚解了。又比如"朘 suō"字,《辞海》、《辞源》、《汉语词典》都不收,《现代汉语词典》收了它,解释为"斜着眼睛看",并且注明"多见于早期白话"(1996年修订本删去这几个字),读者才勉强得以解释。又比如"用其平日之所信,故有踏逐申差之目"(《宋史》卷一六〇《选举志》)和"各踏逐稳便官屋安泊"(《宋史》卷一九三《兵志》)中的"踏逐",是见于正史的宋代俗语,它是什么意义,不易明确理解。直到查考《武林旧事》卷八"宫中凡阁分有娠,将及七月,令本位踏逐老娘、伴人、乳妇、抱女、洗泽人等"句,联系上下文意,并证以王岩叟"踏逐实荐举"语,才知道"踏逐"是"推荐"或"介绍"的意思。

第二,记录当时口语的文字往往有多种写法,而且抄写的人和刻印的人文化水平较低,错别字不少。而这些错别字又往往跟方音有关,当时的韵书往往难以作为严格的依据。比如"们"写作"懑、门、每","这"写作"者、遮"(多种写法);"遂、站"写成"冢、跕"(错字);"劣、无奈、带"写成"立、无那、代"(别字)。"你道是隔汉江,起战场,急难亲傍;我着那斯鞠躬、鞠躬送我到船上"(关汉卿《单刀会》三折《上小楼》曲)的"亲傍"原是"侵傍";"侵"有近义,"侵晨"即清晨,"侵傍"即"傍晚"。音近误写后就使人费解。"又不知您每,生着何意?生着何意?教娘呕气"(《宦门子弟错立身》戏文第四出《桂枝香》曲)的"生"是"主"的误写("主意"、"主何意"系当时戏曲中熟语),这一字之误,就使人难解释了。

除了误写,还有有意别写的,这就更增加了理解的困难。"我见他手搭着巨毒,把我这三思台撺(zuān)住"(《后庭花》二折《黄钟尾》曲)的"巨毒"本应为"巨阙"(良剑名),由于押韵而改写了。这一改写,就使人难解。

第三,中古、近古双音结构的语言单位占多数,但是又没有固定下来,某一语言单位是词还是词组,有时会使人捉摸不定;有时合成词的两个词素的次序不固定,有时出现不规则的缩语,都使人难以确定词义。比如:

(1) 张千,将问事来。(《须贾大夫谇范叔》)

"问事"不是审问事由或审问事实,而是直接指刑具,相当于一个词,光凭语感或脱离语境来认识,则相当于词组。

(2) 老身便好张主。(《醒世恒言·卖油郎独占花魁》)

"张主"即"主张",词素次序颠倒,容易使人费解。

(3) 那妇人专得迎儿做脚,放他出入。(《水浒传》五十四回)

"做脚"是"做手脚"的缩语,如果不了解这一点,就难理解。

第四,有些少数民族的借词,还没有成为汉语词汇的一部分,需要从少数民族语的古代文献中去找对音的词。比如：

(1) 若不是你这等的撒因答剌孙、米罕管待我呵，我怎肯替你擒拿杨六儿！(《破天阵》剧一)

"撒因"、"答剌孙"、"米罕"都是蒙古语。"撒因"是"好"的意思。"答剌孙"是指"黄酒"，"米罕"即"肉"。又比如：

(2) 不杀他时，推出辕门，著他牙不了吧！(《开诏救忠》剧楔子)

"牙不"又写作"哑步"，是蒙古语，"走"的意思。

(3) 著俺老阿者设一宴，名五侯宴。(《五侯宴》剧四)

"阿者"是女真语的"爸爸"、"爹爹"。

(4) 微臣雅鲁祝若统，圣寿铁摆俱可忒(tè)。

这是宋朝派往辽的使臣余请用契丹译语写入律诗中的两句，"雅鲁"是拜贺行礼，"若统"是福佑，"铁摆"是高大、长久，"可忒"是无极、无限。

四、正视方俗词义的训释

出于以上种种原因，古白话训释难度之大可想而知。要克服这方面的困难，首先是思想上要正确对待，重视探索，其次是充分利用工具书及其他有关专书，深入求证。这方面的工具书前面已作提示，这儿仅就工具书的释义情况再略作叙述，以资参考。比如：

团辞试揱挈，挂一念漏万。(韩愈《南山》)

"团"的含义，张相《诗词曲语词汇释》的分析过程是这样的：通过对晁元礼《少年游》词"眼来眼去又无言，教我怎生团"和《董西厢》"我团着这妮子做破大手脚"等许多诗词曲中的用法，排比分析，确定这里的"团"字当作"估量"、"猜度"解释，从而表明"团辞"就是仔细估量怎样用词的意思。这样，全诗就怡然理顺，显豁可读。《诗词曲语词汇释》不同于一般文言词的训释。它常常通过以诗证诗、以词证词、以曲证曲或彼此互证去探求其意义、用法，辨析其情味、语态，追溯其源流、变化。

其他工具书及有关专书的查阅，都各有凡例、说明可资参照，并请参阅本书"训诂要籍介绍"一章。

方言是语言的地方变体，方俗是地方性的风俗习惯(历来又受民族、时代、宗教、统治阶级意识的制约)，它们跟民族共同语和民族风俗习惯有区别,又有种种内部联系,联系的疏密常因社会分化和统一而定。对它们的研究,有民俗学的目的和语言学的目的(后者如推广普通话、整理语言史),还有训诂学自身目的,即为了有助于"辨章风谣"、"曲通万殊"(郭璞《方言·序》),考求古义,探究语源,"求其难通之语,笔札常文所不能悉"(章炳麟《新方言·序》)。清代学者戴震曾说:"昔之妇孺闻而辄晓者,更经学大师转相讲授而仍留疑义,则时为之也。"(《戴东原集》卷三《尔雅文字考序》)其实这"妇孺闻而辄晓者",多半是当时方俗语词,经学家重视经解而忽视方俗语词,自然就有不便理解的地方。据说,元代有位书生,读《楚辞》不懂,竟破口大骂屈原:"写文章这么艰涩,投水死得活该!"(元·吾邱衍《闲居录》)其实屈原是我国古代杰出的善于向人民学习语言的作家,说他写作故为艰深,未免冤枉。《楚辞》难读的原因,主要还是由于语言存在着时代的差别和方俗的差别。今天我们在历史唯物主义的指引下,已能逐渐掌握语言的特点的本质及其发展演变的规律,对上述情况应当有正确的认识,并开阔视野,正视方言方俗对训诂的作用,把训诂学的研究大大推进一步。浙江人民出版社出版的《汉语常用字典》的最后几页收列浙江各地口头常说的方言字八十多个,并适当注音释义,这就是一项很有意义的工作。诸如此类,对方俗词语的训诂无疑是起了促进作用的。

第五章 外来用语的词义

一、问题的提出

王力先生曾经提出,训诂学研究要向词汇学方面发展,这是非常重要的意见。

汉语词汇非常丰富。它在发展的过程中,又和其他民族语言一样,也受了其他民族语言词汇的一些影响。有些文章中屡见的佛教术语,就是这种影响的表现。如果对这些术语的注释只偏于就词论词,不能说明其所以然,而且没有从词汇系统及其内部联系上加以提示,这对词义的训释来说,就不够完善了。还有祖国各地地名,有不少来自少数民族的说法,也理应知其含义的梗概。比如"哈尔滨"来自满语,是"晒网场"(建城之前,满族渔民常在此江边晒渔网)的意思;"吉林"来自满语,为"吉林乌喇"的简称,是"沿江"("江"指松花江)的意思;"齐齐哈尔"来自达斡(wò)尔族语,是"天然牧场"之意;"乌兰浩特"来自蒙古语,是"红色城市"("浩特"即城市)的意思;"锡林浩特"、"呼和浩特"也来自蒙古语,是"草原之城"、"青色之城"的意思;"多伦"来自蒙古转音,原名为"多伦诺尔",是"七个泉"(因附近泉眼众多而得名)的意思;"包头"来自蒙古语转音,原名为"包克图",是"有鹿的地方"的意思;"青海湖"来自蒙古语(蒙语叫"库库诺尔"),简称"青海",即"青色的海"的意思;"拉萨"来自藏语,是"圣地"的意思;"日喀则"来自藏语,是"本源顶点"的意思;"乌鲁木齐"来自维吾尔语,是"美丽的牧场"的意思;"克拉玛依"来自维吾尔语,是当地有黑色原油的意思,"克拉"是"黑","玛依"是"油"。

汉族人民和各兄弟民族人民在文化上的交流早就有了辉煌的历史。今天我们还可以在各族的语言里看到汉族人民对兄弟民族人民在文化上的贡献的痕迹。同样,我们也可以从汉语词汇里的民族语言成分看到各兄弟民族人民对汉族人民在文化交流上所起的作用。

从先秦时期开始,汉语中就有外来词。这可以"剑"为例来说明。《史记·周本纪》有这样的记载:"武王自射之,三发而后下车,以轻剑击之,以黄钺斩纣头,县大白之旗。"这里的"轻剑击之",张守节《正义》说:"《周书》作'轻吕击之'。轻吕,剑名也。"这"轻吕",郭沫若《两周金文辞大系考释》下编说是匈奴的"径路",即"径路宝刀"。另有外国学者说"剑"是起源于突厥语。这些说明剑这种武器是从西北来的,"剑"原是外来词。

汉语的外来词(包括音译和意译的)可以分为两种:一种是来自国内各兄弟民族的,另一种是来自国外的。"车站"的"站"就是从蒙古语借来的,《红楼梦》里出现的"包衣"(僮仆,俘虏充当奴仆使用的人),就是从满语借来的。从国内各族借来的词很早就进入汉语词汇里,已经和汉语水乳交融,有时很不容易考证出来。这种情况可以总括成下述四个方面。

二、来自西域各族语言的词及其意义

自从汉族人民与中亚细亚各族人民发生接触以来,由于文化上的交流和语言上的融合,曾经吸收了许多中亚细亚各族语言的成分,出现了许多外来语。比如"葡萄"(《史记》写成"蒲陶",《汉书》写成"蒲萄",《三国志》写成"蒲桃"),早在汉代就吸收到汉语中来了。又如"苜蓿"(也写作"牧蓿"、"目宿"或"木粟")、"狮子"(亦作"师子")、"安石榴"(后来省称"石榴")等等,也都是汉代从西域吸收来的。至于具体来自西域哪种语言,见解还不一致。"葡萄"一词,杨志玖《葡萄语试探》(《中兴周刊》1947年第六期)认为来自大夏都城,高名凯则同意波兰汉学家赫迈莱夫斯基认为来自伊兰语即古代大宛语的说法(见《以"葡萄"一词为例论古代汉语的借词问题》,载《北京大学学报》1957年第一期),另有人说它原先来自"扑达"(今伊朗境),因以为名。"狮子"一词有人说来自波斯语,有人说来自粟特语。按:波斯语和粟特语都是伊兰语的支脉,《洛阳伽蓝记》早就说过:"狮子者,波斯国王所献也。"罗常培《语言与文化》从语音上考察,说"狮子可能是那时伊兰语的对音"。可见"狮子"来自波斯语说基本上能够成立。

以上是借词。此外还有在汉语原有的名词上面加个"胡"字,如"胡麻"、"胡瓜"、"胡桃"、"胡琴"之类。这只能算是译词。有人不把译词看作外来词,这可以作为专题来讨论,但释义时不能不知其所以然。

三、来自印度古语(梵语)的词及其意义

从公元1世纪到10世纪,即从东汉到唐宋间,我国和印度的来往,已

经有了一千年的历史。在这个期间,我国社会,除了佛教关系以外,其他方面也受到印度的一些影响,佛教用语(包括借词和译词)不可避免地要输入到汉语词汇里来。印度佛教用语对汉语的影响远比西域的借词和译词大。南北朝以后,寺庙遍布,信徒极多,许多文学作品中都有所反映,相应地,佛教用语也随之出现。除文学作品外,其他领域使用也很频繁。因此,训释古书时应当注意。

佛教的专门用语很多,比如:拘摩罗(童子)、因陀罗(帝王)、摩沙(豆)、末罗(力士)、刹摩(土田)、波罗(斤)、弗若多罗(功德)、僧祇(大众)、萨埵(众生)、试罗(玉石)、臊陀(鹦鹉)、戌羯罗(金星)、窣(sū)罗(葡萄酒)、乌耆延那(苑)、优昙钵罗(昙花)、演诺(祠)、耶婆(爱)、禅(静虑)、偈(颂)、般若(智慧)、菩提(正觉)、悉檀(成就)、摩尼(宝珠)、优婆塞(善男)、优婆夷(信女)、伽蓝(寺院)、迦楼那(悲哀)等等,通行于钻研佛教经典的一些人中间,没有成为全民的语言成分,但是另外有一些词的情况不同,它们已经进入全民的语言里了。如:

佛——也译作"佛陀"、"浮图"、"浮屠"、"没驮"、"勃驮"等,意思是"觉者",即大智大悟的圣者,本来是对佛教创始人释迦牟尼的尊称,又称如来佛。后来也可以泛指其他主要的佛教圣者,最著名的如传说中西方极乐世界的教主阿(ē)弥陀佛(即无量寿佛),大肚笑脸以代表慈祥欢乐的弥勒佛等,进而泛指佛经中所说的一切佛陀。

菩萨——"菩提萨埵"的简称,意思是"觉有情",大彻大悟,广化众生,也称"大士",本是一种对略低于"佛"的圣者的尊号,《西游记》中则专指"观世音",后来也泛指众佛。谚语"泥菩萨过江自身难保"中的"菩萨",已是日常生活中的引申用法。

罗汉——即阿罗汉,意思是受众生供养,本来也是释迦牟尼的尊号,后来则指他的高级弟子,数目多少各书说法不一,常见的有"十八罗汉"、"五百罗汉"等。

三藏——记录佛语的书叫"经",对经的解释叫"论",戒规叫"律"(成语有"清规戒律",取意于此),合起来叫"三藏"(zàng,宝藏)。后来把精通经、论、律的人也称为三藏,比如《西游记》里就把去西方雷音寺(传说中释迦牟尼讲经的地方)取经的唐僧叫"唐三藏"、"三藏法师"。

涅槃(nièpán)——指佛教徒修行的最高境界,又称"入灭"、"寂灭",其实就是死了。

居士——在家信佛的人。具体说,修行可以在自己家里,不用剃发独身,除了吃素食(吃斋)、诵经、礼佛外,跟普遍信众没有两样;其中也有接受过戒律的,都称"居士"。

和尚——本来是印度对有学问的人的通称,寺庙里的佛教徒另有名称:男的叫比丘,女的叫比丘尼。中国则专用和尚来称呼男性僧人(女僧叫尼姑)。

法名——出家当僧尼另起的名字。一个人出了家,原来的家就成了"俗家",父亲就成了"俗父",姓名也成了"俗姓、俗名",不能再用,要改用法名。比如唐三藏,俗家本姓陈,名袆(yī),出家后才取法名玄奘(zàng)。

受戒——在一定的宗教仪式下接受戒律。和尚、尼姑都要受戒。受戒时要剃发(所谓除净凡根),要在前头顶正中用枣泥、艾绒等烧戒斑,要接受僧衣(又叫"直裰 duō"或"袈裟")、僧钵(bō,状似水盂,又叫钵盂,也就是饭盂)和经律。

沙门——意思是修善灭恶,受了戒的佛教徒就算是皈(guī)依了"沙门"。一般用来代称佛家,成为佛教徒的总称。

沙弥、沙弥尼——已经出家受了戒,但因年纪轻、修养差,还没受完戒律的小和尚叫沙弥,小尼姑叫沙弥尼。

行者——指没有接受剃度,但已在寺庙中服役、修行的带发教徒,比如《西游记》里的孙悟空、《水浒传》里的武松就是。

禅——原意是修身静思,弃除邪念。推而广之,用来指称佛教事物,寺庙叫"禅院",僧室叫"禅房",僧杖叫"禅杖",僧椅叫"禅椅"、"禅座"等等。

其他常见的像寺庙大的叫寺、院,小的叫庵,庵一般住尼姑。寺庙无论大小,都有房屋田产。庙产由政府划拨或由信徒们捐赠,捐赠者叫"施主"。主持寺庙的大和尚叫"住持"、"长老"。"方丈"原指长老的居处,后来也用来指主持寺庙的大和尚。下面还有首座、维那、侍者、监寺、都寺、知客、书记以及服杂役的火头僧、头事僧等等。僧人外出募捐叫作"化缘";布施给僧人钱物叫"结善缘",意思是跟佛有缘分的表现。僧人外出途中寻求斋食叫"寻斋",向人讨食叫"化斋",给僧人斋食叫"斋僧"。又像忏悔、刹那、塔、地狱、阎罗等等,更为不少人所常用,古书中自然也不时出现。《隋书·韩擒虎传》就有"生为上柱国,死作阎罗王"之类说法。

还有些佛教用语,受了汉语的融化,人们已经不能再意识到它们的来源。比如"世"和"界"本来是指时代和界面,佛家把这两个词用来代表时间和空间,它们就成为专门用语了,佛经里说"世为迁流,界为方位",正表明这两个词的特定含义。佛经又有"三世"(过去、现在、未来)和"三界"

(欲界、色界、无色界)的说法，"世"和"界"也就是指时间和空间。二者结合起来，就有"世界"这个专门用语，略等于汉语原有的"宇宙"(《淮南子·原道训》"纮宇宙而章三光"注为"四方上下曰宇，往古来今曰宙")。后来"世界"的"界"的意义吞并了"世"的意义，于是成为现在习用的"世界"。类似情况还有"现在、因果、庄严、法宝、圆满、魔(古人单用魔，现在说魔鬼)"等等，人们都并不意识到它们是佛教用语了。平常说"念书"的"念"，就是从佛经来的，人们也同样没觉察到它的来源。这样的例子很多，汉代名医华佗真姓名为华旉(fū，古敷字)，因医术高明，民间取梵语"阿加佗"(药神)的"佗"音来比附，尊为药神，真名反而不为人所知(陈寅恪对此有过考证，见《文史知识》1983年第12期)。借来的词要受本民族语言内部规律的制约，久而久之，人们不易觉察，这也是很自然的事。上述语词，看起来容易认识，而其来源却常被忽视，因而对词义的全面剖析也势必受到了影响。

四、来自亚洲其他各语言的词及其意义

汉语词汇中也有来自东南亚各族语言的词和来自日本语、朝鲜语的词。《汉书》所载的司马相如《上林赋》中的"仁频并闾"，唐代颜师古注为"'仁频'，即'宾桹'也，'频'或作'宾'"；宋代姚宽《西溪丛话》说"槟榔"一名"仁"。"槟榔"译自马来语，"仁频"译自爪哇语。还有"美浓纸"(日本古小国美浓国出产的棉纸)来自日本语，"金达莱"(杜鹃花)来自朝鲜语。"五四"前后，来自日本语的词很多，但涉及训诂学问题的并不突出，这儿就不赘述了。

五、来自西洋语言的词及其意义

明代李时珍《本草纲目》穀部"阿芙蓉"下说："'阿芙蓉'一名'阿片'，俗作'鸦片'，是罂粟花之津液也。"这"鸦片"来自英语。清代魏源《海国图志》有许多外来词(当在成书以前传入中国)，如"火轮舟"(轮船)、"火轮车"(火车)、"铁辙"(铁轨)、"辙路"(铁路)、"银馆"(银行)、"量天尺"(寒暑表)、"千里镜"(望远镜)、"自来火"(火柴)、"千斤秤"(起重机)等等。这类词的意义有的不难理解，有的得查有关的资料才能理解，如"量天尺"一般就不大会想到是寒暑表。

西洋词语主要出现在近代汉语里，在现代汉语里当然更是大量的。

从上面所谈的外来词看,汉民族和别的民族相互交际的历史很久,范围也很广;汉语词汇受其他民族语影响颇大,吸收其他民族语成分也颇多。自然其他民族的词汇也有吸收了汉语词汇的。

词的借进借出情况,由于缺乏历史的考释,往往产生错觉。比如体育运动项目之一"拔河"这个词,有人认为是借自日本语,其实不然,早在我国的唐代就有"拔河"这个词。唐代封演的《封氏闻见记》这样说:"拔河古谓之牵钩,襄汉风俗,常以正月望日(通常指阴历十五)为之。相传楚将伐吴,以此教战。古用篾缆,今民则用大麻绳,长四五十丈,两头分系小索数百条,分二朋(两帮人)两相齐挽,当大绳之中,立大旗为界,震鼓叫噪,使相牵引,以却(退)者为胜,就(到界)者为输,名曰拔河。"可见"拔河"是日本从中国借过去的,不是中国从日本借来的。又如"道具"这个词,有人也认为是从日本借来的,可是有关资料也证明它是由日本先从我国借去的。

至于有些外来词和我国固有词写法相同,读音也一致,可是意义不一样,这就要具体分析,不能简单地看作汉语固有词。比如"铅笔"一词的不同含义就是这样。《东观汉记》说"曹褒寝则怀铅笔,行则诵读书"句的"铅笔",是古人用以书写的铅造笔,与今天的"铅笔"不同。这是日本人拿汉语的"铅笔"去意译英语的词,我们又把它搬来了。

从以上可以看出:借词及其意义也常会涉及文意的正确训释问题,因此训诂学必须过问。

了解外来用语诸问题,对古汉语现象的合理分析也是有启示的。比如有人认为"目蓿"、"苜蓿"、"苃蓿"、"牧宿"、"木粟"都属通假现象,这就是一种误会。它们原是外来词音释后的不同写法,不是一般的通假。如果这也看作通假,那么像"葡萄"又写成"蒲陶"、"蒲萄"、"蒲桃"等等一大批外来词音译现象也都可以看作通假了。这是不妥当的。同样,"浮屠"这个佛教名词意思是觉者,后泛指有道行的佛教徒,可是在中文佛经中还有许多不同的译音,如"浮图、浮陀、浮头、复豆、佛图、佛陀、佛驮、勃陀、没陀、毋陀、毋驮、部陀、部多、步陀、步他、物他"等等。这许多不同译音,有助于我们研究古代汉语语音及梵汉对音。从梵汉对音中,我们还能发现有人把佛塔的音译"窣(sū)堵波"误译作"浮屠"而称佛塔为"浮屠"(如"七级浮屠")的现象。有的词书里"浮屠"的释义是:"①佛陀,②古时称和尚,③塔。"用"塔"来释"浮屠"而不指明"积非成是"的原因,从训诂学的角度看便嫌不周密了。又比如古汉语出现"帝辛、后羿、城颖、城濮、鸟乌、虫蝗、虫螟"等等以大名冠小名的构词方式,有人认为这是受先秦少数民族语言构词方式的影响,汉语习惯上不采用这一大冠小的方式,所以发展到后来仍说成"濮城(今有濮县)、蝗虫、螟虫"之类。可见重视外来用语,正确对待古汉语实际,就不致滥用"通假"之说,也不致随意改动古书文字以合私意。《礼记·月令篇》:"孟夏行春令,则蝗虫为灾;仲冬行春令,则蝗虫为败。"王引之说:"'蝗虫'皆当为'虫蝗'。此言'虫蝗'犹上言'虫螟',后人不知而改为'蝗虫',谬矣。"王引之能指出这一谬误,是很有见识的。今天我们能从外来用语角度作探讨,这类问题就看得更清楚了。

了解外来语诸问题能启发对古汉语现象的合理分析,这只是情况的一个方面;另一方面,由于语言历史的种种原因,理解上也不应有所拘泥。比如"刹那"、"瞬间"、"弹指"、"须臾"这些词都表示短暂的时限,原义是一动念工夫。有人曾从《僧祇律》中查到具体记载:"一刹那者为一念,二十念为一瞬,二十瞬为一弹指,二十弹指为一罗预,二十罗预为一须臾,一日一夜有三十个须臾。"这对了解外来语所表示的时间概念不是没有意义的,对确切了解古籍词义也不是没有作用的。像白居易诗"须臾十来往,又恐巢中饥"的"须臾"所指的片刻时间就比"刹那"要长得多,如果等同起来看待,就会与事实不符,因为乌鸦往返飞行十来次,决不会只是一刹那间的事。但也不能过分机械,失于拘泥。况且"刹那""弹指"之类的时限说法不一:《探玄记》就说:"刹那者,此云念顷。于一弹指顷有六十刹那。"

人们由于对外来用语了解不够,有时就产生了误解。如"支那"本是褒义词,散见于佛经典籍。据《慈恩法师传》载:"三藏至印土,王问:'支那国何若?'对曰:'彼国衣冠济济,法度可遵,君圣臣忠,父慈子孝。'"玄奘所称道的正是对"支那"的具体描画。高僧慧苑在《华严经首义》中说:"支那,此翻为思维,以其国人多所思虑,多所制作,故以为名,即今汉国是也。"宋释法云的《翻译名义集》则说:"支那,此云文物国。"据近代苏曼殊考证,印度古诗《摩诃婆罗》中已有支那之名,一千四百多年前婆罗多王曾说:"尝亲统大军行至北境,文物特盛,民多巧智,殆支那分族。"可见"支那"是古印度人对中国的尊称,是褒义词。译成英语China,广泛用来指中国,人们显然是当中性词理解的。不过由于过去日本军国主义者妄图吞并中国,又常称中国为支那,人们便对"支那"这个词没有好感,久而久之,便在一定程度上视为贬义词了。

外来语在汉语中产生影响,这是正常现象。但由于历史的习惯势力和偏见,封建王朝竟曾经对外来语的使用强加限制。乾隆三十四年(公元1769年)福建举人林元桂文内用了一个佛教名词"衣钵",后来经过磨勘

（清中央政府对各直省乡试进行检查的一项措施），便被革去举人，并将原有的训导、岁贡一并褫革。其限制之严，可以想见。但是今天这种事态已经不会再发生了，汉语将按照自身规律和正常渠道不断丰富发展，而对外来语词义的训释更将是训诂学的一项不可缺少的内容。

第六章 训 诂 要 籍

本章属要籍推荐解说，综参相关资料，筛选提炼，酌加整理，间益己见，径述于后，未逐一分列出处。凡有可取，归功于原论著作者。

一、训 诂 专 书

就青年一般读书而言，章炳麟说青年必读二十一种书。黄侃说青年必读二十五种书，比章太炎多了四种。因为当时梁启超、胡适开列了《一个最低限度的国学书目》，黄侃认为不切实际，没有揭示出重点，所以提出二十五种书来纠偏。黄侃认为一切文辞学术，皆以章句为始基；二十五种书可以囊括一切，是治各门学问的根柢。这二十五种书是：经学十五书，即十三经加《大戴礼记》、《国语》；史学四书，为《史记》、《汉书》、《资治通鉴》、《通典》；子部二书，为《庄子》、《荀子》；集部二书，为《文选》、《文心雕龙》；还有小学二书，为《说文》、《广韵》。(见徐复《师门忆语》，载《江苏省语言学会会刊》总第二期)

就训诂专书而言，训诂方法或以形训，或以音训，或以义训，所以它的基本书籍，就该是小学中的形书、音书、义书。段玉裁说："凡文字有义，有形，有音；《尔雅》以下义书也，《声类》以下音书也，《说文》形书也。"黄侃又专从训诂角度依段玉裁说举"现存完全切用的十种根柢书"，即《尔雅》、《小尔雅》、《方言》、《说文》、《释名》、《广雅》、《玉篇》、《广韵》、《集韵》、《类篇》。

黄侃并说这十种书的前六种又可分为四类：
第一《尔雅》——解释群经之义，无此则不能明一切训诂。《小尔雅》、《广雅》属之。
第二《说文》——解释文字之原，无此则不能得一切文字之由来。
第三《方言》——解释时地不同之语，无此则不能通异时异地之语言。
第四《释名》——解释文字得音之原，无此则不知声音相贯通之理。

黄侃又说:"四类之中,又当以《说文》、《尔雅》为本,无《说文》则不能通文字之本,而《尔雅》失其依皈;无《尔雅》则不能尽文字之变,而《说文》不能致用,如车之运双轮,鸟之鼓双翼,缺一则败矣。"(《制言》第七期)

下面着重介绍十种书中的《尔雅》、《方言》、《说文》、《释名》、《广雅》五种,另介绍一下《经典释文》,共六种。而在介绍这六种的同时,兼及其他几种。

(一) 尔雅

关于《尔雅》的作者,古来说法不一。黄侃归纳众论,分为三说:一是郑玄认为《尔雅》是孔子门人所作,刘勰、贾公彦并同其说;二是张揖认为《尔雅》是周公所作;三是欧阳修认为《尔雅》是秦汉之际学诗者纂集传注而成。近人罗常培同意后一说。看来这部书渊源甚古,在相当长的时间内,经过许多人增补,而最后成书于汉代。《四库全书总目提要》说"大抵小学家缀辑旧文,递相增益,周公、孔子皆依托之词",这是对的。

关于《尔雅》的名称与性质,黄侃归纳为三点:"尔雅"是诸夏的公言(即所谓"近正"之意,《尔雅》据以命名);《尔雅》是经典的常语;《尔雅》是训诂的正义。

关于《尔雅》内容及其分类,今本三卷,按训释内容分十九类,列表如下:

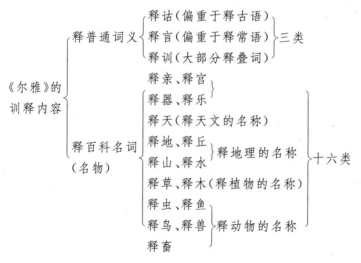

为便于具体理解,现逐类举例如下:

释诂第一:迄、几、暨,近也。

释言第二:还、复,返也。

释训第三：穆穆、肃肃，敬也。美女为媛，美士为彦。

释亲第四：父为考，母为妣。

释宫第五：一达谓之道路。九达谓之逵。（按："九"极言甚多，"达"就是指四通八达的大道。）

释器第六：鸟罟(gǔ)谓之罗，兔罟谓之罝(jū)，麋(mí)罟谓之罜(fú)，彘罟谓之羉(luán)，鱼罟谓之罛(gū)。

释乐第七：大瑟谓之洒。大琴谓之离。

释天第八：春为苍天，夏为昊(hào)天，秋为旻(mín)天，冬为上天。夏曰岁，商曰祀，周曰年，唐虞曰载。

释地第九：九夷、八狄、七戎、六蛮，谓之四极。（九夷在东，八狄在北，七戎在西，六蛮在南。）

释丘第十：天下有名丘五，其三在河南，其二在河北。

释山第十一：泰山为东岳，华山为西岳，霍山为南岳，恒山在北岳，嵩山为中岳。

释水第十二：大波为澜，小波为沦，直波为泾。

释草第十三：木谓之华，草谓之荣，不荣而实者谓之秀，荣而不实者谓之英。

释木第十四：小枝上缭为乔，无枝为檄(xí)，木族生为灌。

释虫第十五：渚虑，奚相。（今何虫未详）蜉蝣，渠略。

释鱼第十六：鲵(ní)大者谓之鰕(xiā)。（按："鰕"，鱼名；另同"虾"。）鱼枕谓之丁，鱼肠谓之乙，鱼尾谓之丙。

释鸟第十七：皇，黄鸟。（即今之黄雀）二足而羽谓之禽，四足而毛谓之兽。

释兽第十八：貘(mò)白豹。（郭璞注貘"似熊"，邢昺疏"豹白色者别名貘"。）狒狒(fèi)，如人，被(披)发，迅走，食人。

释畜第十九：駮，如马，倨牙，食虎豹。鸡大者蜀，蜀子雓(yí)。

《尔雅》十九类，共释二千二百零四事（胡朴安《中国训诂学史》谓共二千九十一事），是研究先秦词汇和阅读古籍的重要参考书。不足之处在于：归类不够精当，如《释畜》无豕属，牛属有"犊"，羊属无"羔"；内容有重复，如"鹡鸰"两见，"仓庚"三见；解释嫌笼统，如《释诂》集许多古语、方言同义词，却仅用一个字来训释，难以尽意。

《尔雅》从前列为儒家经典之一（十三经的第十二经），现在看来尽管有不足之处，但在中国语言学史上仍有重要地位。它足以显示古汉语词汇的丰富,揭示了研究我国词汇和词义上各种现象的端倪。

注释《尔雅》的,自东汉至晋,有汉代刘歆、樊光、李巡、孙炎等十余家,而流传到现在的,只有晋代郭璞的《尔雅注》。宋代邢昺《尔雅疏》与郭璞注合为《尔雅注疏》(十三经注疏本)。清代研究《尔雅》的人很多,成就最大的是邵晋涵和郝懿行两人。邵晋涵的《尔雅正义》着重校正文字,采录古注,以古书证《尔雅》,对郭注邢疏有所补正。郝懿行的《尔雅义疏》着重以声音贯串训诂,用"因声求义"的方法破除文字障碍,探求词源,成就大大超越前人。王念孙还作《尔雅郝注刊误》,使百尺竿头更进一步。除此以外的注本还不少,不一一介绍了。至于增补《尔雅》或仿照《尔雅》体例编写的书也有不少,它们都以"雅"字命名,其中最早的一部是旧题孔鲋撰的《小尔雅》。继承《尔雅》而最为著名的有《方言》、《释名》、《广雅》三种,而以《广雅》最晚出。这些后面另作介绍。

(二) 方言

《方言》全称《輶轩使者绝代语释别国方言》,十三卷。它的作者是不是扬雄,洪迈和戴震有相反的说法。后来卢文弨(chāo)、钱绎、王先谦都赞成戴说,确认《方言》是扬雄所作。今考刘歆与扬雄书:"属闻子云(按:扬雄字)独采集先代绝言、异国殊语,以为十五卷,其所解略多矣,而不知其目,非子云澹雅之才,沉郁之思,不能经年锐精以成此书,良为勤矣。"刘歆此书,可证扬雄确有《方言》之作。又考扬雄答刘歆书:"即君必欲胁之以威,陵之以武,欲令入之于此,此又未定,未可以见,今君又终之,则缢死以从命也。而可且宽假延期,必不敢有爱。雄之所为,得使君辅贡于明朝,则雄无恨,何敢有匿!唯执事图之。"扬雄此书,可证其时《方言》尚未完成。刘歆当时为王莽国师,欲借观雄书,雄称其书尚未成稿,以谢绝之;歆借观未得,故《七略》不载;《汉书·艺文志》多依《七略》,故亦未著录;《汉书·扬雄传》备载扬雄著述,亦不曾提及《方言》。后人以《七略》、《汉书》不载而疑非扬雄所作,不无理由;但据刘、扬往来书札所述,《方言》为扬雄所作,实已确凿无疑。从往来信件中,可见刘歆很重视此书,扬雄本人更是珍视自己这部作品,否则就不会表示宁"缢死以从命"了。

《方言》是中国第一部比较方言词汇专书,是通过对大众语言的调查搜集而编成的一部方言词典。它包括了西汉和东汉之间许多地区的方言。其中广泛地采录了黄河流域和长江流域的绝大部分的方言,而且还有少数民族的语言,如秦晋北鄙的方言中即杂入"狄"语,南楚的方言中即杂入"蛮"语,西秦的方言中又杂入了"羌"语。

《方言》所录,包括古今方言词汇和当时通行的普通话词汇成分,其解说对这些都有专称,沈兼士将它们条分五类加以例析:

1. 不含地域性的普通话:

(1) 通语——卷一:"娥、嬿,好也。……好,其通语也。"

(2) 通名——卷十一:"蛥蚗(zhé jué)……西楚与秦通名也。"

(3) 凡语——卷一:"嫁、逝、徂、適,往也。……往,凡语也。"

(4) 凡通语——卷二:"钊(qiǎo)、嫽(liáo),好也。……好,凡通语也。"

2. 通行区域较广的方言:

(1) 四方之通语——卷三:"庸、恣、比、侹(tǐng)、更、佚(yì),代也。齐曰佚,江淮陈楚之间曰侹,余四方之通语也。"

(2) 四方异语而通者——卷十一:"蠀(zī)螬(cáo)谓之蟦(féi),……秦晋之间谓之蠹,或谓之天蝼,四方异语而通者也。"

(3) 某某之间通语——卷四:"覆结谓之帻(zé)巾(头巾),……皆赵魏之间通语也。"间或作"总语"——卷六:"抾(qū)摸,去也,齐赵之总语也。"

(4) 某地通语——卷三:"攒(pū)、翕(xì)、叶,聚也。楚谓之攒,或谓之翕。叶,楚通语也。"

3. 纵的方面,语言新旧生灭交替之际所残留的古今语:

(1) 古今语——卷一:"敦、丰……大也。……皆古今语也,初别国不相往来之言也,今或同。"

(2) 古雅之别语——卷一:"假、㩳(gé)……。至也,皆古雅之别语也,今则或同。"

4. 横的方面,语言因地域的差别而发生变异的各地方言:

(1) 某地语——卷一:"党、晓、哲,知也。楚人谓之党,或曰晓……"

(2) 某某之间语——卷一:"党、晓、哲,知也。……齐宋之间谓之哲。"

5. 兼包纵横两面,因声音转变而发生的方国殊语:

(1) 转语——卷三:"庸谓之倯,转语也。"卷十"煤,火也,楚转语也。"

(2) 语之转——卷三:"攒、铤、澌(sì),尽也。……连此攒、澌、皆尽也。铤,空也,语之转也。"

(3) 代语——卷十:"㦧、鳃、乾、都、耇、革,老也。皆南楚江湘之间代语也。"("凡以异语相易,谓之代也。")

《方言》体例大致依《尔雅》采取分类编次的办法。如卷八全收有关动

物的词,卷九都释器物,便是一例。其训诂方法,则先举出一个词,而后分别说明各地不同的称谓。如卷八"猪"的一条说:

> 猪,北燕朝鲜之间谓之豭(jiā);关东西或谓之彘,或谓之豕;南楚谓之豨(xī);其子或谓之豚,或谓之㺉(xī);吴扬之间谓之猪子。

"猪"这一条目从地域上分别说明许多形、音不同的同义词的差别,比起《尔雅》的并列几个同义词,只用一个简单的说解而不加区别的训释方式,已经精密得多了。扬雄能够把搜集来的方言和古代的书面语作比较研究,进而了解古今语言由于时间地点的变化而产生的交错演变的复杂关系:古代的通语可能缩小范围变为当时的方言,当时的通语也可能是古代方言的扩大。这样,他用方言释古语或用通语释方言,就能融会贯通,义无疑滞了。

《方言》的价值和影响是不言而喻的。它保存了两汉相当丰富的口语词汇,为我们研究汉代方言通语的异同,探讨古音的变化,都提供了宝贵的材料。它还可以使我们从它所收集的词汇里侧面了解当时的某些社会现实,也能让我们知道在今天的口语中还有不少古代词汇成分。扬雄实事求是地调查人民大众语言的精神和研究古今语言现象的进步方法,对我们也有启示。后人注意对方言俗语的收集与整理,并不断取得成就,这与《方言》的先导作用是分不开的。

《方言》的注本流传至今的,以晋代郭璞的《方言注》为最早。他以晋代的方言为本,和扬雄所记的汉代方言参证比较,作出了注释。对《方言》解释不够清楚的,一般都作了补充说明;对语词"所以如此说"的意义也往往加以解说。比如:

> 《方言》卷十三:"菲,薄也。"郭注:"谓微薄也。"

这说明了《方言》的"薄"是"微薄"的意思。

《方言》卷一解释作"老"讲的"梨"说:

> "燕代之北鄙曰梨。"郭注:"言面色似冻梨。"

这指出了《方言》之所以称"老"为"梨",是取其"面色似冻梨"的意思。郭注凡说"谓某"的,大都是说明词义的;说"言某"的,大都是指出释词得称的缘由。

郭注和《方言》相得益彰。郭注不仅为《方言》注释音义,而且反映了不少晋代语言因素,本身就也是一部很好的方言词典,人们可据以研究两汉魏晋语言的发展变化。比如:

《方言》卷十三:"盂谓之㯶(jìn)……椀(同碗)谓之㯯(xuān)㭾(jué)。"郭注:"椀亦盂属。江东名盂为凯,亦曰瓯也。"

这说明晋代江东"盂"有"凯"和"瓯"两个异称。

《方言》卷一解释"好"说:

"赵魏燕代之间曰姝。"郭注:"亦四方通语。"

这指出两汉的方言已成了晋时的通语。

清代研究《方言》的人很多,主要有戴震、卢文弨和钱绎等。戴震作有《方言疏证》,为《方言》订讹补漏,逐条疏证。他在自序中说:"今从《永乐大典》内得善本,因广搜群籍之引用《方言》及注者,交互参订,改正讹字二百八十一,补脱字二十七,删衍字十七,逐条详证之。"应该说戴书是研究《方言》的重要参考书。卢文弨根据丁杰的校本,重加校订,刊行了《重校方言》,并附以《校正补遗》。钱绎作《方言笺疏》(原为其弟钱侗未完之稿,侗死后,钱绎继续完成),王念孙继作《方言疏证补》。以上种种,都对《方言》起了校正、阐发的作用。

现在科学出版社印行的周祖谟《方言校笺》是集大成的善本。它参考戴、卢、钱、王各本,并旁证其他著作三十余种,写成校笺,成为现在最好的本子。附于此书之后的吴晓铃所编《方言校笺通检》,是综合《方言》及郭注中的字词,依笔画为序编成索引,以利检查的。

继《方言》之后,续补《方言》的有杭世骏的《续方言》、程际盛的《续方言补正》等书,所收词语都是从《尔雅》、《说文》、《释名》等字书和经传子史以及诸家注疏中抄出的"死"语言。如《续方言》卷上:"昉(fáng),适也。齐人语。隐二年《公羊传》注。"这仍是《尔雅》式的训诂,并不足以说明古今汉语的发展和演变。至于编辑这类专书的,则大致可分为两种:一种是考证某一地区的方言的,如明代李实《蜀语》、清代胡文英《吴下方言考》之类;另一种是考证一般常言熟语的,如明代岳元声《方言据》,清代翟灏的《通俗编》之类。此外,还有专集某种材料中的俗语成书的,如清代李调元辑古今诗词中的方言而成的《方言藻》。总的说来,这些书都不过是抄录古书中的语词加以解释,或者用来参证俗语方言已"于古有征"而已,与扬雄在《方言》中体现的从人民口语出发的方法是不相同的。因此,在扬雄以后直到明清,方言的研究和资料编集除了少数一、二种,如《通俗编》集录较丰富的常言俗语对寻语源或解语义尚有可取之外,几乎没什么可称道的。"在中国语言史上发达最早的词汇学,从《方言》以后,就这样黯淡无光,不能使第一世纪左右已经有的逼近语言科学的方法继续发展了。"

（罗常培《方言校笺》序）今后方俗语词这方面的研究工作，无疑应是词汇学、新训诂学研究中极其重要的一环。

（三）释名（逸雅）

《释名》这部"参校方俗，考核古今，晰名物之殊，辨典礼之异"的书，撰于汉末，作者刘熙。全书八卷，共二十七篇，分类略同《尔雅》，今与《尔雅》比较如下：

《尔雅》有而《释名》没有的：释诂、释训、释言、释草、释木、释虫、释鱼、释鸟、释兽、释畜；

《尔雅》没有而《释名》有的：释形体、释姿容、释言语、释饮食、释书契、释典制、释疾病、释丧制；

《释名》增广《尔雅》的：广释亲为释长幼、释亲属，广释器为释采帛、释首饰、释床帐、释用器、释兵、释车、释船；广释地为释州国、释道；

《释名》与《尔雅》相同的：释天、释山、释水、释丘、释宫室、释乐器。

《释名》篇目及其内容多超轶《尔雅》。

《释名》的训诂方式亦多与《尔雅》不同：《释名》为音训之书，间有义训（例不多）；《尔雅》为义训之书，间有音训（例亦甚少）。《释名》重音训，故少类聚为训之例；《尔雅》重义训，故多类聚为训之例。最大差别，乃在于《尔雅》仅是训诂之记载，《释名》则必求训诂的字来解释以推究事物命名的由来，即所谓以同声相谐推论称名辨物之意。比如"邦"和"封"两字，在上古音里读成双唇音声母"b-"，《释名》正是用"封"字来解释"邦"字的意义的；同样，"尾"、"微"、"末"三字，在上古音里都读成双唇音声母"m-"，《释名》也正是用"微"、"末"两字的意义来解释"尾"字的。其他如"迩"和"昵（眤）"，"中"和"当"、"值"等在上古音里是双声字，在意义上又相贯通。为便于进一步了解，下面再具体举些实例：

浍：注沟曰浍。浍，会也，小沟之所聚会也。（释水）

"注沟曰浍"解释词义，又以"浍"的声旁"会"来说明"浍"得名的由来，即以声近的字来推究造这个"浍"的缘由。

沦：小水波曰沦。沦，伦也；小文相次有伦理也。（释水）

"小水波曰沦"解释词义；又以"伦"释"沦"，即用同音字探求词源。

楣，眉也，近前若面之有眉也。（释宫室）

雨，羽也，若鸟羽之动则散也。（释天）

月，阙也，满则阙也。（释天）

"楣"之所以叫"楣",是因为像"面之有眉";"雨"之所以叫"雨",是因为像"鸟羽之动则散";"月"之所以叫"月",是因为"满则阙"(月缺的时候比满的时候为多)。

这声训方法,《易经》、《论语》、《孟子》等都已有过,《尔雅》、《说文》也采用过。如《尔雅》"诰,告也"(声旁字和形声字相训释);"幕,暮也"(同声旁的形声相训释);"晋,进也"(音同或音近字相训释),就是"音训"。《说文》"羊,祥也";"马,武也",也是"音训"。而在《释名》里则大量地运用并进一步发展了。《释名》声训条例,清人顾广圻(qí)《释名略例》有所分析:

《释名》之例可知也。其例有二焉:曰本宁、曰易宁是也。虽然,犹有十焉:曰本字、曰叠本字、曰本字而易字、曰易字、曰叠易字、曰再易字、曰转易字、曰省易字,曰省叠易字、曰易双字。本字者何也?则冬曰上天,其气上腾,与地绝也,以上释上,如此之属一也。叠本字者何也?则春曰苍天,阳气始发,色苍苍也。以苍苍释苍,如此之属二也。本字而易字者何也?则宿,宿也。星名止宿其处也。以止宿之宿,释星宿之宿,如此之属三也。易字者何也?则天,显也。在上高显也。以显释天,如此之属四也。叠易字者何也?则云犹云云,众盛意也。以云云释云,如此之属五也。再易字者何也?则腹,复也,富也。以复也富也同释腹,如此之属六也。转易字者何也?则兄,荒也;荒,大也。以荒释兄,而以大释荒,如此之属七也。省易字者何也?则绨(tí)似蝃虫之色绿泽也。以蝃释绨而省蝃也云云,如此之属八也。省叠易字者何也?则夏曰昊天,其气布散皓皓也。以皓皓释昊,而省犹皓皓之云,如此之属九也。易双字者何也?则摩娑(抚弄)末殺也。以末殺汉字释摩娑汉字,如此之属十也。

顾广圻之后,张金吾作《释名例补》,胡朴安也有补益。但《释名》究为音训之书,牵执字形,不能称为尽善。杨树达继作《释名新略例》,以声韵为本,厘成条例,较为进步,杨树达的分析可参看其专著《积微居小学金石论丛》,这儿就从略了。

《释名》所释之名物典礼计一千五百二事,人们可借以考见古昔遗制与古音,很有价值。但是声音和意义之间并没有必然的联系,全书概以音释,牵强之处,在所难免。比如:"刀,到也,以斩伐到其所,乃击之也……"(释兵);"姊,积也,犹日始出积时多而明也"(释亲属);"妹,昧也,犹日始入历时少尚昧也"(释亲属)。这些显然是任意牵合的说法。

《释名》推究事物所以命名的由来,为《尔雅》所不及。比如《尔雅·释丘》只说"当途梧丘",而《释名·释丘》则说"当途曰梧丘;梧,忤也,与人相忤也"。又比如《尔雅·释丘》只说"泽中有丘都丘",而《释名·释丘》则说"泽中有丘曰都丘,言虫鸟所都聚也"。这是《释名》的长处。

有关《释名》的重要撰述,三国吴国韦昭有《辨释名》一卷;清代毕沅有《释名疏证》八卷,以阐述《释名》的内容,纠正释名的缺失,并附以《续释名》和《释名补遗》二卷。嘉庆间张金吾还作有《广释名》二卷。清末王先谦又作《释名疏证补》八卷,这是集解性的书,已包括《疏证》在内,最便于研读。孙诒让尚有《释名札迻(yí)》三十九条,亦多阐发。

使用《释名》资料,要注意到《释名》所释名物常有与《尔雅》《说文》诸书不同的地方。比如《尔雅·释地》说"齐曰营州",而《释名·释州国》说"古有营州,齐卫之地",所指地域有异;《尔雅·释山》说"石载(戴)土谓之崔嵬,土载(戴)石为岨(砠)",而《释名·释山》说"石载土曰岨……土载石曰崔嵬",解释正好相反。又如《说文解字》帛部锦字注说:"锦,襄邑织文。从帛,金声。""金"为声符,本无意义,而《释名·释采帛》说:"锦,金也。作之用功,重于其价如金,故其制字从帛与金也。"把形声字讲成了会意字。《说文解字》木部林字注:"平土有丛木曰林"。《释名·释山》说:"山中丛木曰林。"文亦不同。《释名》所收的字,为《说文解字》未载的,也有十之二三。以上这些都可以和《尔雅》、《说文解字》等书参照,作为研究古代名物训诂的资料。(参阅 1956 年 11 月号《中国语文》孙德宣《刘熙和他的释名》一文)

(四)广雅(博雅)

《广雅》十卷,魏·张揖撰。本为增广《尔雅》,为补辑周秦两汉古书中的训诂而作。它是《尔雅》的续书。体例全依《尔雅》,仍用十九篇旧目,即释诂、释言、释训三篇解释一般语词,释亲以下各篇杂释百科名词。所释训名物,计二千三百四十三条,凡一万八千一百五十字。全书分上中下三卷。后来辗转传写,被分为四卷,又析为十卷,文字也不足数了。

《广雅》在训诂学上有很高价值。王念孙在《广雅疏证序》中这样说:"昔者周公制礼作乐,爰著《尔雅》……至于旧书雅记训诂,未能悉备,网罗放失,将有待于来者。魏太和中博士张君稚让,继两汉诸儒后,参考往籍,遍记所闻,分别部居(按部归类),依乎《尔雅》,凡所不载,悉著于篇。其自《易》、《书》、《诗》、三礼、三传经师之训,《论语》、《孟子》、《鸿烈》、《法言》之注,楚辞、汉赋之解,谶纬之记,《仓颉》、《训纂》、《滂喜》、《方言》、《说文》之说,靡不兼载。盖周、秦、两汉古义之存者,可据以证其得失;其散逸不传者,可借以窥其端绪;则其书之为功于训诂也大矣。"《广雅》的内容及其价值,从王念孙以上的叙述中已可知梗概。

《广雅》对《尔雅》各篇都补充了内容。比如《释诂》:"古、昔、先、创、方、作、造、朔、萌、芽、本、根、蘖(niè)、鼃(wā)、菉(lù)、昌、孟、鼻、业,始也。"这条所举"始"的许多同义词,即为《尔雅》所未备。但这书也和《尔雅》一样,说解简略,后人不易明确、具体地理解(作"始"讲的这十九个同义词区别何在,是很费解的)。隋时的曹宪曾给《广雅》作音释,为避隋炀帝(杨广)讳,把书名改为《博雅》,从此《广雅》就用了《博雅》这个名称,曹宪音释本就被称为《博雅音》。可见隋时通行的《广雅》已多有脱讹舛乱之处,曹宪注音所用的本子即有错字,所以曹宪也就据错字注音。王念孙给《广雅》注释,日以三字为率,积十年乃成书,名为《广雅疏证》。他一方面旁考诸书校订曹本:"凡字之讹者五百八十,脱字四百九十,衍文三十九,先后错乱者百二十三,正文误入音者十九,音内误入正文者五十七,辄复随条补正,详举所由。"另一方面,繁征博引地阐释了《广雅》的内容。虽然所订正的仍不免有欠妥之处,但总的说来,使《广雅》有了较好的定本,为后人研读《广雅》提供了很大方便。有人比诸郦道元注《水经》,注优于经。段玉裁亦谓:"读《疏证》如入武陵桃源,取径幽深,而其中旷朗,讲明经义,不取凿空之谈,亦不为株守之见,惟其义之平允而已。"近人王树楠称赞为"非惟张氏之功臣,抑亦曹君之诤友"。

王念孙又著《广雅疏证补正》一卷,罗振玉据手稿本收入《殷礼在斯堂丛书》。此外有俞樾《广雅释诂疏证拾遗》、王先谦《广雅疏证拾遗》、黄海长《广雅疏证补正》、王树楠《广雅补疏》,都是补正《广雅疏证》的书。黄侃《广雅疏证笺识》虽然是着墨不多的短文,也多有补正。

另外钱大昕还作《广雅疏义》,但只着重疏解文字,成就不及《广雅疏证》大。

在《广雅》之后,《尔雅》式词书不断出现,如宋·陆佃《埤(pí)雅》、宋·罗愿《尔雅翼》、明·朱谋㙔《骈雅》、明·方以智《通雅》、清·吴玉搢(jìn)《别雅》、清·洪亮吉《比雅》、清·史梦兰《叠雅》等等,都是较著名的。

(五) 说文解字

《说文解字》是我国第一部字典,编者是东汉许慎。许慎是古文学家,本来编撰《说文解字》的主要目的是为了驳斥今文学家解经的说法的,但后人对这部书却首先从它在文字学的贡献上予以评价。

《说文解字》提出了战国以来流行的分析文字的理论"六书"说,并阐明了"六书"的内容,建立了古文学家的文字学系统。此书共十四篇,加上

"叙"为十五篇。收字九千三百五十三个,重文一千一百六十三个。许慎所作的解说,计十三万三千四百四十一字。全书分为五百四十部(即一般所称述的部首),使纷纭复杂的文字初步有了门类可归。它的分类是根据文字形体的。比如以"一"为部首,凡从"一"得义的字,像"元、天、丕、吏"等等,就都收入到"一"部。而五百四十部的排列顺序,也大致是"据形系联"。比如第八篇从"人"部开始,全篇三十六部就都由"人"字连类而及,像"匕"从倒人,"匕"从反人,"从"从二人,"身"象人身,"尸"象人卧之形等等,全和"人"有关系。

《说文解字》的解说以篆文为主体,下面用"某也"的格式来释义。凡说"某也、某也",都是讲字义的,凡说"象某、从某"都是讲字形的,而字义与字形又是统一的。比如:"束,缚也。从囗木。""缚"是解释"束"的意义的,"从囗木"是说明字的形体构造的(把一堆木头缠绕起来就叫作"束")。但其中有不少字的解说必须承篆文来连读才能领会它的意义。比如"诂"字:"䛁训,故言也。从言,古声。《诗》曰:'诂训'。"(言部)这个字解说中的"故言"是解释"诂训"一词的意义的(按《诗经》里只有"古训",没有"诂训",此系许慎或徐铉之误),所以必须把"训"字和上面篆文连起来读才行。其他如"昧"字的"㫱爽,旦明也"(日部):"曑(参)"字的"㐌商,星也"(晶部)等等,也都要这样承篆文连读。后人把这叫作"连篆为句"。要是不明这种义例,便会对《说文》解义产生误解。顾炎武曾把"曑"字的解说读为"曑,商星也",因而他指责许慎所说与天文不符(《日知录》二十一卷《说文》)。其实是他自己不明《说文》义例而弄错句读,误解字义。

《说文》解说的字例如有古文或籀文,就把有古文、籀文的不同于小篆的形体列在下面。如卷一上的"一"字解释下边又有个"弌"字,注为:"古文一",这便是说明古文中还有个异体跟小篆不一样。如小篆未变古籀形体的,就不更列古籀。可是也有些字以古籀为正篆,而把篆书附于后面的。比如卷一上的"上"字便是如此:"二,高也。此古文丄,指事也。凡二之属皆从二。丄篆文上。"不过,这毕竟还是个别的情况。

《说文》除分部立文、先篆后籀、行文属辞的体例以外,说解的体例也相当复杂。下面择要介绍说解的体例:

引古文——第一,除注明是古文者外,凡引用经书的也都是古文。比如玉部"玭"字下面还有个"蠙"字,说解云:"《夏书》蚍从虫宾。"这"蠙"就是"玭"的古文。我部"义"字下面有个"羛"字,说解云:"墨翟书(《墨子》)义从弗。"第二,说"古文或以为某"的都是指古文借此字作某字。比如屮字的说解云:"古文或以为艸字。"这就是指出古文借 ψ 作"艸"字。第三,凡是说"古文某如此"的,都是只知为某字而不能解释形体的。比如羊部"羌"字下面,还有个 㸏 字,说解云:"古文羌如此。"第四,凡说"或曰"的是表示还有所怀疑。比如贝部"赐"字的说解云:"或曰此古货字。"这就表示是姑存异说,可能还有问题。第五,凡是说"从古文之象"或"象古文之形"的,都是说明小篆和古文的形体差不多,但已稍加修改简化。比如"革"字的说解云:"象古文革之形。"这个"革"字就是按古文 革 的形体简化了的。至于说"象古文某省"的,那就是省略简化的程度更大的字。

引籀文——引籀文的说法有三种:一是直称籀文,如二部"旁"字下边有"雱"字,说解即云:"籀文"。二是称"大篆",如艸部"蒜"字下云:"左文五十三,重二,大篆从䪒。"三是称"史籀",如皕(bì)部"奭(shì)"字的说解云:"此燕召公名,读若郝,史篇名丑。"

引经书——引经书的说法也有多种:一是用来证释字形的。如示部"祝"字的说解云:"祭主赞词者。从示,从儿口。一曰从兑(duì)省,《易》曰:兑为口,为巫。"这里引《易》,是用来证释"祝"的字形的另一种说法的。二是用来证明字音的。如走部"赴(lì)"字的说解云:"动也。从走,乐声。读若《春秋传》曰辅赴。"这里说明"赴"字应读如"辅赴"之"赴"的声音。三是用来证释字义的。如玉部"瑱(tiàn)"字的说解云:"以玉充耳也。从玉,真声。《诗》曰:玉之瑱兮。"这是为了说明"瑱"字的"以玉充耳"的意义。

引古语、方言、俗语——如艸部"茮(jiāo)"字的说解云:"茮,莍(qiú)也。"这是引古语以证今言,说明当时称为"茮"的,从前叫作"茮莍"。又如佳部"雅"字的说解云:"楚乌也。一名鸒(yù),一名卑居。秦谓之雅。"这里引秦地的方言,说明"雅"就是"乌"。又如王部"皇"字的说解云:"大也。从自王。自,始也。……自读若鼻,今俗以始生子为鼻子。"这里末一句是以民间的通用语来解释"自"的"始"义的。

引秘书说——许慎所说的秘书指依托经书谈符箓(lù)瑞应之事的"纬书"。如目部"瞋(chēn)"字下边还有个"眪"字,说解云:"秘书瞋,从戌。"这说明秘书中"瞋"的形体跟当时通行的小篆不同。

引秦刻石——如攴(pū)部"攸"字下边还有个"汥",说解云:"秦刻石峄(yì)山,石文攸字如此。"这是指小篆的另一写法。

博采通人之说——《说文解字·叙》"博采通人"是指采用先秦诸子如孔子、韩非和汉儒司马相如、董仲舒、杜林、卫宏等人的说法。如"用"字的说解云:"可施行也。从卜从中。卫宏说。"这就是用卫宏的说法来作解释。又如鸟部"鷖(yì)"字下面还有个"鶾"字的说解："司马相如说鷖从赤"。这也是采用通人的说法来说明"鷖"字篆书的另一种写法。又如"王"字的说解："天下所归往也。董仲舒曰：'古之造文者，三画而连其中谓之王。三者，天地人也；而参通之者，王也。'孔子曰：'一贯三为王。'"先采董说，又引孔子言以证董说。（按："王"字有其他不同解说，许的说解不可取，这儿暂不作专门讨论；孔子"一贯三为王"语未见他书，难以确考。）

从某，从某；从某某——说明是合几个形体以成一字之义的会意字。如音部"章"的说解是："乐竟为一章。从音从十。十，数之终也。"因十是数之终，奏完一个乐调叫作一章，所以"章"从音、十得义。

象形，象某某之形——只说"象形"的如"吕"字的说解："脊骨也，象形。"对所象之形加以解释的如"山"字的说解："宣也。宣气散生万物。有石而高，象形。"这"有石而高"就是解释"山"所象之形。

从某，某声——这说明是半体取形，半体取声的形声字。如："悟，觉也。从心，吾声。""心"是"悟"的形符，由此取义；"吾"是"悟"的声符，由此得声。

某与某同意——这是说明两个字的形体意义有某一点相似或相同之处。如"工"字的说解云："巧饰也。像人有规榘，与巫同意。"工与巫在有规矩这一点上是相同的，所以说"与巫同意"，但并不是说工字和巫字的意义完全相同。

从某省，某省声，某亦声——凡说"从某省"，都是取某字之义而不采其全形。如"隶"(隶)字的说解云："及也。从又，从尾省。又持尾者，从后及之也。""又"是手，"尾"是尾巴；用手拉住尾巴，就是从后面赶上的意思。"隶"字只是采取了尾的下半截，所以说"从尾省"。（这一类说"从某省"的，往往是会意字）凡说"某省声"的，都是取某字以为声，而不采其全形。如"梓"字"从木，宰省声"，就是省去"宰"字的"宀"，只取其一半形体"辛"以标音的。（《说文解字》所收"梓"字的或体不省"宀"的，即作"榟"。）凡说"从某，某亦声"的，是指出这个字既从某字形体以得义，又取其读音以象声。如女部"姓"字："从女生，生亦声。""生"既是"姓"的意符，又是声符，故称"亦声"（这类字是会意而兼形声）。

阙——凡说解中说"阙"的，都是表示阙疑的意思。如木部"某"字的说解云："酸果也。从木从甘，阙。"这是说不知道从木、甘为什么能产生"酸果"这一意义。又部"叜"（即"叟"）字的说解云："老也，从又灾，阙。"这是说不知道它从又灾的意义何在。又部"叚"字的说解云："借也。阙。"舟部"朕"字的说解云："我也。阙。"这都是说分析字形无法得出"借"、"我"

的意义。许慎对自己所不能解释的文字的形音义,全用"阙"来标明。清人洪颐煊认为《说文解字》文字下面注"阙"字的,是徐铉、徐锴校订这部书时所注,并非许慎的本文。李慈铭亦主此说。

《说文解字》中说解体例,略如上述。其他像"读若"、"读同"、"一曰"之类,在前一章"训诂术语"中已作说明,这儿就不重复了。

《说文解字》的编写目的在于探讨字源,讲明字体的结构和本义。它保持了大部分的先秦字体以及汉代和以前的不少文字训诂资料,反映了上古汉语词汇的面貌,比较系统地提出了分析文字的理论,是今天研究古文字学与古汉语的必不可少的参考书。它也给后代的字典辞书以很大的影响,它的以偏旁分部的办法,一直成为编字典所依循的一种主要体例。此外,我们还可以从这部书中了解一些古代的政治经济情况和民俗等等。其中不少分析探讨很有科学价值。比方说,猛禽类如何攫食小动物,曾被中外生物学界认为久久未能揭开的谜,20世纪60年代我国科学工作者从实际观察中发现猫头鹰吃老鼠一类小动物是整吞的,吃完后把皮毛搅成一团吐出,这被有些专家看成揭示了生物界的一个秘密,并拍成科教片《不平静的夜》。可是我国古代的"䧹(wéi)"字却早就记录了当时的语言而反映了这一事实。《说文解字》中"丸"部便作过这样的解释:"䧹,鸷鸟食已,吐其皮毛如丸,从丸,咼声,读若䏽。"(例说转引自陆宗达《说文解字的价值和功用》一文,《北京师范大学学报》社会科学版,1978年第3期)不难看出,许慎在分析字形考虑字源方面是值得肯定和赞许的。

还有一点值得重视的是,《说文解字》在探讨字源说明古人造字本意的同时,也注意到沿用已久的假借字、通俗字。比如按许慎的说法,减省的"省"字本来作"渻"和"婿",重叠的"重"本来作"緟",可是在说解中提到"从某省"和"重文"时,仍然从俗写作"省"和"重"。

但是由于时代的局限,《说文解字》的观点和对汉字的说解都存在不少问题。比如部首"始一终亥"是照汉代阴阳五行家"万物生长于一,毕终于亥"的唯心主义哲学思想安排的。它宣扬敬天、信神、尊君以及男尊女卑等思想的情况也是十分严重的。对文字的解释常常有穿凿附会之处。部首繁细而不够科学,查检不便,诚如南唐著名文字学家徐铉所说:"偏旁奥密,不可意知;寻求一字,往往终卷。"(《说文韵谱·序》)著名文字学家尚且如此,一般读者检查起来当然更困难了。

历来研究《说文解字》的著作相当多。唐代李阳冰根据己意排斥许慎说解,乱改一通,刊定《说文解字》为二十卷。从此许慎原本不见,改本盛行。后来南唐徐锴撰《说文系传》,仍主许说而反对李阳冰,书中《祛妄》一篇为专驳李说而作。到宋代,徐锴的哥哥徐铉奉诏与葛湍(tuān)、王惟恭等校订《说文解字》,不仅对原书的内容作了一番整理、审定,还把书中有关的文字全用反切注音,并将经籍常见而许慎未收的字补入书内,加上解说,附于各部之后,称为"新附字"(如辵部"邂、逅、遑、逼"等十三个字就是徐铉"新附字")。在许慎的说解内,徐铉等也有加上按语以参校异同的(凡是说"臣铉曰"、"臣铉等曰"的,全是徐氏的按语)。二徐本通行后,李阳冰本遂废。大家都把徐铉整理的本子叫"大徐本"(即现在通行的《说文解字》),把徐锴所撰的《说文系传》叫"小徐本"。二徐的本子都把许慎原来的十五篇各分上下,为三十卷。我们现在只能看到二徐本,许慎原书的面目早已无法恢复了。

徐铉定《说文》,徐锴编《系传》,对保存和解释许慎原著有不小的功绩;但他们对古今音之异和声近之相谐并不太了解,所以徐铉往往有误删许书"从某,某声"的地方;徐锴也常因对许书的谐声有疑而加上按语。清人钱大昕即曾指出这点(参阅钱大昕《十驾斋养新录》卷四)。清代"小学"兴盛,《说文》研究有新发展,其主要表现是:第一,纠正了把《说文》仅作"形书"的偏见。《说文》说解以释义、释形、释音兼施,三者互相联系,互相渗透,一分为三,合三为一,组成完整体系,清代以前学者对此都有忽视。清代段玉裁《说文解字叙注》说"许一书可为三书",即形书、音书、义书;王念孙《说文解字注序》也说:"《说文》之为书,以文字而兼声韵训诂者也。"事实确是这样。即便是释义,也常暗用声训方法。比如《说文》"此,止也"的训释,清代以前学者多有不察,只谈其常用义为近指代词。桂馥《说文义证》则说:"止也者,此、止声相近。《释诂》:'已,此也。'已、止同义。"据此,卜辞"王此受祐"、"此雨"意谓"王已受祐""已雨",豁然贯通。"此"的"已然"义今存文献中不见实例,仅在《尔雅》《说文》字里行间还残存这一已经消亡的古义。桂馥的发现,无疑也有利于甲骨文的研究。第二,精研细析,发凡起例,多有创获。许多研究成果本身已经充分表明了这一实况,不必再举例了。

清人研究《说文解字》著作多达一百余种,其中成就较大的是段玉裁的《说文解字注》、桂馥的《说文义证》、王筠的《说文释例》和《说文句读》、朱骏声的《说文通训定声》这五部书。段注在校订《说文解字》的文字和阐释许慎的说解方面很有贡献;桂证是引古书为《说文解字》佐证的;王筠的"释例"详细地解说"六书"的体例,"句读"大致根据段、桂两家的说法分析文字形义,对篆体和许慎的说解也有所改动;朱骏声的著作则着重通过音义的关系指出文字的通假正别。这些都有助于理解《说文解字》。人们向来有《说文》四大家之称,而段玉裁是其中之巨擘。其余三家,王筠《说文释例》、《说文句读》重于形,桂馥《说文义证》偏于义,朱骏声《说文通训定声》则侧重于声,独段玉裁《说文解字注》形音义三者并重(即不只着眼于形,就字论字,而是力求用语言学的观点分析文字的形音义,以音韵为骨干进行诂训,"能三者互推求"),非王、桂、朱三家所能及。

段玉裁《说文解字注》尤其令人钦佩的是,许多见解能与甲骨文、金文暗合。如上部论古文"上"、"下"当作 二 二,改二为部首,丄丅为篆文,删 ⻊ ⻏ 两篆。徐承庆《说文解字注匡谬》讥之为"臆决专断,诡更正文",可是甲骨文、金文"上"、"下"即作 二 二 或 ⌣、⌢,足证段说不误。又如火部"燓"下改篆文燓为焚,改说解"从火棥"为"从火林",亦与甲骨文吻合。"丌"下注云"字亦作丌,丌与亓同也",今湖北江陵望山二号墓、河南信阳长台关两地出土的楚竹简,就都作亓,和段注相符。《段注》在词汇学、词义学上也有不少独到见解,最显著的是关于同义词的辨析。比如"盈"、"溢"、"满"三字,《说文》皿部"盈"下说"满器也",水部"溢"下说"器满也",水部"满"下说"盈溢也"。这三个字的辨析单凭《说文》说解,不易了解。《段注》于"盈,满器也"后面解释说是"谓人满宁(贮)之";于"溢,器满也"后面解释说是"谓器中已满";于"满,盈溢也"后面解释说是"兼满之、已满而言"。这样,"盈"、"溢"、"满"三个词义的区别就很清楚:"盈"谓"满之","溢"谓"已满","满"则兼有两义。此外《段注》在阐发许书的体例,考定传本的讹误,也都有重要价值。我们知道,《说文》曾屡经传写窜改,颇多讹误,《段注》以许注许,订讹正误,使读者能正确理解《说文》,这对读通《说文》有很大的启发和指导作用。段注还多次以吴谚语解说文字,引古证今,把古文献语言与当代口语联系起来,即继承了《说文》本书和郭璞《尔雅注》、《方言注》的好传统,又在某种程度上起到透过文字研究语言的作用。

自然,由于种种原因,《段注》也并非十全十美之作。除反映封建观点外,病在盲目尊许,对《说文》自身的谬误很少指明,甚至《说文》误解误释的,也往往旁征博引,详为之注,错上加错。比如"爲"字甲骨文、金文都作象,是以手举象令其服役之形,《说文》据小篆说为"母猴",已是不妥,《段注》引《左传》辗转为之解释,并注"下腹为母猴形"曰:"上既从爫矣,其下又全象母猴头目身足之形也",更属不当。段注不但有失之武断之处,说解也有自乱其例的地方。创立古韵十七部之功伟,古声纽研究则甚缺乏。这些都有待今人进一步去探索。

近人丁福保鉴于研究《说文解字》的著述繁多,乃编《说文解字诂林》

(1928年),在《说文解字》的每一单字下面罗列诸家说法,为读者集中了多种有关材料。近人徐文镜辑《古籀汇编》,在《说文解字》的小篆后附列甲骨、钟鼎等文字,使读者能同时见到文字的几种形态,都给人以很大的方便。

继承《说文解字》的系统而编撰的字书,除去已佚的晋·吕忱《字林》、北魏·江式《古今文字》以外,首先应该提到的是南朝梁·顾野王的《玉篇》和宋·司马光《类篇》,还有宋·戴侗《六书故》、辽·释行均《龙龛(kān)手鉴》、明·梅膺祚《字汇》、明·张自烈《正字通》以及清·张玉书等的《康熙字典》之类,这儿就不一一例说了。

(六) 经典释文

《经典释文》,唐陆德明撰,三十卷。第一卷《序录》载有陆德明的自序和"条例"、"次序"、"注解传述人"的说明以及全书的总目。以下依次是《周易》一卷、《古文尚书》二卷、《毛诗》三卷、《周礼》二卷、《仪礼》一卷、《礼记》四卷、《春秋左氏》六卷、《春秋公羊》一卷、《孝经》一卷、《论语》一卷、《老子》一卷、《庄子》三卷、《尔雅》二卷。撰述目的在于考证古书的字音,兼辨训义。所谓"释文"就是给以上十几种经典注音和释义。具体注释的办法是对诸经中的文字广泛地采录各家的音切来注音,兼收诸儒的训诂以释义,并考证各本的异同;同时参以己见加上按语;有些字下面,列出异体。各卷都摘录单字、单词或一个句子来注释音义。比如卷三十《尔雅音义》下《释虫》的"蛓(cì)"字,《释文》云:

> 七志反,《说文》云:"毛虫也。"读若笥(sì)。案:今俗呼为毛蛓,有毒,螫人。《楚辞》云:"蛓缘兮我裳。"

先注音,然后以《说文》来释义,接着加上自己的按语,又引《楚辞》来印证,解说是很周密的。

但并不是每条都按照上述体例注释。有的字只注音,不释义;有的字只释义,不注音;有的字音义全都不注,只是标明版本的同异;编者是根据每个字的具体情况而异其详略的。

唐代经学中古今文两派的斗争已经告一段落,所以《经典释文》古今并录,不守门户之见。它不仅注经,还要释注,所以"经注毕详"。不仅为经注注音,还要阐发经注旨意,所以"训义兼辨"。清代学者对此颇多赞赏,卢文弨认为这部书是"辟经训之菑(zī)畲(shē),导后世以涂径;洗专己守残之陋,汇博学详说之资;先儒之精蕴赖以留,俗本之讹文赖以正,实天地间不可无之书也"。《四库全书》的馆臣评论这部书说:"所采汉魏朝音切凡二百三十余家,又兼载诸儒之训诂,证各本之异同,后来得以考见古义者,注疏之外,惟赖此书之存,真所谓残膏剩馥,沾溉无穷者也。"评语虽有些过分,但这部书值得重视是无可置疑的。其中不免有错误不当之处,但小疵不掩大瑜。比如卷六《毛诗音义》中《陈风·墓门》的"讯之",《释文》云:

> 本又作谇,音信。……告之。《韩诗》讯,谏也。

实际上"谇"当"告"讲,"讯"作"问"讲,两字形音义全不同。六朝人喜写草书,"卒"写成"卆",就和"凡"相混。《经典释文》误以"讯"、"谇"为一字了。

为了便于具体了解《经典释文》的优缺点,兹作必要的分析归纳,择要提示如下。

《经典释文》的优点是:

第一,正读音

《释文》在一个字下面,常表明有几个读法,或云"又",或注出某人音某。几个读法中,以第一个音为主。比如《诗经·周南·关雎》"钟鼓乐之",《释文》云:"乐之,音洛,又音岳,或云协韵宜,五教反。"这是表示"乐"在这里读 lè,而不从 yuè、yào 之音。

第二,正衍文

《诗经·鲁颂·有駜(bì)》:"自今以始岁其有。"《释文》:"岁其有,本或作'岁其有矣',又作'岁其有年者矣',皆衍也。"

除正衍文外,亦多正其他讹误。正如其《序录》所说:"余既撰音,须定纰谬。若两本俱用,二理兼通,今并出之,以明同异;其泾渭相乱,朱紫可分,亦悉书之,随加刊正。复有他经别本,词反义乖而存之者,示博异闻耳。"例从略。

第三,存异文

经典长期流传过程中,或因传写失真,或因师承不同,形成许多不同版本,但在后代大多亡佚了。陆德明就其所见,兼收各种异文于《释文》中,实属难能可贵。比如《易·乾·文言》:"六爻发挥。"《释文》:"音辉。《广雅》云:动也。王肃云:散也。本亦作辉,义取光辉。"

第四,存佚文

《释文》兼收各家训诂来解释经典的文义。而所征引的书籍后来很多已亡佚了。其一鳞半爪,全赖《释文》保存。比如《尔雅·释诂》"病也"条下,《释文》在"癠(jì)"字后又出正文"瘣(wèi)",今本《尔雅》及郭注都没有,显然是脱落了,应依《释文》补上。

第五，兼采众本

《释文》在释音义的同时，兼注众家版本的异同，比比皆是。比如《易·乾·文言》："君子体仁。"《释文》："京房、荀爽、董遇本作体信。"黄侃说："陆德明选本极精，其识解过于孔颖达。"我们对《释文》所兼采的异本应有足够的重视。

第六，兼备众说

《易·乾·文言》："六爻发挥。"《释文》："（挥）音辉。《广雅》云：动也。王肃云：散也。本亦作辉，义取光辉。"此处王弼未注，列出《广雅》王肃的解释，实际上是对王注的补充，有助于疏通原文。（动、散二义潜通。）

第七，兼载异音

《序录》说："或字有异音，众家别读，苟有所取，靡不毕书，各题氏姓，以相甄别。"凡认为有可取的异音，《释文》都选用了。比如《尔雅·释乐》："大篪（chí）谓之沂（yí）。"《释文》："沂，鱼斤反，又鱼觐（jìn）反。"鱼觐切只见于《释文》，未见于其他韵书，即异音一例。

《经典释文》的缺点是：

第一，偏颇

陆德明为撰《经典释文》，"研精六艺，搜访异同"，的确做到了"质而不野，繁而非芜"。但他所见到的书籍还是有遗漏的。据不够完备的资料以定字的形音义，自然难免偏颇。比如当时流传的伪《古文尚书》有两种本子，一本就是陆氏所依据的，另一本古文较多，为陆氏所不取，且被斥为穿凿之徒所为。实际上后一种本子来源甚早，字体与日本足利本隶古尚书和三体石经多相合。这本子曾为后周郭忠恕所得，宋代晁公武取以刻石，薛季宣据以作训。这就是陆氏偏颇之误。

第二，是非莫辨

《释名》偶尔有是非莫辨的情况存在。比如《易·观》："观国之光。"《释文》："观，如字，或音官唤反。"这里陆氏收了平、去两个读音。钱大昕批评说："六爻皆以卦取义，平则皆平，去则皆去，岂有两读之理。"（《十驾斋养新录》）钱氏的话说得对。陆氏骑墙之见，不免是美中不足。

第三，误解

《经典释文》也有判断错误之处。比如《释文》在《诗经·郑风·大叔于田》小序的"大"字下未注音，而在前一首诗《叔于田》的毛传"叔，大叔段也"下注云："大音泰，后'大叔'皆放此。"这就是说，《释文》把"大叔于田"的"大"字也读为泰。其实这个"大"字应该为徒盖反（今音 dài），不应该读为他盖反（今音 tài）。"大叔于田"是杰出的公叔随着庄公打猎的意思，陆德明误解诗意,因而也就误读了。另外,《释文》误解前人的话的地方亦屡见,黄侃曾加辨明,颇有利于后学。

《经典释文》以清乾隆间卢文弨所刻《抱经堂丛书》本为最佳,商务印书馆《丛书集成》本,即据卢本影印,并附卢氏所作的《考证》三十卷。当然,"最佳"只是相对而言,并不意味着丝毫没有缺点。

研究《释文》,对不同本子有不同笔画的字,不能等闲视之。比如《诗经·齐风·甫田》:"总角丱（guàn)兮。"今本《释文》作卯,而宋本作卝。作卝是对的,唐石经即作卝。"弁"从"卝"声,《五经文字》"關"即作"闗"。这表明宋本不误,今本已讹。

集释诸书文字训诂的字书,除上述陆德明《经典释文》之外,还有《一切经音义》、《经籍籑诂》以及《助字辨略》、《经传释词》之类,就不一一详述了。还有,韵书是字书的别体,和训诂学关系极为密切。但音韵学部门已有专集介绍,这儿也不备述了。

二、注 释 书

训诂书有两种类型,一种是前面讲的训诂专书,一种是注释书。训诂专书和注释书解释词义的大原则虽然一致,方法却是不尽相同的。训诂专书是脱离了某一具体的解释对象而作总括性的训解,因此它的训释趋于一般,不可能照顾到某一词语在某一句子、篇章乃至整部书里的"有个性"的用法;注释书则因依附它所训释的对象而进行解释,就可以根据不同的情况,解释得比较深入细致。下面就谈谈一些重要的注释书。

(一) 五经正义

"五经"是儒家的经典《易》(一称《周易》、《易经》)、《书》(一称《书经》、《尚书》,为我国上古历史文件和追述古代事迹的著作汇编,相传为孔子所编)、《诗》(即《诗经》)、《礼》(原指《仪礼》,明、清时指《礼记》,为礼仪论著的选集,相传多为孔子弟子及再传弟子所记)和《春秋》(相传孔子据鲁国史官所编《春秋》加以整理修订而成)的合称。汉武帝时置五经博士,以五经教授学生,始有五经之称。不过秦以前的五经传到汉代,人们已经不能完全读懂,汉代学者便为之作注释。到了后来,人们对汉代人的注释又感到不太容易理解了,许多学者不仅解释正文,还得给前人的注释作注。唐王朝由于政治上大统一的需要,命孔颖达对前代繁杂的经说来一番统一整理,融合南北经学的见解,编出了统一的"五经正义",即《周易正义》、

《尚书正义》、《毛诗正义》、《礼记正义》、《春秋左传正义》。"正义"就是准确解释经义并对前人注释中的讹误加以绳正的意思。这一套"正义"强调学有宗主，对旧注可引申发明，但不能另立新说。可以说，"正义"总结了魏晋六朝以来注释家的研究成果，对我们理解原文和汉代学者的意见很有帮助，但是"正义"毕竟是墨守成规，缺乏生气的。它常常旁征博引，罗列大量材料，繁琐冗杂，读起来很费力，而且有些叙述对理解原书不见得有多大帮助，我们应该正确对待。

为便于具体理解其注释编排体例，现在举《春秋左传正义》中的一段文字及其注释的实例如下：

十年春齐师伐我　不书侵伐齐背蒐之盟我有辞　公将战曹刿请见　曹刿鲁人

○刿古卫反见贤遍反下同　[疏] 注曹刿鲁人○正义曰史记作曹沫亦云鲁人　其乡人曰肉食者谋之

又何间焉　肉食在位者间犹与也○间间厕之间注同与音预　[疏] 注肉食至与也○正义曰孟子论庶人云五亩之宅树之以桑五十者可以衣帛鸡豚狗彘之畜无失其时七十者可以食肉是贱人不得食肉故云在位者也襄二十八年传说子雅子尾之食云公膳日双鸡昭四年传说颁冰之法云食肉之禄冰皆与焉大夫命妇丧浴用冰盖位为大夫乃得食肉也间谓间杂言不应间其中而为之谋故云间犹与也　刿曰肉食者鄙未能远谋乃入见

问何以战公曰衣食所安　[疏] 衣食所安○正义曰公意衣食二者虽所以安身然亦不敢专已有之必以之　弗敢专也必以分人对曰小惠未徧民弗从也　分公衣食所惠

不过左右故曰未徧○徧音遍注同　公曰牺牲玉帛　[疏] 牺牲玉帛○正义曰四者皆祭神之物曲礼曰天子以牺牛诸侯以肥牛郑玄云牺纯毛也肥养于涤也然则牲谓三牲牛羊豕也牺者牲之纯色也鲁自得用天子之礼要牺牲相配之语未必为得用乃言之也

弗敢加也必以信　祝辞不敢以小为大以恶为美○牺许宜反　对曰小信未孚神弗福

也孚大信也　[疏] 注孚大信也○正义曰孚亦信耳言小信未孚故解孚为大信以形之　公曰小大之狱虽不能

察必以情　必尽已情察审也　对曰忠之属　上思利民忠也○属音蜀　[疏] 注上思利民忠也○

正义曰桓六年传文也言以情审察不用
使之有枉则是思欲利民故为忠之属也　可以一战战则请从

从以上这段文例中，我们可以清楚地看出：大字："十年春，齐师伐我。公将战，曹刿请见。其乡人曰：肉食者谋之，又何间焉……"是《左传》的原文。紧接着原文的小字："不书侵伐。齐背蔇之盟，我有辞"、"曹刿鲁人"、"肉食，在位者。间，犹与也。"这些是杜预的注文。杜预注后，由"○"隔开，"刿，古卫反；见，贤遍反。下同。""间，间厕之间，注同。与，音预。"这些是陆德明注的音义。"疏"以下是孔颖达的正义。正义既解释原文，又解释前人的问题是什么。如"注曹刿鲁人""注肉食至与也"都表明所解释的是杜预注中"曹刿鲁人"这句话和"肉食……与也"这一小段。"衣食所安"、"牺牲玉帛"因为开头没有"注"字，表明是解释左传原文中这两句话。"正义曰"以下才是正义的正式文字。

翻开"五经正义"，不时接触到"传"、"注"、"笺"、"疏"这些名目。总的说来，它们都是表示注释的；具体说来，它们又各有所不同。这儿顺便分别作些介绍：

"传"是传述之意，用以解经。左丘明以《春秋》经作为提纲写出《春秋左氏传》，简称《左传》就是这个"传述"的意思。所以有人说："先师所言为经，后师所言为传。"后来继续采用这种注释方式的，有阐明作品微言大义的《春秋公羊传》、《春秋穀梁传》。有些依着文字逐句解释，也称为传，如《毛诗故训传》、《离骚传》。别立新说也称为传，如汉初伏生的《尚书大传》，部分是解说《尚书》的，部分与《尚书》并无直接关系。还有所谓内传和外传(据说是"采杂说，非本义")，如《汉书·艺文志》著录《韩诗内传》、《韩诗外传》、《公羊外传》、《穀梁外传》(除《韩诗外传》外，其余都佚)。

"注"的本义是灌注。古书文义难懂，好像水道阻塞，必须灌注才能够流通，因而用注来表示解释古书(汉魏的时候已有从言的"註"，"註"不一定为后人所改定)，如高诱《战国策注》、郑玄《礼记注》、李奇《汉书注》等等。"注"在解释字义的同时，又传述经义内容。古人作注不题名，说"《礼记》郑注"，这"郑注"是后人追题的。

"笺"本来是一种小竹片，读书的时候，随手记录心得体会，系在相应的简上以备参考。后来成为注释的一种。古人治学，讲究师承，对引申前人的说法就称为"笺"。东汉郑玄解释《诗经》，以毛亨的"传"为依据，或是补充，或是发挥，不跟《毛传》相杂，称为《郑笺》。从此以后，人们读书，每有所得，多用纸条写好，粘在相关篇页上。这样看来，"笺"就是"笺识(zhì)"的意思。

另外还有"说"、"解"、"记"等等。以上种种，不外解释词义和阐述内容两方面，因此统称为"传注"。

"疏"又叫"义疏"，是疏通义理的意思。如治河川，水流不畅通的，便加以疏通。既然有了传注，为什么又要"疏"呢？前面已经提到，因为汉代人的"传注"比较简略，后人阅读古代典籍仍有困难，所以自六朝以来，又产生了"疏"。它既是解释经义，疏通经义，又注释前人的注释，所以又连称"注疏"。

孔颖达等人根据前人义疏，撰定五经义疏一百七十卷，叫作《五经正义》。贾公彦又写了《周礼》、《仪礼》义疏。后来《公羊传》、《穀梁传》也有了疏。宋代又增加了《孝经》、《论语》、《尔雅》、《孟子》的疏（《孟子》本来是诸子儒家的书，韩愈评之为"醇乎醇者也"，宋朝才把《孟子》升为经），到了明代，就确立了"十三经"的名称。

汉以来的注和疏，起初都是单独成书，不附在经书之下的，到了南宋，才把注疏附入经中。又，在六朝人撰著义疏的同时，还有所谓"音义之学"，就是把经和注中的难字加以音注，唐代陆德明整理了这些材料而撰成本书前面介绍过的《经典释文》，宋人在把注疏附经的同时也把陆氏的释文散入注与疏之间。现在流行的《十三经注疏》就是经、注、释文、疏汇在一起的本子。

（二）孟子章句、楚辞章句

古人解经，往往在解释字词的基础上，分析章节句读，对文意进行串讲，甚或指出其中心思想，这叫章句。汉代赵岐的《孟子章句》、王逸的《楚辞章句》以及清代吴廷华的《仪礼章句》、任启运的《礼记章句》等都属这一类。比如《孟子·梁惠王上》"孟子见梁惠王。王曰：'叟不远千里而来，亦将有以利吾国乎？'"一节，赵岐的《章句》说："曰，辞也。叟，长老之称也，犹父也。孟子去齐，老而之魏，故王尊礼之。曰：'父不远千里之路而来至此，亦将有可以为寡人兴利除害者乎？'"这一段注释从"曰，辞也"到"犹父也"是逐词进行词义训释；从"孟子去齐"到"为寡人兴利除害者乎"则是串讲这一节的文意。王逸的《楚辞章句》也是这样。它以"帝高阳之苗裔兮"至"字余曰灵均"为一章，逐句进行了解释。像"朕皇考曰伯庸"句，先把"朕"、"皇考"、"伯庸"作了字义的解释，然后串讲这句话说："屈原言我父伯庸本有美德，以忠辅楚，世有令名，以及于己。"我们从这里可以看出"章句"的体例就是串讲，串讲的作用是使文章的章节意义更加显明，句读分析更加清楚。当然，章句有时也失之繁复支离，甚至连篇累牍而未能说明问题,这就是一种弊病了。

(三) 前四史注

唐以前常把司马迁的《史记》、班固的《汉书》和范晔的《后汉书》合称为"三史"。后来加上陈寿的《三国志》,又称为"四史"。到北宋,加上《晋书》、《宋书》、《南齐书》、《梁书》、《陈书》、《魏书》、《北齐书》、《周书》、《隋书》、《南史》、《北史》、《新唐书》、《新五代史》十三部书,合称"十七史"。明朝增入《宋史》、《辽史》、《金史》、《元史》,称"二十一史"。清朝增入《明史》、《旧唐书》、《旧五代史》,经当时的皇帝"钦定",合称"二十四史"。"前四史"就是指《史记》、《汉书》、《后汉书》、《三国志》。南北朝,特别是唐代,除了为先秦经书做注疏工作之外,也为汉以下的其他古书作了注释。而且根据各书的不同情况,注释的侧重点也不尽一样。下面就略述一下"前四史"的注释情况。

《史记》的注释历来相当重视,现存最早的旧注是刘宋裴骃的《史记集解》。它主要利用封建经典和各种史书来注释文义,吸收了前人的一些成果。唐朝司马贞作《史记索隐》("索隐"表示阐发隐微之意),既注音,又释义,比《集解》前进了一步。唐朝张守节花费了毕生的精力,写下《史记正义》,比《集解》、《索隐》又有所提高。司马贞的《史记索隐》和张守节的《史记正义》对《史记》所作的注释的共同点,是较多地集中在人名地名的考证和史实的考核上。《史记集解》、《史记索隐》、《史记正义》这三家的注释,人们公认为《史记》旧注的代表作。最早的三家注都是各自单行,宋朝才把三家注排列在正文下,合为一编。往后注释考证《史记》的撰述还很多,它们在训诂学上都有重要价值。

尤其值得重视的是,汉、唐时人虽然对语法概念还不十分清晰,但在语言实践中,注家能以多种方式注明词的虚实、词性、句子结构,以阐明句意。请看如下实例:

(1) 以恶食食项王使者。(《项羽本纪》)

《正义》说:"上食如字,下音寺。"用"如字"和"直音"将两个"食"字从音上区别开来,这就表明上一个"食"字用本来读音读,属名词,当"食物"讲,下一个"食"变读,属动词,当"给……吃"讲,结构关系是"以恶食"这一介宾结构充当动词"食"的方式状语,全句意思是"用粗劣的食物给项王使者吃"。

(2) 击赵贲(bēn)军尸北,破之。(《曹相国世家》)

《正义》说:"破赵贲军于尸乡之北也。"在"军"与"尸北"之间加一介词"于",以明"尸北"属地位补语。"尸北"中加助词"之",指出"尸北"不能当一个地名看待。

(3) 权使其士,虏使其民。(《鲁仲连邹阳列传》)

《索隐》说:"言秦人以权诈使其战士,以奴隶使其人民。言无恩以恤下。"在"权"、"虏"上面各加介词"以",表明"权"、"虏"不是主语,而是名词作状语修饰动词"使"。

(4) 李牧者,赵之北边良将也。常居代雁门,备匈奴。(《廉颇蔺相如列传》)

《正义》说:"今雁门县在代地,故云代雁门也。"用"在"表明雁门归属代地,使读者了解"代"与"雁门"是限制与被限制关系,不致误解"代雁门"是个单一的地名。

(5) 故不如因而割之。(《白起王翦列传》)

《正义》说:"因白起之攻割取韩赵之地。"补出介词"因"后的宾语"白起之攻",又表明"之"指代"韩赵之地",语意就很明显。

(6) 广家世世受射。(《李将军列传》)

《索隐》说是"世受射法",在"射"后添一"法"字,就由难变易,模糊结构成为清晰结构(动宾结构),文意清楚:李广家族世世代代传习射箭的技艺。

(7) 今臣尽忠竭诚,毕议愿知。(《鲁仲连邹阳列传》)

《集解》说:"张晏曰:'尽其计议,愿王知之。'"引张晏注,用"其计议"解"议",即在"议"前加上同义素"计"、代词"其",使"议"名物化,句意便是:"我全部讲出自己的考虑,希望您知道……"要是不作这样的注释,读者有可能把动词"毕"只理解为表统括的副词,把"毕议"看成"偏正词组"。(按:《史记》原文"愿"作"願"。古代"愿"和"願"是两个字,意义各不相同;现"願"简为"愿"。)

(8) 王翦(jiǎn)既至关,使使还请善田者五辈。(《白起王翦列传》)

《索隐》说:"谓使者五度请也。"用"度"训"辈",使全句豁然贯通。按:"辈"原指车百辆,又用为动量词,但较罕见;中古"度"已发展成动量词,如"一度还家"(《搜神记》卷四)、"三度设之"(《神仙传》卷六)、"数度水战"(《三国志·吴书·宗室传》、"数度规取彭城"(《魏书·尉元传》)、"此度疾病"(《南齐书·萧景先传》)、"放光三度"(王劭《舍利感应记别录》),用中古常用动量词"度"训"辈",其实也是用今语释古语。

(9) 上来以闻。(《萧相国世家》)

《集解》说:"应劭曰:'上来还,乃以所为闻之。'"用"闻之"注"闻",表明"闻"属使动用法,意为使他(高祖)知道这些事。

(10) 子路性鄙,好勇力,志伉直,冠雄鸡,佩豭豚。(《仲尼弟子列传》)

《集解》说:"驺案,冠以雄鸡,佩以豭。二物皆勇。子路好勇,故冠带之。"用关联词"故",表明关系,整句属因果复句。

(11) 而亦何常师之有。(《仲尼弟子列传》)

《集解》说:"孔安国曰:'无所不从学,故无常师。'"用一般叙述句释宾语提到动词"有"前的反问句,意义就更明朗了。

(12) 君之危若朝露,尚将欲延年益寿乎?则何不相归十五都?(《商君列传》)

《索隐》说:"卫鞅所封商、於二县以为国,其中凡有十五都,故赵良劝令归之。"用一般叙述句联系原由串讲以释疑问句。用对应句式训释,有助于读者理解原来句意及其感情色彩。

从以上实例中,我们不难看到从南朝至唐代训诂学家在注释中对语法要素的重视程度和研讨的成果。至于对词汇要素、语音要素的重视,下面也举些例子来表示:

(13) 及饿且死,作歌。其辞曰:"登彼西山兮,采其薇矣。"(《伯夷列传》)

《索隐》说"西山即首阳山",使原来含义广泛而不明确指明的"西山"具体化。

(14) 四维不张,国乃灭亡。(《管晏列传》)

《集解》说:"管子曰:'四维者,礼义廉耻也。'"使多义项的"四维"有了特定含义。

(15) 大吕陈于元英。(《乐毅列传》)

《索隐》说:"大吕,齐钟名;元英,燕宫殿名也。"以共名释别名。齐钟不是只有大吕，燕宫殿也不是只有元英；齐钟、燕宫殿是共名，大吕、元英是别名。

(16) 王翦使人问："军中戏乎？"对曰："方投石超距。"(《白起王翦列传》)

《索隐》说："超距犹跳跃也。""超距"古义(练武活动的一种)，"跳跃"今义，用今义释古义。

(17) 良尝闲从容步游下邳圯上。(《留侯世家》)

《集解》说："徐广曰：'圯，桥也。东楚谓之圯，音怡。'"按，《说文》："圯，东楚谓桥。"段注："太史公曰：'彭城以东，东海、吴、广陵，此东楚也。'"这是以通语(桥)释方言(圯)。

(18) 苏秦为从约长，并相六国。北报赵王，乃行过雒阳，车骑辎重，诸侯各发送之甚众，疑于王者。(《苏秦列传》)

《索隐》说"疑作拟读"，以本字"拟"释借字"疑"。"拟"即"比拟"，文意为"与王侯相比拟"。

(19) 吴见伐齐之便而不知干隧之败。(《春申君列传》)

《索隐》说："干，水边也。"用与"干"音近的"岸"的本字含义"水边"释通假字"干"。

(20) 取鸡狗马之血来。(《平原君列传》)

《索隐》："盟之所用牲，贵贱不同。天子用牛及马，诸侯用犬及豭，大夫已下用鸡，今此总言盟之用血，故云'取鸡狗马之血来'耳。"《史记》正文"总言盟之用血"，未分"贵贱不同"，司马贞《索隐》则分别列出天子、诸侯和大夫不同等级盟誓之所用牲，连属而及，递训穷源。

(21) 亚父者，范增也。(《项羽本纪》)

《集解》："如淳曰：'亚，次也。尊敬之。次父犹管仲为仲父。'"用"次"训"亚"，即用本义解释，又用"尊敬之"作具体补充，随后以同类情况"管仲为仲父"训"次父"，以古比今，深化语意。这是多种训释方法结合起来注解。

总之，《史记》三家注的资料是十分可贵的。

《汉书》喜用古字古词，比较难读。东汉时候的人已经感到它有很多地方读不通。著名学者马融，年轻时就到班超那里学习《汉书》。孙权为了让孙登学《汉书》，熟悉当时历史，便命张休先到懂《汉书》的张昭那里学习，然后再由张休来教孙登。这就提出了为《汉书》作注的要求。东汉末年已有服虔、应劭作注。到了唐代，颜师古汇集了前人二十三家的注释，纠谬补缺，完成了《汉书》的新注。清代王先谦作《汉书补注》。但即便是注本，也往往不大容易读通。黄侃曾经指出："王先谦《汉书补注》，不知何人为之圈断，每页竟错至五六处之多，此不通小学之过。"近人杨树达又有《汉书补注补正》和《汉书窥管》等书，颇为精审，不失为重要的参考书。

《三国志》最早由南朝宋·裴松之为之作注。裴松之的注，与重在训释文义的《史记》三家注和《汉书》颜师古注不同，它以考核史实为主，对史实多有补充和辨正。注中列举魏晋人的著作达二百余种，所截取的史料比较完整，注文条目也相当多，文字总数超出正文三倍。据裴松之自己归纳，注文内容着重四个方面：一、应载而未载的史事，加以增补；二、同是一事，说法歧异，则采录异闻；三、对错误的记载予以纠正；四、对史事和陈寿的不正确看法进行评论。概括起来就是补缺、备异、纠谬、评论。由于古书的训释离不开对史实的正确了解，考核史实不是与训诂学截然不相干的，因此这儿从《武帝纪》中举些实例，以资隅反。

补缺方面——《武帝纪》："太祖武皇帝，沛国谯人也，姓曹，讳操，字孟德，汉相国参之后。"裴松之引用《曹瞒传》补充：曹操一名吉利，小字阿瞒。又引王沈《魏书》详细地论述了曹氏得姓的由来。

备异方面——《武帝纪》："卓表太祖为骁（xiāo）骑校尉，欲与计事。太祖乃变易姓名，同行东归。"裴松之在这段下面补充了两则不同的记载：

《魏书》曰："太祖以卓终必覆败，遂不就拜，逃归乡里。从数骑过故人成皋吕伯奢，伯奢不在，其子与宾客共劫太祖，取马与物，太祖手刃击杀数人。"

《世语》曰："太祖过伯奢。伯奢出行，五子皆在，备宾主礼。太祖自以背卓命，疑其图己，手剑夜杀八人而去。"

纠谬方面——《武帝纪》："（建安五年）八月，绍连营稍前，依沙塠（duī）为屯，东西数十里。公亦分营与相当，合战不利。时公兵不满万，伤者十二三。"裴松之在这段文字下面专门写了一段话，认为这里记载失实，不合情理：

臣松之以为魏武初起兵，已有众五千，自后百战百胜，败者十二三而已矣。但一破黄巾，受降卒三十余万，余所吞并，不可悉纪，虽征战损伤，未应如此之少也。夫结营相守，异于摧锋决战。本《纪》云：绍众十余万，屯营东西数十里。魏太祖虽机变无方，略不世出，安有以数千之兵，而得逾时相抗者哉？以理言之，窃谓不然。绍为屯数十里，公能分营与相当，此兵不得甚少，一也。绍若有十倍之众，理应当悉力围守，使出入断绝；而公使徐晃等击其运车，公又自击淳于琼等，扬旌往还，曾无抵阂(hé，阻挡)，明绍兵力不能制，是不得甚少，二也。诸书皆云公坑绍众八万，或云七万。夫八万人奔散，非八千人所能缚，而绍之大众皆拱手就戮，何缘力能制之？是不得甚少，三也。将记述者欲以少见奇，非其实录也。

评论方面——《武帝纪》："（建安八年）冬十月，到黎阳，为子整与（袁绍子）谭结婚。"裴松之对这段史实有所评述：

> 臣松之案：绍死至此，过周五月耳。谭……不为绍服三年，而于再期之内以行吉礼，悖矣。魏武或以权宜与之约言，今云结婚，未必便以此年成礼。

裴松之注《三国志》，常从不同方面引证勘核，使历史的真实情况显得轮廓清晰。从前有人认为陈寿的《三国志》依靠裴松之注才能够流传下来，虽不免夸大，但他的注确实是独树一帜的。

今本《后汉书》的注，纪、传部分出于唐章怀太子李贤手笔，但八志仍是司马彪《续汉书》的梁·刘昭旧注。清·惠栋《后汉书补注》较详。清末王先谦更以惠书为基础撰成《后汉书集解》，颇便参考。李贤注音义并释事，征引广博，训释简当。惠栋援引尤多，并校正脱字、误字。《后汉书》跟《史记》、《汉书》、《三国志》并称"四史"或"前四史"，它的注释当然是后人读史的重要参考资料，但它的注释在训诂学上的价值，比起《史记》、《汉书》、《三国志》来，是有所不及的。

（四）文选注

《文选》是梁·昭明太子萧统编的一部代表汉赋和六朝的诗、骈文的总集，成书不久，出现了萧该的《文选音义》。唐代的李善继承曹宪的学问，写成现在流传的《文选注》，引用材料达一千六七百种之多，以博洽见称。后来的读者不仅据以读《文选》，而且用其所引用的材料来校勘古籍，并搜辑已经失传的古书。《文选注》的作用已成为研究训诂、整理文献的资料，远远超出注释本书的范围。此外，一千多年来，补充纠正李善注的又有几十家。近人高步瀛的《文选李善注义疏》引用旧注非常丰富，可以说是给《文选》的研究作了一个总结，可惜书未出齐。

《文选》多引经据典，李善便集中力量注明出典，其次才兼及释义。要

是没有注明出典,一般读者就难以知道用的是哪些典,也就难以确切理解文意。比如鲍明远《东武吟》中的几句:

  时事一朝异,孤绩谁复论。

李善注云:"《答客难》曰:'时异事异'。"

  少壮辞家去,穷老还入门。

李善注云:"《古长歌行》曰:'少壮不努力。'《汉书》娄护曰:'吕公穷老,托身于我。'"

又如班孟坚《两都赋序》的头几句:

  或曰:赋者,古诗之流也。昔成康没而颂声寝,王泽竭而诗不作。大汉初定,日不暇给。至于武宣之世,乃崇礼官,考文章,内设金马、石渠之署,外兴乐府、协律之事,以兴废继绝,润色为鸿业。

《文选》的注家引经据典地对这几句话中出现的人名、地名、词语来历,以至作者立意的根据,都作了解释。

(五) 清人新注、新疏

清代学者几乎对每一种重要的经典都作了新的注解。他们钻研汉唐人的注解,根据具体材料判断前人的是非,解决了古书中许多疑难问题。比如《孟子·梁惠王上》"狗彘食人食而不知检"句,唐代颜师古注说"言岁丰熟,菽粟饶多,狗彘食人之食,此时可敛之也";《汉书·食货志》"检"作"敛",意思是收成好,谷贱伤农,国家便当平价收买,免得用以饲养狗彘(这和李悝的"平籴"、管子的"国蓄"同意)。可是清代阎若璩(qú)的《四书释地三续》云:"古虽丰穰(ráng),未有以人食予狗彘者。'狗彘食人食'即下章'庖有肥肉'意,谓厚敛于民以养禽兽者耳。"阎若璩的新解是可信从的。清人对古书字句的解释要求很严格,做出了很多成绩,像陈奂的《诗毛氏传疏》、马瑞辰的《毛诗传笺通释》、刘宝楠的《论语正义》、焦循的《孟子正义》、王先谦的《庄子集解》、郭庆藩的《庄子集释》等等,都有很大的参考价值。自然,清人有些注解,只是要求无一字无来历,不免过于琐细。比如刘宝楠的《论语正义》注"子曰学而时习之不亦说乎"一句,几乎每一个字都作了详细的考证,注上了将近一千个字;其中一个"曰"字就注了一百多个字,繁征博引,极为详尽,但是实用价值不大。

在给古书作注释和考证的同时,清代学者还作了许多古籍校勘的工作。比如阮元为《十三经注疏》集顾广圻、臧庸、洪震煊等作了《校勘记》,

除校正十三经正文的错误之外,更多的是校正注疏中的错误。(《校勘记》经卢宣旬摘录,附在《十三经注疏》每卷之后,可另参阅,这儿不举例了。)

三、笔记、札记

笔记、札记之类,往往散见训诂资料。宋代洪迈《容斋随笔》五笔卷第九有这样的记叙:

> 元元二字,考之六经无所见,而两汉书多用之。如《前汉·文帝纪》"全天下元元之民",《武纪》"烛幽隐,劝元元"、"所以化元元",《宣纪》"不忘元元",《元纪》"元元失望"、"元元何辜"、"元元大困"、"元元之民劳于耕耘"、"元元骚动"、"元元安所归命",《成纪》"元元冤失职者众",《哀纪》"元元不赡",《刑法志》"雁元元不逮",《严安传》"元元黎民得免于战国",《严安传》"使元元之民安生乐业",《贾捐之传》"保全元元",《东方朔传》"元元之民各得其所",《魏相传》"尉安元元"、"唯陛下留神元元",《鲍宣传》"为天牧养元元",《萧育传》"安元元而已",《匡衡薛宣传》"哀闵元元",《王嘉传》"忧闵元元",《谷永传》"以尉元元之心",《匈奴传》"元元万民"是也。《后汉·光武纪》"下为元元所归"、"贼害元元"、"元元愁恨"、"惠兹元元",《章纪》"诚欲元元去末归本"、"元元未谕"、"深元元之爱",《和纪》"爱养元元"、"下济元元",《顺纪》"元元被害",《质纪》"元元婴此困毒",《桓纪》"害及元元",《邓后纪》、《刘毅传》"垂恩元元",《王昌传》"元元创痍",《耿弇(yǎn)传》"元元叩心",《郎顗(yǐ)传》"弘济元元"、"贷赡元元",《曹褒传》"仁济元元",《范升传》"元元焉所呼天"、"免元元之急",《钟离意传》"忧念元元",《何敞传》"元元怨恨"、"安济元元",《杨终传》"以济元元",《虞诩(xǔ)传》"遭元元无妄之灾",《皇甫规传》"平志毕力,以庆元元"是也。予谓元元者,民也。而上文又言元元之民,元元黎民,元元万民,近于复重矣。故颜注:"或云,元元,善意也。"(《两汉用人人元元字》)

"元"在《说文》、《尔雅》中都释为"始",而"元元"未见于六经。洪迈引两汉书中用"元元"的五十余句例,说明"元元"指"民",可谓求证谨严翔实,具有说服力。在这基础上指出"元元之民、元元黎民、元元万民"只是使用上复重(以增语意)而已,仍然肯定了"民"的含义。最后列出颜师古注"或云,元元,善意也",既申己见,也不偏颇,留有余地,以导读者参酌。这些在训诂学上都是有价值的。它对"元"义的引申及"元元"义的发展渊源的探讨,都有重要意义。

清代王念孙的《读书杂志》亦多训诂资料。比如王念孙在《广雅疏证》中的"塼"下面未谈什么意义,而《读书杂志》里面在《晏子春秋》部分就谈到。又比如《老子》五十三章有"行于大道,唯施是畏"之语,"施"字在魏王弼的注中解作"施为",即是说人为的施设塞于大道之中。王念孙在《读书杂志》的余编中正之说:"施,读为迤。迤,邪也;言引于大道之中,唯惧其入于邪道也。"接着引《孟子》赵注、《淮南子》高注、《韩非子·解老篇》释文以证"施"与"迤"通。

近人黄侃《文心雕龙札记》亦不乏其例。比如他说:"古所谓名,即后世所谓字。《仪礼》记:'百名以上。'谓百字以上也。"

顾颉刚《史林杂识》也有训诂资料不少,兹不备述。

总之,笔记、札记之类,有不少可贵的训诂叙述,不容忽视。它往往能在片言只语中,发前人所未发。

第七章 训诂学小史

继承与创新是辩证的统一。了解训诂学历史,就是为了发展训诂学,振兴训诂学。训诂学历史源远流长,这儿只作简要分期介绍。

一、萌 芽 期(先秦)

(一)训诂因思想交流需要而产生,由语言分化与文字演变所引起

我国训诂远在先秦时期就已经萌芽。当时我国正由奴隶社会向封建社会过渡,社会生产力日益发展,以汉族为主的各族文化蒸蒸日上,语言随着社会的发展也不断地发展。而由于诸侯割据,国家处于四分五裂的状态,于是出现了"言语异声,文字异形"的局面。加以今语和古语的不同,人们阅读古典文献,往往不容易理解,因此需要有人来为他们解释古今的异语和各地的方言,训诂就应运而兴了。总之,先秦是以训诂为主的语言研究的萌芽时期,它因思想交流的需要而产生,由语言的分化与文字的演变所引起。

(二)先秦训诂的形式与价值

先秦训诂有如下一些形式:

首先,语文(先秦文、史、哲不加区别)作者借字义的解释来阐明一种哲理或政治主张。比如《论语·颜渊》叙述季康子问政于孔子,孔子回答说:"政者,正也,子帅以正,孰敢不正?"(政就是正,你带头端正自己,谁敢不端正呢?)又比如《孟子·滕文公上》叙述夏、殷、周三代的田赋名称不同,夏叫"贡",殷叫"助",周叫"彻"。孟子解释说:"彻者,彻也,助者,藉也。"孟子以"彻"解"彻",这是以本字为训的办法。这种办法是以用一个常用的字义解释一个不很常用的字义。"彻"的常用意义是"通",孟子大意是说"彻"是天下通法,不因地区的不同而有所差异;"助"是"凭借"的意思,公家凭借人民的力量耕种公有的土地。在同一篇中,孟子又叙述夏、殷、周三代的学校名称不同：夏叫"校"，殷叫"序"，周叫"庠"。孟子解释说："庠者，养也；校者，教也；序者，射也。"(古人教养不分，《周礼·地官·保氏》说："而养国子以道。"可见养就是教；射是六艺之一，这里代表学校里传授的一切知识和技能。)上面这些都是语言内在形式的利用，即后代所谓"声训"(因声求义)。"政者正也"是同音为训；"庠者养也"、"校者教也"是叠韵为训；"彻者彻也"不但同音，而且同字，但是仍旧可以认为是声训(同形字不等于同一个词)。当然，孔孟进行声训，并不是出于训诂学的目的，而是为了阐明自己的政治主张。

其次，语文作者借字形的解释来阐明哲理或政治主张。比如《左传·宣公十二年》叙述邲(bì)之战，楚国打了胜仗，潘党劝楚庄王建筑军营，积尸封土，以显示夸耀自己的武功。楚庄王不肯，在长篇谈话中特别提到"武"的字形是从"止"从"戈"(本来写作"𢦖"，说只有停止干戈才够得上称"武")。这里讲字形自然也并不是出于训诂学的目的，而是为了政治目的。(按:《说文》引用"止戈为武"的说法，但不一定就是正确说明了古人造字的原意。俞樾《儿笘录》以为"武"、"舞"古同字；"止"是趾，而"戈"则表示执干戚而舞。这儿只是表明古人借字形的解释来阐明哲理或政治主张的历史事实，不是专作字源的探索，所以其他分析说明从略。)

再其次是辨析同义词(包括近义词)和解释古书字义。比如《老子》："视之不见名曰夷，听之不闻名曰希，搏之不得名曰微。"(大意是说：看不见的叫"夷"，听不见的叫"希"，抓不住的叫"微"。)因为"夷"、"希"、"微"是哲学上的术语，一般人不了解，便加辨析说明。这固然也并不就是出于训诂的目的，但与训诂较接近。又比如《左传·文公七年》叙述荀林父劝先蔑不要出使秦国，荀林父说自己和先蔑"同寮"(同僚)，所以知无不言，言无不尽。先蔑不听荀林父的话。随后荀林父朗诵了《诗经·大雅·板》的第三章：

　　我虽异事，("异事"指职务不同。)
　　及尔同寮。("及"，和，与。)
　　我即尔谋，("即"，往，就。)
　　听我嚣嚣。("嚣"借为"聱áo"，聱聱，出言反对，拒绝批评。)
　　我言维服，("服"，用。句意是：我的话是有用的。)
　　勿以为笑。
　　先民有言，
　　询于刍荛。("刍荛"，割草打柴的人。句意是：施政应普遍征询意见，即使打野草之人也不应忽视。)

荀林父在讲到"寮"字以前,先说明"同官为寮",实际上是解释了《诗经》的字义。荀林父的零碎解释与训诂学著作是有差别的,但这类材料作为训诂学的萌芽来看却并非不可,因为性质上与训诂学最靠近。

此外,诸子(荀子、墨子)关于"名"理论的提出,也有训诂学的价值。

以上种种,尽管目的不同,作用是相通的,都从语言文字上给人以某种解释,尽管没有什么突出的成就,但毕竟有其一定的历史价值。在中国语言学史上,训诂学最先出现,这是合乎发展规律的。汉语的特点决定了这样一条发展道路。印度在纪元前2世纪或3世纪产生了一部梵语语法。而中国上古时代不需要这样一部语法,因为汉语是分析语,很少形态变化。在梵语语法中,语音是语法的组成部分,所以语音学在古印度也很发达;中国则由于汉字不是拼音文字,语音学的产生也要晚一些。只有训诂学是最适应社会需要的,所以训诂学首先萌芽了,到了战国末期,训诂已经由萌芽而逐步发展了。

二、兴 盛 期(两汉)

(一)兴盛的原因

西汉时期,封建制度已经巩固,经济基础和上层建筑都有较大发展,语言文字的变化也比较大,古文、籀文已成为古董,篆文也渐被简化了的隶书所替代;加以去古渐远,古音古义也不是一般人所能理解,需要注解才行,这就势必促进训诂的发展。而且当时有了纸,毛笔也在使用中不断改善,这无疑也有利于训诂的发展。于是训诂学由风行进而兴盛起来。显然,训诂的发生与发展有其自身因素,与经学盛行、学术积累、训诂学家相继努力分不开,而社会的发展和文化的发展进步也都是训诂不断发展的重要因素。

(二)兴盛的表现

汉代训诂兴盛的突出表现是注释书如雨后春笋地大批出现。这在《汉书·艺文志》里已有细载,此处不一一抄录。在注释盛行的汉代,通释语义的训诂学专著也开始出现。这就是前面第七章所谈到的《尔雅》、《方言》、《释名》等等,本章也不重复了。

(三)兴盛期的特点

西汉统治者尊崇儒术,国家设立五经博士,当时人多为儒家经典作注释以阐述儒家思想观点。儒家以外的著作只注《老子》。《老子》之所以受到特殊待遇,又与汉初曾经崇尚黄老有关。东汉注释范围比西汉扩大,内容涉及多方面,不限于注释儒家的经典和道家的《老子》,还包括《国语》、《国策》、《史记》、《汉书》、《吕氏春秋》、《楚辞》,以及纬书、术数之类。这说明当时的训诂学有开始摆脱经学附庸的趋势,也反映出谶纬迷信的思想对训诂学有很深的影响。西汉随文释义的注解和通释语义的专著中,形训、音训、义训的训诂方式方法已广泛运用,既涉及字形和词的音义,也涉及句法、章法及修辞等现象。

(四) 训诂学基础的奠定

汉人遍注群经,使后人得据以通读古籍并作进一步考释;汉人通释语义,使后人得据以了解字词意义与作用,并进一步从语言文字学的角度探索,其体例与方法也都为后世所依循,为训诂学的发展开辟了蹊径,创造了条件,奠定了基础。毛亨、郑玄、许慎等,是这一时期奠基的代表人物。

(五) 在训诂学史上的地位

汉代以前,人们离《诗》、《书》之类的著作时代还不算远(战国时代距离西周也不过四五百年),一般人还看得懂,所以不需要多加训诂。到了汉代,距离《诗》、《书》、《易》、《礼》、《春秋》的时代逐渐远了,社会上就要求有训诂的知识。除了随文释义的注解书之外,《尔雅》适应这种需要而产生,成为训释词义专书之祖。方言的复杂促使方言学的兴起,《方言》成书,成为比较方言学的先驱。文字符号的变化,促进字书的出现,逐渐形成文字学基本理论,并由高质量的《说文解字》的问世而达到了高峰。声训的具体提出,使人们考虑到语音和语义的关系问题,开了语源学的先河。总之,汉代训诂的成就,给后世语言文字的分析研究做出了范例,提供了丰富的材料,为后世语言学所借鉴。如果没有汉代人的训诂实践和理论探讨,后代训诂学的发展要困难得多。而且随着时间的推移,时代越靠后,困难必然增多。由此看来,汉代训诂的成就在训诂学史上的地位是不言而喻的。

三、保 守 期(魏——唐)

齐佩瑢认为魏晋南北朝时期的中国训诂学处于"训诂学的中衰"(《训诂学概论》第四章)时期,这话说得过头了点。其实这个时期的训诂基本上沿着两汉"高潮"的余波发展,也有新的成就,只是和汉代训诂学高峰比较起来,不显得那么突出,有些方面表现出保守(保守不等于衰落)倾向。从其保守倾向表现着眼,我们不妨暂且说它是保守期。这个时期训诂学的发展,表现在如下几个方面:

(一) 实践范围扩大,方法有所突破

这时期的学者扩大了视野,反映在训诂实践上,范围也扩大了。不仅对经学,对史籍、子书文集、佛教经典都开始有注解出现,使训诂学有广阔的发展天地。"夫学者贵能博闻也,郡国山川,官位姓族,衣服饮食,器皿制度,皆欲寻根,得其原本;至于文字,忽不经怀(犹今言经心),己身姓名,或多乖舛,纵不得误,亦未知所由。"这是《颜氏家训·勉学》中的一段话,表明了北齐著名学者颜之推等的指导思想。正是在这样的思想认识指导下,训诂实践范围才有所扩大,如《颜氏家训·书证》中的四十五条论述除了考释《诗》、《书》、《史》、《汉》等要籍字义外,对古乐府歌辞、《通俗文》、《山海经》、《东宫旧事》等一般书籍的词语及书本外的俗称、地方名、少数民族语因素也有解释。方法上能从实际出发,注重校勘,注重音义关系,注重字书的使用而不专断,注重口语释古语,注重调研目验。与此同时,内容也随之扩展:一是注释中充实史料,如刘孝标注《世说新语》,引书达四百种之多,裴松之注《三国志》、郦道元注《水经》,资料亦甚宏富;二是阐发哲理,如郭象注《庄子》;三是注意汇集众说或网罗异义,如颜师古注《汉书》、陆德明撰《经典释文》;四是考证探源故实用典,如李善注《文选》。此外也注意名物方面的训释。义疏萌于汉末而盛行于六朝,著作之多,早见于《隋书·经籍志》著录,后人因书多散佚而不加重视并低估其成就,实属不当。(详见下"成就与贡献")

其不足之处,在于表现出了保守倾向,至唐愈甚。

(二) 保守的表现

"自晋代尚空虚……弃注疏为糟粕"(钱大昕《〈经籍籑诂〉序》),这是一方面;另一方面,六朝注释范围扩大,疏不全守注,有发展也有后退。唐代"疏不破注",训诂学趋于保守,没有新发展。比如孔颖达等以六朝旧疏为底本修撰《五经正义》,贾公彦撰《周礼正义》、《仪礼正义》,就都不是新著。这一套"正义"强调学有宗主,对于旧注可以有引申生发,但不能另立新说,只能墨守旧说。

(三) 保守的原因

魏晋六朝,我国阶级矛盾和民族矛盾非常尖锐,北方大片领土为少数民族的统治阶级所割据,南方人民忍受不了贵族豪门残酷的剥削和压迫,经常武装起义,偏安江南的地主阶级在这内外交困的情况下,仍然一方面加强武力的镇压,一方面大力宣扬儒学、玄学和佛学以麻醉人民,缓和阶级矛盾和民族矛盾。因此,南朝的统治者很重视讲经。他们不仅要讲儒家的经,也要讲道家和佛家的经。要讲经就得有个讲经的稿子,讲疏、义疏就是讲经的稿子。可见六朝义疏的兴起是适应阶级斗争和民族斗争的需要的。与此同时,义疏的兴起也受玄学和佛学的影响。当时道家变成了玄学家而崇尚清谈,佛家为佛经作了许多注疏,儒家更编写出大量义疏,三家鼎立而又互相影响。归根结蒂,义疏是为王朝统治者政治需要服务的。基于这一政治需要,义疏的思想倾向是保守的,其实践效果也缺乏生气。到了唐代,训诂继续沿着魏晋六朝的历史路线编撰义疏,集魏晋六朝之大成,而谈不上新发展。

汉以来古文派与今文派的斗争犹如水火,而各守家法,不能背离师说,则是两派一致的。魏晋以后古文派占优势,唐撰"正义"多采古文经学,而又折衷南学北学。自唐以上注述多出私门,各有义例;唐《五经正义》由于出自官修,义归一宗,以统一思想,并应科举取士之需。有了这些因素,创造新义更是谈不上了。

(四) 成就与贡献

魏晋六朝《易》、《书》、《诗》、《礼》、《春秋》以及《论语》、《孝经》等都有数十家注解,流传到今天的有王弼、韩康伯的《易注》、杜预的《春秋经传集解》、范宁的《穀梁传集解》、何晏的《论语集解》。属于史部的有晋·徐广《史记音义》、宋·裴骃《史记集解》、吴·韦昭《汉书音义》、齐·陆澄《汉书注》、梁·韦棱《汉书续训》、陈·姚察《汉书训纂》及《汉书集解》、隋·萧该《汉书音义》、晋灼《汉书集注》、宋·裴松之《三国志注》、卢宗道《魏志音义》、梁·刘昭《后汉书注》、晋·郭璞《山海经注》、北魏·郦道元《水经注》。属于子部的,以道家的《老子》和《庄子》的注解为最多,另有晋·张湛《列子注》。纵横家有魏晋间皇甫谧(mì)《鬼谷子注》,小说家有梁·刘孝标《世说新语注》,兵家有曹操《孙子兵法注》、贾诩《吴起兵法注》等多种,五行类有李氏《九宫经注》,医方类有吕博望《黄帝众难经注》、陶弘景《本草经集注》、雷公《神农本草集注》等多种。集部有郭璞《楚辞注》及《子虚上林赋注》、皇甫谧《参解楚辞》、罗潜《江淹拟古诗注》等，为数众多。至于佛教经典的注疏，有《大乘经疏》、《小乘律讲疏》、《大乘论疏》、《小乘论讲疏》、《杂论讲疏》等，数量也相当大。

魏晋六朝义疏很多，如宋明帝《周易义疏》、梁武帝《周易讲疏》、梁·萧子政《周易义疏》、陈·周弘正《周易义疏》、晋·伊说《尚书义疏》、梁·巢猗《尚书义》、梁·顾彪《尚书义疏》、晋·谢沈《毛诗义疏》、沈重《毛诗义疏》、舒援《毛诗义疏》、沈重《周官礼义疏》和《仪礼义疏》、皇侃《礼记义疏》、刘炫《春秋左氏传述义》和《春秋公羊疏》、徐邈《春秋穀梁义疏》、萧子显《孝经义疏》、皇侃《论语义疏》、魏·何晏《老子讲疏》、齐·顾欢《老子义疏》、韦处玄《老子义疏》、宋·李叔子《庄子义疏》、梁简文帝《庄子讲疏》等等，已更仆难数。

魏晋六朝训诂新著，有魏·张揖《广雅》、晋·葛洪《要用字苑》、晋·吕忱《字林》、梁·顾野王《玉篇》、王劭《俗语难字》、后齐·颜之推《训俗文字略》和《证俗文字音》等等大批涌现。(其中研究俗语俗字的渐多，是一可喜的现象。)注解前代训诂专著的，以郭璞《尔雅注》、《方言注》、《三苍解诂》为最有成绩。此外，有梁·沈旋《集注尔雅》、吴·韦昭《辨释名》、梁·庾俨默《演说文》、晋·李轨《小尔雅解》等等。即以《广雅》、《玉篇》为例来说，《广雅》博采汉人笺注《三苍》、《说文》、《方言》诸书，增广《尔雅》所未备；《玉篇》注明反切，重篆隶迁，不像《说文》重探古籀之原，引群书训诂而详说解，成绩十分显著。

魏晋六朝，方言、少数民族语和外国语研究的成就也不小。除上述郭璞《方言注》外，颜之推《颜氏家训》的《书证》、《音辞》两篇中也有关于方言的论述。《隋书·经籍志·小学类》载《朝鲜语》、《鲜卑语》、《婆罗门书》、《外国书》等等，则是少数民族语和外国语的编著。书虽亡佚，但其记录之成绩是不能抹杀的。

唐代继六朝之后出现很多名注本，如李鼎祚《周易集解》、陆淳《春秋集传辨疑》、司马贞《史记索隐》、张守节《史记正义》、颜师古《汉书注》、李贤《后汉书注》、杨倞《荀子注》、王冰《黄帝素问注》、李善《文选注》等。义疏除前面提到的孔颖达等《五经正义》、贾公彦《周礼注疏》及《仪礼注疏》外，还有徐彦《公羊传注疏》、杨士勋《穀梁传注疏》等。通释语义的训诂专著有陆德明《经典释文》和颜师古《匡谬正俗》等，而以《经典释文》为最有成绩。

唐代的和尚对训诂也作出不少贡献。释玄应的《一切经音义》(一名《玄应音义》)、释慧琳的《一切经音义》(亦称《慧琳音义》或《大藏音义》)、释慧苑的《华严音义》,都引用了很多古书、古注,给我们留下了很多宝贵资料。

四、中　落　期(宋——明)

(一) 宋由变革而趋中落

清人桂馥说:"古人于小学,童而习之。两汉经师之训诂,相如、子云之辞赋,皆出于此。今以小学、经学、辞章之学,判为三途,经学不辨名物,辞章不识古字,吾不知其可也。然其弊不自今始。……尽破古人之藩篱者,其在赵宋乎?"(《札朴》卷七)这话虽然重了些,但多少说明了宋由变革而趋中落的一些情况。宋代训诂学由朴学的手段变成理学的工具。我国经学史上有所谓"汉学"和"宋学",又有所谓"朴学"和"理学"。汉学就是朴学,宋学就是理学。汉代经学家重视训诂、名物考证这种踏踏实实的学问,所以又称为朴学。宋儒大谈性理,所以又称为理学。从哲学上说,理学是唯心主义哲学思想体系,包括以周敦颐、程颢、程颐、朱熹为代表的客观唯心主义和以陆九渊为代表的主观唯心主义。理学也叫"道学"。理学家反对汉代朴学,说汉儒搞训诂、名物考证是"玩物丧志"。但理学家也有可取的地方:他们善于阐明义理(可以朱熹为例),敢于创发新义(可以欧阳修、刘敞、王安石为例),对音义关系有一定认识(可以王子韶"右文说"为例),对语法现象有进一步了解,能利用金石学的成就为训诂别开生面。他们最大的问题是往往缺乏求实精神。陆九渊曾经这样说:"学苟知道,六经皆我注脚。"这种用"六经"说明自己思想观点,强经就我,正是为宣传他们唯心主义观点服务的。无怪后人讥讽他们是"六经注我",而不是"我注六经"了。(其实陆九渊也曾公开说:"六经注我,我注六经。"见《象山全集》卷三十四。)陈淳《北溪字义》:"万古通行者,道也。""万不易者,理也。"纯是借释义宣扬理学。胡朴安《中国训诂学史》说该书"集理学家训诂之大成"。

宋人治学常不墨守前人传注,长处在于能扫前人之障翳,短处则是兼凭臆断,不免虚妄浅薄,以致不合事理。因此,对宋人训诂,要正确看待,有所取舍,既不全盘否定,也不为其横发议论所蔽。以文字学而论,在过去的汉学家看来,是趋于衰落的,但唐兰却认为宋代的"主要进步有二:一是古文字材料的搜集和研究;二是文字构成的理论和六书的研究"。吕大临的《考古图释文》还是古文字学的第一部书,只是当时材料不多,要抛开《说文》去另搞一套,是很难成功的。王安石一派"在学术上也很表现他的革命意志"(马叙伦语),但把一切文字都按"会意"一种方法拆开解释,多出臆测妄说,就不可信从了。

宋人仿照唐人,也编撰了四种义疏,即邢昺的《论语正义》、《孝经正义》、《尔雅义疏》和孙奭的《孟子注疏》。这四种注疏与唐代的九种注疏合称为《十三经注疏》。朱熹的《四书集注》、《楚辞集注》、《诗集传》也很有名。较著名的通释语义的专著有陆佃的《埤雅》、罗愿的《尔雅翼》。王洙、司马光等的《类篇》、王安石的《字说》,也有一定的影响。这一时期也出现一些研究国内少数民族语言的著作和研究外国语言的著作,如《番尔雅》、《羌尔雅》、《天竺字源》等。

(二) 元明的空疏

元代民族矛盾和阶级矛盾非常尖锐,统治者又不重视文化事业,加以理学的长期控制,我国文化因而停滞不前,训诂学非但没能在汉唐的基础上取得进展,相反地衰落下来,新著很少。洪焱(yàn)祖《尔雅翼音义》因附上《尔雅翼》得以流传下来,危素《尔雅略义》已不传,无可参考。元人所作注疏也不多,其中较著名的不过是郝经的《周易外传》、吴澄的《易纂言》、《书纂言》、《礼记纂言》、《春秋纂言》,陈澔的《礼记集说》,胡炳文的《周易本义通释》、胡三省的《资治通鉴音注》、《资治通鉴释文辨误》、吴师道的《战国策校注》等十来种而已。研究国内少数民族语言的著作有托克托《辽国语解》、《金国语解》、张大卿《国语类记》、无名氏《蒙古译语》等。

明代由于封建制度日趋没落,反动理学依然禁锢着人们的思想,训诂研究继续被视为玩物丧志,因而仍然萎靡不振,新编的训诂专著只有朱谋㙔的《骈雅》、方以智的《通雅》和黄扶孟的《字诂》、《义府》略有起色。章炳麟称《字诂》、《义府》"其言精确,或出近世诸师上"(《章太炎文录·说林下》)。字书有梅膺祚的《字汇》和张自烈的《正字通》。它们改革历代字书沿用的说文的部首,并按笔画编排,也算是个贡献。研究少数民族语言的书,明初有翰林侍讲火源洁所编《华夷译语》。明代人所作的注疏大半墨守程朱理学,很少发明创造,如永乐中胡广等奉敕编撰的《五经大全》就是典型实例。当然也有一些较好的,如刘三吾的《书传会选》、冯时可的《左氏释》等,都能不依傍程朱,择善而从。总之,元、明两代在理学影响下,训诂学的发展是比较缓慢的,虽然在某些方面有了一些进步,但是比起汉唐来,就显得成就不大。

五、复 兴 期(清)

训诂学真正从文献学里游离出来,形成一门独立的学问,是从清代开始的。由两汉到明代,大多数古代经籍已被注疏、笺证了若干遍,后人没有必要再去重复郑玄、孔颖达等前人的工作了。另外,经历代学者的探讨,使小学研究日益充实和深化,人们对汉文字的性质、文字和语言的关系认识得比较清楚。在此基础上,从明末清初的顾炎武开始,到乾、嘉时期,训诂学逐步复兴。前后三百年,一代代学者,几乎把所有留传下来的古代义籍都重新作了文字和语言的考证,致力于揭示古义;甚至有些已亡佚的书籍也被千方百计地辑录成书。他们在指导思想上有了比较明显的变化,就是摆脱了理学的束缚。

(一) 复兴的原因

清代训诂学由衰转盛的原因何在?王力在谈到清代是中国语言学发展的隆盛时期时有段话可参考:

> 有人寻求清代小学发达的原因,以为清儒躲避现实,走向考据。这是不能说明问题的。同样是躲避现实,晋人则崇尚清谈,清儒则钻研经学,可见躲避现实决不能成为学术发展的原因。相反地,资本主义萌芽倒是清代学术发展的原因。其次,西洋科学的发达,对清代的汉学虽没有直接的影响,却有间接的影响。举例来说,明末西欧天文学已经传入中国,江永、戴震都学过西欧天文学。一个人养成了科学脑筋,一理通,百理融,研究起小学来,也就比前人高一等。因此,我们把清代语言学发达的原因归结为资本主义上升时期的影响,并不是讲不通的。
>
> 清代研究"汉学师承",这是很有道理的。就小学方面说:江永的弟子有戴震,戴震的弟子有段玉裁、孔广森、王念孙,而王引之与王念孙则是父子关系。俞樾是私淑(旧时封建士大夫往往对自己所敬仰而不得从学的前辈,自称为私淑弟子)王氏父子的,俞樾的弟子有章炳麟,章炳麟的弟子有黄侃。其他各人,即使是没有师生关系,也是在学术上递相接受了深刻影响的。这样一脉相传,有利于把优良的东西继承下来;为学如积薪,后来居上,所以弟子不必不如师,师不必贤于弟子。清代学术的发达,这也是原因之一。
>
> 清儒的学风是优秀的。江永在古音学上推崇顾炎武,称为"特

出"。但是他说:"细考《音学五书》,亦多渗漏。"戴震和段玉裁是师生关系,二人相与论韵,先后十五年。戴氏在公元1769年不赞成段氏支脂之分为三部之说,直到公元1773年春,"将古韵考订一番",然后"断从此说为确"。戴氏定古韵为九类二十五部,写信给段玉裁说:"顾及大著未刻,或降心相从而参酌焉。"戴氏没有摆老师的架子,要求段氏必从;段氏也本着"吾爱吾师、吾尤爱真理"的精神,没有因此而改动他的古韵十七部,他们堪称师弟中的二难。段玉裁为江有诰的《江氏音学》作序,奖励后进,不遗余力,不但不因为江有诰修正他的十七部而有所不满,反而在一些地方做到了"降心相从"。这种服从真理的精神,令人惊叹!王筠作《说文释例跋》,其中有云:"且著书者每勇于驳古人,而怯于驳今人,谓今人徒党众盛,将群起而与我为难也。然使群起难我,我由之讲其非以趋于是,则我愈有所得矣;或以非义之词相难,则人皆见之,而我亦无所失矣。"这种实事求是的、百家争鸣的精神,也是非常可贵的。这种勇于辩论,勇于吸取别人优点,以学术为天下公器的优良学风,也是推动清代语言学向前发展的因素之一,是不容忽视的。(王力《中国语言学史》170~172页)

王力这段话说明清代训诂学在内的中国语言学发展的原因:一是资本主义萌芽及西学东渐,二是清代研究"汉学师承",三是清儒有优良的学风。这个说法有一定的道理。不过我们也应该明确了解:清代训诂学的空前发展毕竟还是和当时的政治形势和经济条件分不开的。"清王朝统治中国以后,由于采用残酷镇压政策,受到广大汉族人民的反抗。清政府一面继续镇压,另一面也有鉴于元王朝专用镇压手段,终被赶走的历史教训,对汉族人民采取一些怀柔政策,尤其是千方百计地拉拢汉族的知识分子,沿用前代科举取士的办法,使知识分子尽入其牢笼。与此同时,又大兴文字之狱,使知识分子不敢再存反抗之心。于是知识分子只有两条出路:一条是努力学习八股文,准备应试,以取得功名,走上仕途;还有一条就是埋头窗下,钻研经史,以求在学术上有所成就。这两条路,不管走哪一条,都要下苦功学习古代的经典;而要学好这些经典,就非学点训诂学不可。清代训诂学的发展,这是一个重要的原因。"(周大璞《训诂学要略》30~31页)还有,康熙、雍正、乾隆时代采取了一系列措施,政治上稳定,经济上繁荣,促进了乾嘉学派的产生和盛行,也有利于训诂学的发展。总之,这一政治经济因素是当时的客观存在,不应有所忽视。同时还得指出:语音学和语法学的进步也促进了训诂学的发展。以语音学而论,南宋吴棫第一个提出古音问题,但毕竟还处在幼稚蒙昧时期。至明,陈第作《毛诗古音考》"排比经文,参证群籍,……以探古音之源",并列举旁证,"以经证经"。这种排比、归纳的方法为清代古音学开了门径,为训诂学的发展准备了条件。由于清代学者用力甚勤,清代古音学研究有了卓越成就,训诂学便进入了新的发展阶段。训诂学要有新发展,定要在古音学基础奠定之后。这是一条值得注意的历史经验。语法学的兴起,自然也给训诂学带来福音。高邮二王训诂学最精,就与较强的语法观念分不开。

(二) 复兴的表现

清代学者为群书所作的注疏多得难以列举,其中较著名的有惠栋的《周易述》、阎若璩的《古文尚书疏证》、孙星衍的《尚书今古文注疏》、陈奂的《诗毛氏传疏》、马瑞辰的《毛诗传笺通释》、胡承珙(gǒng)的《毛诗后笺》、孙诒让的《周礼正义》、胡培翚(huī)的《仪礼正义》、孙希旦的《礼记集解》、刘文淇的《左传旧疏考证》、陈立的《春秋公羊义疏》、柯劭忞(shào mín)的《春秋穀梁传注》、刘宝楠的《论语正义》、焦循的《孟子正义》、梁玉绳的《史记志疑》、沈钦韩的《汉书疏证》、王先谦的《汉书补注》、惠栋的《后汉书补注》、戴望的《管子校正》、郭庆藩的《庄子集释》、王先谦的《荀子集解》、王先慎的《韩非子集解》、孙诒让的《墨子间诂》、孙志祖的《文选李注补正》、朱琦的《文选集释》等。

清代通释语义的训诂专著,数量也远远超越前代,而且体例也比前代完备。有注释前代训诂专著的,如邵晋涵的《尔雅正义》、郝懿行的《尔雅义疏》、王念孙的《广雅疏证》、戴震的《方言疏证》、毕沅(江声代作)《释名疏证》、胡承珙的《小尔雅义证》、魏茂林的《骈雅训纂》、段玉裁的《说文解字注》、桂馥的《说文义证》、朱骏声的《说文通训定声》等;有仿效《尔雅》编撰的,如吴玉搢的《别雅》、洪亮吉的《比雅》、夏昧堂的《拾雅》、史梦兰的《叠雅》、陈奂的《毛诗传义类》、朱骏声的《说雅》、程先甲的《选雅》等;有集古代传注汇成一编的,如阮元的《经籍籑诂》;有考订群书,成一家言的,如王念孙的《读书杂志》、王引之的《经义述闻》、俞樾的《群经平议》、《诸子平议》;有贯通音义、探求词语源流的,如戴震的《转语》、程瑶田的《果裸转语记》、王念孙的《释大》;有专释虚词、研究语法的,如刘淇的《助字辨略》、王念孙的《经传释词》等。

清代也有不少专门研究方言和少数民族语言的著作,如杭世骏的《续方言》、程际盛的《续方言补正》、沈龄的《续方言疏证》、程先甲的《广续方言》及《满洲、蒙古、汉字三合切音清文鉴》、《西域同文志》等。

清代训诂学在质量上更有显著的提高,这体现在:

1. 具有朴素的历史观念。很多训诂家都知道时有古今,地有南北,语言是发展变化的,它随着时间的不同而不同。如段玉裁《广雅疏证·序》说:"有古形,有今形;有古音,有今音;有古义,有今义。"正因为清代学者有此认识,他们取得超越前人的成就才有了可能。

2. 善于由音求义。古代训诂学家对音义关系的原理的认识是模糊的,对声训从未作过理论的说明。一些人拘于文字的形体,更是隔绝了音义的联系。清代训诂学家开始揭示音义关系的原理。段玉裁说:"学者之考字,因形以得其音,因音以得其义。"王念孙说:"窃以为训诂之旨,本于声音。故有声同字异,声近义同;虽或类聚群分,实亦同条共贯。"这都是由音求义原理的确切的说明。由于重视了古音,改变了长时期来重形不重音的观点,训诂学便被推到新的历史阶段。按王力说法,"这是训诂学上的革命"(《中国语言学史》157页)。

3. 采用了综合比较的方法,择善而从。王引之说:"凡其散见于经传者,皆可比例而知,触类长之。"以王引之为代表的清代训诂学家是这样认识的,也是这样实践的。

4. 有一定的实事求是精神。许多训诂学家不盲从旧说,也不妄立新说。破旧说也好,立新说也好,都强调有充分的根据。戴震提出过义理、考据、词章三者合一,这也正是求实精神的一种表现,足为我们借鉴。今天我们可以给义理、考据、词章作具体的解释:义理指指导思想;考据指名物制度的考核与校雠、辨伪、辑佚工作,亦即资料的搜集与鉴别;词章指语法、修辞、逻辑,即领会古人的遣词造句和行文布局。这些恰好跟元明的空疏成了对照。

(三) 不足之处

清人的研究也存在很大的不足之处:

1. 训诂学仍为经学的附庸。清人尽力做注疏,把精思所得的见解变成凡例,分散在注释中,没有写成系统的理论专著,最终没能摆脱"经学附庸"的地位。

2. 滥用通转,附会穿凿,几成王氏以后训诂之通病。

3. 不少人轻视唐以后的新词俗语,不去作系统研究。

我们对于清儒的学术成就,既不能虚无主义地加以抹杀,也不能不加思考地全面肯定。只有看清楚当时的历史条件,对戴、段、二王等乾嘉学者及继乾嘉学者之后的俞樾、章炳麟等予以恰如其分的评价,而后才能更好地鉴往知来,有利于训诂学的新发展。

总而言之,我国训诂学经历了萌芽——兴盛——保守——衰落——复兴这样的历史进程;其中最重要的两个时期是两汉和清代,即兴盛于两汉,复兴于清代。现在在经过几十年的曲折之后,正将进入新的振兴时期。

第八章 训诂学的现状与未来

王力《新训诂学》一文谈到"旧训诂学的总清算"的时候,就清代的训诂学作了分析,别为三派:一是纂集派,这一派述而不作,其代表是阮元和他的《经籍籑诂》一书;二是注释派,这一派是阐发或纠正前人的训诂,其代表是段玉裁和他的《说文解字注》;三是发明派,这一派摆脱字形束缚,从声韵的通转去考证字义的通转,其代表是章炳麟及其《文始》(以古证古)、《新方言》(以古证今)。王力这一总结性的表述,有利于我们对传统训诂学的回顾。朱星《试谈新训诂学》一文指出"总清算当从汉代说起",对于建设新训诂学提出了新的建议,也是有意义的。

一、近代、现代概况

近代学者在清代研究训诂的基础上,使训诂学的方法更加科学化,提出了不少训诂理论,进一步丰富了训诂成果。值得注意的是,由于他们的努力,文献语言学由附属于经典的随文解义,发展成为有自己的理论和专著、有明确的研究范围和方向的独立的科学,打破了"小学"为经学附庸的旧观念。于是,传统的"小学"分成了三个互相有分工又有联系的门类:文字、音韵、训诂。这三个门类的总合,就是我国粗具规模的传统语言学。因此,我们今天谈到"训诂"时,往往有两个不同的涵义。一个是包含在古代注释和训诂专书中的文献语言学的总称。它的研究范围还不甚明确:在内部,包括后来的文字、语音、词汇、语法、修辞等,彼此并无分工;在外部,与文献、校勘学等也未能划清界限。另一个则是与文字学、音韵学互相并列的以研究语义为主要内容的传统语言文字学的一个独立的门类。而这一独立门类却又不具有明显的独特的性质,有如邢公畹所说,"训诂学很像'词汇学',但它的着眼点并不在于语言的词汇及其意义的研究;也很像'词汇史',但它没有断代分区的概念;又很像'语义学',但它也并不在'意义'方面作抽象的、体系的研究。"(《天津师专学报》1983年1期)它

"没有作为自己特点的坚实的理论体系"(同上),"在训诂学本身,当然也还可以发现一些值得研究的问题,例如刘师培的《古书疑义举例补》,杨树达的《古书疑义举例续补》等书中所提出的问题,但也只是补苴前人罅漏,不出旧训诂学范围,并不能使训诂学科学化"(同上)。因此有人从训诂学所涉内容之广而缺乏科学概括看,说它有如"一盘散沙",有人从训诂学不具作为自己特点的坚实理论体系看,说它今后"向词汇学发展才有前途"。总之,研究发展训诂学,情况复杂,问题很多。"但一切涉及中国古代文献的学问都必须用训诂学来做它的研究工具"(邢公畹),则又非研究、发展它不可。在这方面,曾经有不少学者作出了贡献。中华人民共和国的成立,为训诂学的发展开拓了宽广的天地,可是由于种种原因,训诂学的研究进展不大,十年内乱期间,训诂学的研究陷于停顿。粉碎"四人帮"以后,在党的十一届三中全会精神指引下,重新开展了训诂学的研究,可以断言,今后训诂学必将进入振兴的新时期。

二、再度复兴的必要与可能

近年来有人提出了"复兴训诂学"的想法。事实上,复兴训诂学确是非常必要的。这可以从以下几个方面来认识。

(一)复兴的必要性

1. 从古代文献的注释工作看

我国古代文献非常丰富,很多宝贵的文学遗产有待发掘、整理。在古代的文献中,虽有一部分已经过注释,但一则由于历史的局限,多有不够正确之处;再则前代人的注释到了今天,在语言上又产生了新的隔阂,仍为一般人所不理解;何况还有更大量的文献古籍从未经过整理,不能为今天的政治、经济、文化的发展服务。因此,今后古籍注释工作显然是很繁重的,也是很艰巨的。而要准确注释古书,就非具备训诂学知识不可。比如《论语》这部书,在过去一直作为"经典"来传播,各派注家都有注释。对这部书的评价,就应该先从文句上加以正确解释,还它以本来面目。而对《论语》的解释,事实上还有进一步订正的必要。请看:

时其亡也而往拜之。(《论语·阳货》)

这句是说孔丘不愿结交阳货,又怕失礼,所以当阳货不在家的时候去拜见他。这里的"时"如何讲?有人注释"时"是"伺"的假借,意即"窥测"。这个注释难道就没有订正的必要吗?应该说,陆宗达理解为"等待"的意思

（见《训诂简论》）倒更确切。至于正确无误地标点古书，也是难度很大的工作，非从通训诂入手不可。

2. 从古代社会及其科学文化的了解和研究看

作为研究语言思想内容的训诂学，总是跟社会的研究密切相关。我们既须通过研究古代社会来作出正确的训诂，又要通过研究训诂来获得研究古代社会的重要资料。比如本书讲词义引申部分提到，"玉"本来是一种又光亮又洁白的石头的名称，而我国古代为什么在生活中特别重视这种东西呢？一方面因为玉是罕见的东西；另一方面是因为从石器时代进入铜器时代以后，石器时代遗留下来的美好的石器，也被带到了铜器时代来，为铜器时代的人所爱好。"玉"的词义便从"美好的石器"发展为一切最美好的标志。不言而喻，词义的发展变化跟人们在特定社会制度下的社会生活有极其密切的关系，词义的引申，是古人从他们的社会生活经验里总结扩展出来的。我们要了解古代社会，就有必要借助于训诂学这门学问。

又比如《左传·成公十年》关于晋侯的病情和秦国名医的诊断的记述：

> 公疾病，求医于秦。秦伯使医缓为之。……医至，曰："疾不可为也。在肓之上，膏之下。攻之不可，达之不及，药不至焉。不可为也。"

贾逵、杜预皆训"肓"为"鬲"。"鬲（gé）"即"横膈膜"之"膈"字，指人体内部胸腹两腔的肌膜结构。《说文·肉部》："肓，心下鬲上也。""膏，肥也。""膜，肉间胲（gāi）膜也。"即膏肓的部位，在心脏下，横膈膜之上。心脏的脂肪叫膏，膈上的薄膜叫肓。从《说文》对膏肓的说解，可见古人对人体内脏的分析已经相当精细了。从《左传》的记述的考察中，还可见春秋时期已有攻毒、针灸、砭（biān）石和服药等医疗方法。所谓"攻之不可"，即《周礼》"凡疗疡以五毒攻之"之"攻"。所谓"达之不及"，杜预注："达，针。"这里包括灸法、扎针、砭石诸法。（砭，石针。马王堆出土的《脉经》作"碧"，《内经》作"砭"。碧、砭都音 biān。）由此不难看出，我们要了解研究古代文化，也有必要借助于训诂学这门学问。

3. 从工具书的编纂看

任何时代都要编纂自己所需要的语言工具书。今天编纂字典辞书时所用的释词方式方法，仍未越出前人"互训、推原、义界"等训释方式的范围。对具体词语的训释，要求达到正确无误，更非懂训诂不可。比如《周亚夫军细柳》"于是天子乃按辔徐行"的"按辔"，有的辞书释为"扣紧马缰",有篇文章讲到"运用训诂学,还可以订正辞典的某些错误"时这样对"按"释义:"考之古注,《管子》注'按,抑也';《说文》'按,下也',没有扣紧的意思。马辔往下抑按,应该是放松而不是勒紧。"但是这篇文章只是指出了误释,却没能提出确切合理的解释。我们知道,"按"和"抑"都表示用手压的动作,如"离席按剑"(《汉书·霍光传》),"高者抑之"(《老子》);但"按"比"抑"轻,所以"按"引申为"按照","抑"引申为"压抑"。《管子》注"按,抑也",是不分词义轻重的解释;《说文》说"按,下也",也没释出"按"这一具体动作,而是用包括许许多多向下的动作的含义来作笼统的解释。而文章综合"按、抑、下"的说法解为"马辔往下抑按",这就把其中的"轻按"与"重压"的区别掩盖了。必须指出,引证古书,不仅有个选择问题,还有个合理说解问题。现代工具书的编写,后者更为重要。有不少工具书,往往只引用例证,而不加或少加释文,这是不够理想的。当然,仅用例证就能说明问题,便可不加释文,而该加的还是要加上,何况像要体现上边"按"中的"轻"意,用不了多少笔墨,占不了多大篇幅。关键在于如何做到恰如其分。从实现工具书释义的合理性这一目标出发,复兴训诂学的需要实在是迫在眉睫。不通训诂,对一些词语解释得不恰当,不精确,就不能符合工具书的科学性原则,必然会降低工具书的使用价值。

此外,前人训诂专书和注释书的体例,今天编纂工具书时也有借鉴之必要。

4. 从汉语的科学研究看

这方面的内容,陆宗达《训诂简论》中有很好的叙述:

训诂学曾经一度是文献语言学的总称,而古代语言的面貌必须通过大量的文献才能被如实地描写出来。所以,古代汉语和汉语史的研究,是离不开训诂学的。

首先,……在训诂学尚未从注释书中独立出来、小学附属于经学的时期,有关古汉语文字、语音、词汇、语法、修辞、篇章结构等的资料,都是零散地保留在注释书和工具书中的。对古代汉语的研究,不可能脱离这些资料。同时,只有把不同时期的语言加以综合比较,才能看出语言发展的历史。所以,汉语史的研究也离不开这些资料。从这个意义上来说,训诂学绝不简单地等于语义学,它其实包括了古代汉语研究的各方面的内容。

我国传统语言学的研究,走的是一条从实际语言材料出发的道路。因此,它是从汉语的特点出发的。比如,在语音方面,由于汉字是音节符号,古代音韵学的研究,首先从《诗经》的押韵开始,对《诗经》的韵字进行系联,同时参照形声字的声旁和一些并不完善的记音方法,归纳出声纽和韵部,然后进一步审音,求得声、韵、调的音值。在词汇方面,人们利用汉字的字形和散见的训诂资料,做过各方面的工作:有的从词义的相同方面,进行过同义词的归纳,如《尔雅》;有的从汉字的形旁出发,作过同类(义类)词的归纳,如《说文解字》;有的从语音和文献语言的考证出发,作过同源词的归纳,如章炳麟先生的《文始》……在作这些研究时,语言学家们综合出"以形说义","以声求义","以本义统帅引申义"等等方法,试图把语言中最活跃的要素——词汇在一定的法则下统帅起来。在语法方面,我国古代虚词的研究十分盛行,结构、词序、词类的概念也早已产生。由于汉字是音节符号,或会掩盖一部分语法形式表现的语法范畴,所以传统语法学的研究,总会把训诂和语法紧密结合起来的。汉语修辞学、风格学的研究更需要从汉语的实际出发。在这些学科的研究中,吸收国外语言理论和科学的方法是非常必要的;但如不去认真吸取传统语言学的研究成果,只是生搬硬套外国的东西,是一定行不通的。比如,关于词义发展的理论,我们不能只注意词义引申的结果是概念外延的扩大、缩小,或概念内涵的转移;更重要的是,要总结归纳汉民族词义引申的各种具体规律,这就需要运用训诂,考察词语意义发展的具体过程。因此,研究、整理前人的文字、音韵、训诂之学,是发展近代汉语科学的一个必不可少的条件。(168~170页)

陆宗达的这些叙述,强调了训诂在汉语的科学研究及其发展中的地位与作用,我们从中可以具体看到复兴训诂学的必要性。

5. 从语文教学及指导课外阅读看

在语文教学和课外阅读中,常会遇到一些疑难问题。如果不求甚解,一掠而过,必然影响对文章的深入准确的理解。如果要有依据地解决疑难问题,训诂学同样是不容忽视的。前边《总论》部分已举过例子,这儿不妨再举一例。在中学语文课本《曹刿论战》一文中"齐师败绩"一句,一般解释只说"败绩"就是溃败、大败。那么,大败为什么叫"败绩"呢?这就只有通过训诂才能解决。"败绩"确实是打了大的败仗的意思,但是杜预注为"师徒挠败,若沮岸崩山,丧其功绩,故曰败绩",却是纯属望文生义,话没说到刀口上。《红楼梦》第二回"冷子兴演说荣国府"中,引用了"百足之虫,死而不僵"的成语。"僵"的解释,一般人都想当然地以为当"硬"字讲。这是由于人们不明"僵"的古义,只好以今义逆古义,不顾"僵"与"百足"的联系,也不管冷子兴引用这一古语的用意所在。要想准确地理解这一成语，从而弄懂冷子兴的准确用意，只有从训诂着手。

训诂学对文献校勘学、目录学、考古学研究等等的影响，也是显而易见的。限于篇幅，暂不一一细述，下面仅举两例略示其广泛意义。比如从语言使用情况考察《列子》，便可断定《列子》不是战国时期的作品，而是魏晋时期的作品，因为其中"数十年来"这一说法是先秦两汉都没有的，南朝刘义庆的《世说新语》中才大量存在；"舞"表示"舞弄"意思出现在两汉以后而不见于先秦，"都"表示"全"用在动词前作状语，也常见于魏晋以后而不见于先秦，"所"用为表示结果连词、"下"用为表示动量的量词等等都不见于先秦。又如《文选》卷四十一李陵《答苏武书》开头说："子卿足下：勤宣令德，策名清时，荣问休畅，幸甚幸甚！远托异国，昔人所悲，望风怀想，能不依依。"西汉的信札一般是开门见山的，有什么说什么，这种客套话东汉、魏晋以后的作品里才有。信的末尾说："勿以为念，努力自爱。时因北风，复惠德音。李陵顿首。"这种希望对方回信的客套话，也是六朝后期书信的特点。据此，我们不难看出《答苏武书》的时代痕迹。了解这些语言自身及其运用的规律和文章的语言风格，对文献校勘学、目录学、考古学等等的研究都有关系。而从广义上说，这些也都是与训诂学有关的。

这一切，都表明复兴训诂学有其必要性。

（二）复兴的可能性

今天，语言工作者正力求把训诂学改造成为真正的科学的语言学的一个部门。训诂学的新发展是完全可能的。而且我们今天看到的不少出土文物资料，是清代乾嘉学者所没有看到过的，因此我们更有可能进行超越前人的研究。

在谈到训诂学复兴的可能性的同时，还有必要廓清一些所谓"尽头"、"顶峰"思想。一是以梁启超为代表，一是以王国维为代表。梁启超认为乾嘉时期训诂考据之学已发挥略尽，"后起者率因袭补苴，无复创作精神；即有发明，亦皆末节"（《清代学术概论》）。这是与事实不符的。正因为事实并非如此，他又不得不承认章炳麟《文始》、《国故论衡》中多篇精义为"乾嘉诸老所未发明"（同上）而自相矛盾。乾嘉学者形、音、义互求以诠释古书，做出了很大成绩，但王国维在谈到音韵学的研究时说乾嘉时期古韵分部已成定论，"后无来者"（《广仓学宭丛书·永观堂海内外杂文·两周金石文韵读序》），这也不符合事实。要是乾嘉诸老的研究果真已达到登峰造极的地步，那么章炳麟分古韵为二十三部，黄侃分二十八部，王力分二十九部，周祖谟分三十一部，前修未密，后出转精，将如何解释呢？由此不难看出，凡是停滞的观点，顶峰的观点，无所作为的观点，都是没有根据的。（上述兼参吴文祺说法）廓清并无科学根据的思想认识，排除各种糊涂观念的干扰，增强训诂工作的有效性，那么，复兴训诂学的可能性必将更快地成为现实性。

使复兴训诂学的可能性成为现实性，这是历史赋予语文工作的新的使命。

三、今后的任务

第一章《总论》部分，依传统说法已讲到训诂学的三项任务。从当前实际出发，展望未来，用今天的话来说，训诂学的任务，一是实现自身的建设与发展，二是指导训诂工作，提高训诂工作水平。要完成这两大任务，必须具体做到：第一，在科学的语言理论指导下，综合运用文字、音韵、词汇、语法、修辞、校勘等方面的专门知识，分析古代书面语言里的具体情况，研究和继承前人的训诂成果、经验和方法；第二，不断学习和吸取国外语言学的先进理论和有关的研究成果；第三，建立中国训诂学自身的理论体系和科学方法论；第四，建设一支高水平的训诂学工作者的队伍，第五，做好训诂学的普及工作。目前尤其重要的是建设训诂学工作者的队伍。

历史上训诂学的每次大发展，都为祖国文化的繁荣作出了贡献。我们今后要做的工作，比起历史上任何时期来都要艰巨得多，但也伟大得多。我们要建设的是前所未有的极其壮观的现代化科学大厦。只要我们齐心协力，脚踏实地地辛勤劳动，训诂学的振兴日子必将到来。

第九章 训诂的教学与研究

关于训诂的教学与研究，主要谈以下几个问题。

一、掌握运用语言规律，不断揭示语言规律

教学和研究训诂学一定要从掌握古汉语规律入手，并运用于语言实际，否则游谈无根，难免出错。《诗经·邶风·式微》这首诗很短，只有两章八句："式微式微，胡不归？微君之故，胡为乎中露？式微式微，胡不归？微君之躬，胡为乎泥中？"可是对它的解释，从汉代到现在，一直没能一致。最大分歧在于"式微"两字上。种种分歧暂且不说，只谈一下余冠英对"式微"的解释。余冠英说："微读为昧，式微就是将暮。"余冠英的注音与释义都是正确的。可是近年新出一本名为《风诗名篇新解》的书对注音提出异议，说："按微字读昧，经传无证。《广韵》微为无非切，在微纽，昧为莫佩切，在明纽。"这就把对的说成错的了。其实"微"在上古《诗经》时代也是"明"纽字，中古以来"微"分化成零声母字，读音才不同，成了"微"母字。这种鼻声母分化是古汉语语音演变的一条规律，没有掌握这条规律，就要出错。至于用"经传无证"来证明不能"读为昧"，这种说法也没有说服力，因为读音正确与否，应该根据语言内部规律，只要符合规律就是正确的，经典有无同样字例，那是次要的。

教学、研究训诂学不仅要掌握、运用语言规律，还要勇于探索，不断揭示语言规律。《诗经·邶风·静女》"爱而不见"的"爱"字，郑玄解为"如字"，王力主编的《古代汉语》不加注，自然是同意郑玄的说法。另外不少注释本解为"隐藏"一类意思，"爱而不见"便是"她隐藏起来看不见"。《说文》在"僾"字下面引诗作"僾而不见"，解释"僾"为"仿佛"；《尔雅·释言》郭注引诗作"薆而不见"来证实"薆，隐也"的含义，这表明"爱"（僾、薆）可解释为"隐藏"、"躲藏"、"暗藏"、"隐蔽"的意思。可是"爱"的"隐"义难以从字形上找到合理解释，是不是可以从字音上寻找答案呢？我们知道，有许

多"影"母字,往往表示黑暗的意思,比如"阴、荫、幽、隐、暗、影、烟"等等就是这样,那么"爱"也是"影"母字,能不能由此联系来认识"爱"的"隐"义呢? 总之,语言现象很复杂,语言科学不断在发展,人的认识也不断在深化,训诂学的教学与研究中还有许多规律有待揭示。

唐代的韩愈说"非三代两汉之书不敢观";清代的钱大昕说"惟三百篇之音为最善";清代的其他著名学者对字义研究也只以先秦两汉为限,即使参考汉以后的书,也只是为了更好说明先秦两汉的字义。他们把语言看成是退化的,这就谈不上对语言内部规律的揭示,因此前代也就没有一个人对包括训诂学在内的汉语史进行研究。他们研究俗语的目的是"稽古",谈说方言的目的也在于以今证古,证明《说文》某些字义还存在于后代方言中。用这样的指导思想和研究方法,自然不可能揭示科学规律。

从《尔雅》到《广雅》,只强调同义词的共同性,无视同义词中每个词的特殊性,把词义稍有关系的都算同义词;有些人片面强调"声近义通",把"声近义通"的可能性看成必然性;有些人接受清代学者的坏影响(清代学者有好影响,也有坏影响)而变本加厉,以致无所不"通",无所不"借"。这些人都缺乏科学的思想方法,自然也不能揭示语言的规律了。

二、重视词义的模糊、分歧、闪烁现象

模糊性是语言的基本属性,语言的运用具有模糊性特点。比如许慎给"转注"下的定义是"建类一首,同意相受"。历来对此分歧最多,有的以"一首"指字形上同一部首,有的以"一首"指词源上同韵和同声,有的以"一首"指同一主要意义。几十家不同的解释大致可以归为形转、音转、意转三派。这三派说法集中表现在对"首"解释的不一致上。从语言上看,显然是与语言自身的模糊性特点分不开的。朱星在《汉语词汇简析》里说:"鼻嗅当用嗅,而常常却用闻。闻是耳听。这个错用原因,到今天还查不出来。"其实,人的各种感觉彼此有联系,这种联系可看作"通感"。比方说"锐利"是用手指触摸感知的,但是人们经过长期的感知,用视觉也能觉察出来。其他像"粗糙"、"细软"、"坚硬"等等也都有这种情况。这样一来,各种感觉原来界限分明,而语言中却出现交叉混用现象,于是"闻到香味"、"观世音"、"眼睛尖"等词语都涌现出来了。还有我们说"光亮",也说"响亮","亮"用来表示声响,视觉与听觉不分彼此了。总而言之,眼、耳、鼻、身各个官能的领域不分界限,视觉、听觉、嗅觉、触觉等等可以相通,反映到语言里,就产生了所谓还找不出原因来的"错用"现象。显然,说是

"错用",是因为只看到语言的表面现象,没有了解产生这种现象的真正因素,没有从语言的模糊性上看待问题,分析问题。

语言的模糊特点一般并不影响交际活动的有效进行,但有时由于历史的或地域的各种因素,往往使语言产生歧义现象。人们下了很大工夫编了许多辞书如《尔雅》、《广雅》、《辞源》、《辞海》等等,而它们对某些词的解释常很不一致。解释不一致固然意味着人的认识的不一致,但各种因素导致语言自身意义的不确定也是不容忽视的。比如《论语·先进》:"回也其庶乎?屡空。"邢疏:"一曰屡犹每也,空犹虚中也。其于庶几每能虚中者唯回。"意即中心虚空,能接受教诲。朱熹注:"屡空,数至空匮也(常常到了生活无着落的地步),不以贫窭(jù)动心(可是并不因生活困难而动摇心志)而求富。"又有人以为屡空即"楼空",光明通达无滞。《史记·项羽本纪》:"又闻项羽亦重瞳子。"裴骃《集解》:"尸子曰,舜两眸子,是谓重瞳。"另有人说重瞳即大眼珠,双倍于常人,故言重。又如《后汉书·光武帝纪》:"皆冠帻而服妇人衣,诸于绣镼(juē,同褉,短袖的上衣)。"《正字通·衣部》作注释:"衧,诸衧,即诸于,今俗呼披风敞袖是也。"这里"诸于"作"古代妇人的外衣"来解释,如不加指点,也会引起歧义(混同于一般代词"诸"和介词"于")。

词义的分歧,关系到能否作确定性的语言分析。举例来说,"离骚"有人理解为"离别的忧愁"(这一说导源于司马迁"《离骚》者,犹离忧也"一语);而有人理解为"遭遇着忧患"(这一说导源于班固"离,犹遭也;骚,忧也"一语),这就把"离"当作"罹"的通假了(罹也读 lí,有"遭受"含义)。况且同样都把"离骚"的"离"当作通假看待,分析结果也会不一致:说"离"是"罹"的通假,这属同音通假;而周谷城说"离"跟"牢"同声,"离骚"即"牢骚"(周谷城《回忆毛主席的教导》,《光明日报》1978年12月20日),这又属双声"通假"了。其实,"牢骚"已是联绵词,严格说来,联绵词的不同写法,和通假不是一回事。(按:周说与四十多年前游国恩的说法相同,现在林庚、冯沅君主编的《中国历代诗歌选》第一册注也说"离骚等于牢骚"。)再举例说,"齐桓公九合诸侯,一匡天下"(《荀子·王霸》)的"九",有人理解为表虚数的词,其理由之一是据历史记载,齐桓公会合诸侯先后共十一次,说"九合"是极言其多。可是另有人却认为"九"是"勾"的通假字,说"勾"即"聚"的意思,"九合"就是"聚合",也就是会盟。这后一见解尚未能引起广泛重视,杨伯峻《论语译注》中"桓公九合诸侯"的注脚也把"九"作为表虚数看待,其他讲古汉语的书更多是转述所谓用作虚数的说法。

朱星在《汉语词义简析》一书中说:"在古书上词义分歧的例子很多,

可以搜集编一本《古书词汇歧义简释》。在语文教学中,不但在古书上,在近代现代诗文中也会遇到这种问题,都必须作出正确的解释。"古书上词义分歧的现象很突出,这是客观存在的语言事实。现代汉语多音节词(主要是双音节词)占优势,各个词素意义互相补充而又互相制约,歧义现象不像古汉语那样突出,但多少也有歧义现象。语文工作者无疑应该重视这一现象。

还有,词义闪烁现象,也是必须注意的。闪烁现象的产生,有许多是人为的。先秦以来的外交辞令就有不少是闪烁其辞的。魏晋诗文爱谈老庄玄学,常在用词时故意蒙上一种神秘色彩。玄言诗的词义就常是如此。即便像《文心雕龙》那样的作品也免不了。如《风骨篇》赞曰:"情与气偕,辞共体并。文明以健,珪璋乃骋。蔚彼风力,严此骨鲠。才锋峻立,符采克炳。"其中的"气"指什么呢?"文辞"说成"文明","文采"说成"符采",也都相当不明确。又如《体性篇》赞曰:"才性异区,文辞繁诡。辞为肤根,志实骨髓。雅丽黼黻,淫巧朱紫。习亦凝真,功沿渐靡。"其中"肤根、凝真、沿、渐靡"这些词确指什么,也不清楚,有时含糊(不是语言自身的模糊)的表达,也给人以词义闪烁的感觉。比如《内经素问》有多处谈到"解㑊(yì)",王冰注:"解㑊谓强不强,弱不弱,热不热,寒不寒,解解㑊㑊然不可名也。"说了半天,含含糊糊,使人看了不知道到底是什么意思。清人于鬯(chàng)在《香草续校书》中说"解㑊即解惰之义"。清代医家陆九芝在《世补斋医书》中说:"《内经》言解㑊者五,解音懈,㑊音亦,皆倦怠病也。"于、陆两人的解释比较明确。他们告诉我们,"解㑊"就是懈怠而懒散无力的意思,本身就是一种病态。王冰的解释很不清楚,特别是"解解㑊㑊然"的说法,使人无法意会。

词义闪烁现象的形成,前面已提到是人为的,与模糊性是语言基本属性的情况不同。但模糊性是词义闪烁现象得以产生的重要条件。词义闪烁朦胧实在是语言运用的弊病,而面对既成事实,又不得不有所了解。

语言现象非常复杂,对词义模糊、分歧、闪烁以及其他类似现象要有所了解,也要正确对待。不仅要正确对待古代的,也要正确对待现代的。《中国聋人》第六期刊登一读者来信说道:长期以来,对生理上有缺陷的人,不论是在口头上还是报刊书本上,总是习惯于称为"残废"。其实,残与废之间不能画等号。"国际残废人年"的"残废"是沿用我国习惯称谓译成的,实际上外国一般叫"障碍者"、"残疾"、"伤残",如说"听力障碍"、"肢体伤残"等等。来信还建议将"残废"改称"残疾"或"伤残"。现在已通行"残疾",但近来又有人提倡代之以"残障"。来信提出的问题关系到语言的准确表达,但语言是约定俗成的,在不影响交际的情况下,一般就没有必要去改动它。要不"熊猫"就非说成"猫熊"不可了,因为说的对象是熊而不是猫。若硬要改说成"猫熊",也许反而会带来某些不利因素。

三、正视忌讳法对词义解释的影响

王力在《新训诂学》一文中谈到:"关于语义的演变,依西洋旧说,共有(一)扩大、(二)缩小、(三)转移三种方式。……还有一种特殊情况是三式之外的,就是忌讳法。"

忌讳法确实很特殊,而且影响相当大。古书中频繁出现忌讳,往往给训释带来困难,而运用一般训诂学的方式方法却又不见得能解决多少问题,这就更提醒我们要倍加重视。

忌讳由来已久。远在周代初期,周公旦不敢称他的哥哥武王发的名,便称"某"。秦始皇名政,以"正月"为"端月"。吕后名雉,改雉为"野鸡"。汉宣帝名"询","荀卿"就改为"孙卿"。汉武帝名彻,"蒯彻"就改为"蒯通"。汉光武名"秀","秀才"就改为"茂才"。汉明帝名庄,"庄光"变成了"严光","治装"就变成"治严","妆具"变了"严具"。为避曹操讳,"杜伯操"变成"杜伯度"。为避杨行密讳,扬州人把"蜜"叫成"蜂糖"。唐太宗名世民,"三世"变成"三代","生民"变成"生人"。唐代人注《史记》、《汉书》、《文选》,编撰魏晋以来的史书,为避唐太宗李世民的讳,已全把"民"改作"人";为避唐高祖李渊讳,用"渊"的地方都改用"深"或"泉";为避唐高宗李治讳,该用治的地方都改用"理";为避唐玄宗李隆基讳,"隆州"改为"阆州","大基县"改为"河清县"。

古时,对于亲属长辈,也要避讳。别人不知道某人长辈的名而当面说出长辈的名来,后辈会痛哭流涕,感到伤心,甚至看作耻辱,终身不忘,必欲报复。唐代跟李贺争名的人还借李贺父名晋肃为由,说李贺不该考进士,结果李贺就没有去应考。韩愈为此鸣不平,作《讳辨》,说"若父名'仁',子不得为'人'乎!"韩愈的话一针见血,是切中时弊的。

到了后来,朋友之间也不叫名,只称字,以示尊敬。

过去的浑名、浑号也跟忌讳有关。比如"呼保义"(宋江)、"智多星"(吴用)等等,固然也意味着表现某种人物特征,但开始的时候多少也带有避忌称名的意思。

王力《新训诂学》一文还提到人们对所厌恶的事的忌讳。比如广东一些商人忌讳说"蚀",就把"猪舌"说成"猪利","牛舌"说成"牛利"。商人和赌徒,忌讳"干(乾)",把"猪肝"说成"猪润"。有些地方,赌徒忌讳"输",把"书"叫作"胜";有些地方忌讳"血",把"猪血"称为"猪红"。

忌讳法是从很远的时代遗留下来的原始禁忌的一种。原始禁忌是原始人的一种信仰,这种信仰产生的原因,是原始人对物与主、名与物、象征与实在分辨不清,对生物与无生物区别不清的缘故。随着社会的进步,科学文化的发达,信仰的改变,忌讳法也就渐渐被人抛弃了。

汉语词汇丰富,这是积极的一面,但其中也夹杂着不健康的成分,这是消极的一面。许多忌讳说法就是其中的消极成分。它给古文献的训释带来许多不便,自然是历史学者、训诂学者都应当注意的。

陈垣《史讳举例》(科学出版社,1958)一书分析并说明了历代避讳的种类、避讳的方法和今天如何加以利用等问题,可资参考。郑振铎《汤祷篇》(古典文学出版社,1957)着重解释人们隐讳名称的由来,也可参阅,这儿就不一一赘述了。

四、注意训诂学的历史经验

训诂学已有两千多年的历史,在理论上和实践上都有值得注意的经验。

首先是诸子关于"名"的理论。《荀子·正名》指出"名"是"约定俗成"的,又指出"制名指实",要辨别同异,"使异实者莫不异名",并把"名"区别为"共名"与"别名"。他说"物也者,大共名也,推而共之,至于无共而后止";"鸟兽者,大别名也,推而别之,至于无别而后止"。此外,墨子也有关于"名"的论述。这些理论,今天还有重要参考价值。

其次是训诂的方式方法。古人在长期训诂实践中创造并运用了训诂的方式方法,历史证明是行之有效的。在今天还没有更好的训诂方式方法来替换的情况下,就应当继续采用。作为有悠久历史的一门学问,其内容有自身的系统性,其研究方法有相对的适应性,方法方式的取舍也要顾及学科自身的继承性与发展性。

其次是训诂的术语。训诂术语也是古人长期训诂实践中的创造与积累,是现代人学习训诂的引路"标记",又是往后训诂学理论建设的必要依据,必须了解清楚,牢固掌握,熟练运用。其中概念含糊的,当然不应采用,如有本讲训诂学的书用了"词气"这个术语,而没有明白告诉读者什么叫"词气"。这本书的作者说"审词气者,今人所谓文法也",而书的标题却是"训诂与词气、文法","词气"与"文法"并提。既然"词气"就是"文法",

而又"词气""文法"并提,读者就不易确切理解了。

其次是训诂的要籍。训诂要籍是学习、教学和研究训诂的参考依据,是从事训诂工作的根柢书。因此有些讲训诂学的书中,介绍训诂要籍就占了比较多的篇幅,对每部要籍的作者、内容、体例及其有关的重要著述都作了详细的介绍,指导读者有效地阅读与使用。

其次是训诂学的发展史。训诂学史告诉我们训诂学从萌芽兴盛到保守中落再到复兴的历史进程,我们可以从中了解训诂学的产生和发展的历史线索,以及它在各个历史时期的特点与成就等等,作为今后的借鉴。但是如果为历史而历史,以了解历史为满足,那就显然不够了。

五、实事求是,持科学态度

我们读古书,应该先设想古人的思想呢,还是先弄懂古书的语言呢?这个先后分别很重要,也是有关方法论的问题。古人已经死了,只能通过他的书面语言去了解他的思想;不能反过来先主观地认为他必然有这种思想,从而认定他的话也只能作为这种思想来解释。总之,必须从实际语言现象出发,从学习与教学的实际需要出发。古人在这方面有值得认真学习的经验,也有必须引以为戒的教训。下面举几个实例来分析说明,以资隅反。

《诗经·秦风·终南》"有纪有堂"的"纪"和"堂",长期以来得不到合理的解释。清代王引之联系词的语言形式断定"纪"借用为"杞"(木名,柳属),"堂"借用为"棠"(木名,梨树属),使人十分信服。这种联系必须有可靠的例证。王引之就是在对《诗经》以及其他有关资料作全面研究后才得出结论来的。他先着眼于整部《诗经》,看到凡是说山有某物都是指树木。他又着眼于同一篇的体例,看到前一章说"终南何有?有条有梅"的"条""梅"也是指树木。同时还着眼于《诗经》异文,发现《韩诗》(汉初燕人韩婴所传,为今文学派)作"有杞有棠"。有这样的基础,结论便是确凿无疑的了。这体现了乾嘉学者实事求是的优良学风。

清代三百年间学术上有过三次变化。这三次变化,依王国维的说法是"国初之学大,乾嘉之学精,道咸以降之学新"(王国维《沈乙庵先生七十寿序》)。乾嘉之学所以精,就跟当时求实的学风分不开。乾嘉年间惠栋、戴震继承并发展了汉儒学风,分为吴皖二派。吴派以惠栋为代表,江声、钱大昕等属于这一派,主张搜集汉儒经说,加以疏通,并旁及文史;皖派以戴震为代表,段玉裁、王氏父子等属于这一派,主张以字学为基点,从训诂、音韵、典制等方面阐明经义。但吴派以保守汉人学说为倡;皖派尊重汉人成说,但不轻信,必寻根究底,有所发现和发明,同时又勇于修正自己某些不成熟的见解。正因为这样,所以梁启超说"惠派可名为汉学,戴派则确为清学而非汉学"(《清代学术概论》)。梁启超提出"清学"以别于"汉学",旨在表明皖派对汉学已有所发展。在这发展了的汉学中,梁启超还有"高邮学"的称述,表明皖派王念孙和王引之(王氏父子江苏高邮人,属戴皖派)有更深的造诣。王氏父子之所以能取得更大成就,其重要因素还在于始终发扬了求实的学风。由于发扬了求实学风,清代学者就有很多超越前代的成就了。自然,他们在科学理论体系的建树上,语言规律的全面深入揭示上,还有明显的历史局限性,而其长处还是要加以肯定并借鉴的。应该肯定并可以借鉴的大致有如下一些:

第一,能比较充分地占有资料。段玉裁写《说文解字注》,先纂五百四十卷长编,占有大量资料,以保证结论的较大准确度。王引之说明"从"是"徒"的讹字时,除了指出隶书"从"字作"從"形与"徒"相似外,又举出《诗经·齐风·载驱》《列子·天瑞篇》《庄子·至乐篇》《吕氏春秋·禁塞篇》《史记·仲尼弟子传》等五种文献的异文,证明"从"与"徒"的混用。前边提到的"有纪有堂"的考察分析,也是在占有充分资料的基础上进行的。

第二,能比较注意古今差别。三百年古音学都遵循这个原则,所以显示了清代朴学家训诂的特点。汉代音训糟粕多,精华少;清代因声求义精华多,糟粕少,就跟注意古今差别的原则分不开。同时也由于注意了这个原则,才彻底推翻了宋儒"叶音"之说。

第三,能较注意语言的社会性和语言内部的系统性。段玉裁讲究词与词的关系和义与义的关系,注《说文解字》时全面贯穿了结合社会的进展求引申的方法来联系多义词的词义,就是这方面的训诂实践。

第四,能重视有声语言与概念的直接关系。王念孙提出"就古音以求古义,引申触类,不限形体"的主张,纠正文字直接表示概念的错误观点。《释大》一文,正是以声音贯通词义的理论证实之作。这是清人治学的精华所在。

平心而论,清代朴学家提倡实事求是,无征不信的学风,轻主观而重客观,轻演绎而重归纳,这是应该肯定的。由于历史的局限,缺点与问题也不少,当然是要剔除的。我们常说要批判继承古代文化遗产,也应该体现在以上这些方面。

在批判继承古代文化遗产的过程中,在日常教学、科研实践中,当然免不了会遇到许多难题。一时解决不了的话,可以"存疑",留待进一步探讨,不必勉强说解。知之为知之,不知为不知。这种"存疑"才是科学的实事求是的态度。当然,遇到难题首先要力求解决,没有深入考察研究而草率存疑,那就是懒汉作风了。同时,遇到不同说法,也不宜一味采取客观主义的态度,简单地来个"今并存之"或"此说亦通"的做法。比如《孟子·梁惠王》:"为长者折枝,语人曰:'我不能'。是不为也,非不能也。"有个注本说:"折枝:按摩躯体。枝,同'肢'。一说'折枝'即折取草木之枝,一说是屈臂行礼的意思。"其实,按摩躯体是汉代赵岐的说法,是可靠的;折取草木之枝是宋代朱熹望文生义的解说,"屈臂行礼"也是随意猜想强为之说。注本采用并存的办法,就使读者无所适从了。合理的做法应是确定一种正确说法,余录备考。又比如:《论语·微子》"丈人曰:'四体不勤,五谷不分,孰为夫子?'"有个注本先说"分"字皇侃《论语集解义疏》作"播种"解,继说朱熹则作"辨别"解,最后说亦可通。这两种说法中,有一个是正确的,一个是不正确的。说"亦可通"就混淆了正误,把读者引入迷途。

六、熟悉并充分利用古书资料

黄侃说:"予如脱离注疏,对周诰句读几无以下笔。"(《黄侃手批〈白文十三经〉·前言》)这是经验之谈。黄侃正因为学而不厌,永不满足,"自三十以后二十年中,其精力多举于经传注疏及《说文》中"(同上),所以在学术上有了重要的成就。我们由此得到一个启示:熟悉古书是为训释工作打基础,有此基础才能更上一层楼。许多学者对此都有同感。《辞通》编撰者朱起凤代替外祖父看作文卷子,看到卷中有"首施两端"这些字,怀疑有笔误,便加以"改正",说:"当作'首鼠'。"学生看后不以为然,说:"《后汉书》未见,乌能阅文?"于是,朱起凤就体会到"以知前此之读书为太疏略也"(《辞通·序》)。《史记·魏其武安侯列传》有"何为首鼠两端"句,《后汉书·西羌传》又有"虽依附县官,而首施两端"句,"首鼠"和"首施"意思一样,都是犹豫不决,欲进又退的样子。朱起凤当初只知其一,不知其二,又未能及时查检,遂成差错,我们应当引以为戒。而他从此勤于治学,遂成巨著,又是我们应该学习的了。

总之,熟悉并利用古书资料,这是训释古书,确定古书词义的根本保证,否则失误在所难免。现再具体举例分析如下:

《左传·僖公二十三年》有一段叙述晋公子重耳流亡卫国的记载:

> 过卫,卫文公不礼焉。出于五鹿,乞食于野人。野人与之块。公

子怒，欲鞭之。

这一段话里的"块"字，有人认为："一般都把'块'解释成'土块'，这是不对的。……在《说文解字》卷十三下《土部》里，'块'字写作凷，这个字形结构很像是土装在凵形的器物中，也就是说'块'本来是一种装土的器物，和'蒉 kuì(筐)'是一类的东西。根据《礼记·礼运篇》的注：'蒉，读为块'。我们就可以知道'块'与'蒉'是音同而义近的词，都是盛土的草制器具，最初说'一块土'等于'一筐土'……"据此，"野人与之块"就得解释成"农民把食物放在盛土的草筐里给了重耳。"

其实，这个解释是值得商榷的。首先，根据《礼记·礼运篇》"蒉，读为块"的注，断定"块"与"蒉"是音同而义近的两个词，视为盛土的草制器具，并不可靠。必须指出：按照古书的注释体例，凡用"读为"的，必然是用本字来说明借用字。"蒉读为块"，"蒉"显然是借字，"块"是本字。本字意义是"土块"，不是"土筐"。古书中有很多这样的例字，如《诗经·王风·氓》"隰则有泮"，郑玄注"泮，读为畔"，这"畔"就是本字，"泮"是借字，要按"畔"的意义来理解。"蒉读为块"，情况也一样。再看《经典释文》"蒉依注音凷，苦对反，又苦怪反，土块也"，由此可以看出"块"还是"土块"。

其次，根据《国语·晋语四》对同一事情的记载："乞食于野人，野人举块以与之，公子怒，将鞭之。子犯曰：'天赐也，民以土服，又何求焉？天事必象（必先有象征），十有二年，必获此土，二三子志之。'"这段话里的"民以土服"，"必获此土"，正是跟"土块"相一致。如果说"块"指"盛土的草器"，那么"民以土服"、"必获此土"的说法就难以前后照应了。

说实在的，一般解释"块"为"土块"是有确凿根据的，不应轻易否定（这不是说传统解释都不能否定；传统解释也常有错误，有错误也得更正）。《说文》"块"写作凷，说凷或作"块"。既是"或作"，"块"与凷分明是异体字，更不能据以解释凷为"蒉"，进而推翻一般解释（旧注）。王筠《说文释例》既列出土块的凷，又列出草器的凷，不可效法，也不能引以为据。

要熟悉并充分利用古书资料，就得勤读书。勤读、多读、熟读，这是利用古书资料的极为重要的一个方面。三国时有个经学家董遇对《左传》、《老子》等古籍都很有研究。有人想跟他学，他说一定得先读一百遍（"读书百遍，其义自见"），而后再加以指导。宋代的朱熹特别强调读书须是"如猛将用兵，直是鏖战一阵；如酷吏治狱，直是推勘到底，决不是恕他方得"。不在阅读上下工夫，而想通过什么"诀窍"打开古籍之门，这是办不到的。

七、加强理论建设

沈兼士说：

"窃以为训诂之学，具有实用与理论两端。乾嘉学者所谓《说文》为体，《尔雅》、《方言》、《释名》为用，此含糊之说，未足为准也。盖《尔雅》之释字义，《方言》之辨语音，对象虽异，要皆为客观之记录，此近于实用者也。《释名》循名责实，论叙指归，为主观之推求，此近于理论者也。《说文》则二者兼之，顾所说解只据字形以明取象之由，不谓言语之初含义则尔也。后来字书，率皆本《说文》之部居，袭《尔雅》之记述，虽段氏注疏《说文》，揭橥（zhū）本义，朱氏《通训定声》，特标声训，要皆未能达于理论训诂之境界，于文字声义流转之体势，犹不足示诸檃（yǐn）括也。独王氏《广雅疏证》，贯穿该（完备）洽（广博），赜（深奥）而不乱，或许之如入桃源仙境，窈窕幽曲，继则豁然开朗，土地平旷，可谓妙喻。惜乎未尝绅绎之，挈矩之，著为通论，明喻后学以范畴也。"（《小学金石论丛序》）

沈兼士这段话早已提到了理论建设，但今天看来，离开科学的理论建设的要求当然有距离。

要有训诂学的理论建设，首先要有科学的方法论。在训诂学领域，暂且不说古人的著述，就是今人的著述，这方面也是相当薄弱的。没有科学的方法论，理论建设就谈不上。现在有些讲训诂的书，引例不厌其烦，说理则捉襟见肘，即便引例，也往往不作分析说明或很少分析说明，致读者知其然而不知其所以然，只能望洋兴叹。于是，训诂学的书给人的感觉是不易读懂。其实责任还在于作者，作者由于缺乏科学方法，没有坚实的语言学理论基础，不能用辩证唯物主义和历史唯物主义作指导，只好除了举例还是举例，罗列现象而已。即便有所说理，也难以深入浅出，甚至常是文字艰涩而内容实属肤浅。科学方法论，一般说来，有思维过程中的方法论，有思维过程中理论工具的方法论，也有制定学术体系的方法论，这些在训诂学中很少体现。可见训诂学的理论建设实在有迫切的需要。

理论来源于实践，不是外加的。训诂学的理论必须从训诂实际中去探求、总结和提炼。规律要指导人们从不自觉变成自觉，有利于更好的实践和再认识。人们常说要振兴训诂学，以利于更好地批判继承文化遗产，但是，要是忽视理论建设，训诂学的发展就会有很大的局限。我们知道，科学的发展是人类对客观规律的认识不断深化的过程，作为语言科学的一个部门的训诂学的发展也不能例外。

八、借鉴国外学者的研究方法

在勇于探讨的同时还要借鉴国外学者的研究方法。早在20世纪20年代,瑞士著名语言学家、汉学家高本汉曾用统计的方法来鉴定某些中国古籍的真伪。他对一些典籍中所用的某些虚词进行统计、分析和比较,发现有的文章在运用虚词方面前后一致,遵守了某一历史时期的使用规范,所以不可能是后人的伪作。他也用同样的方法确定某部著作不可能是某时代某人的原作。比如《左传》这部书,有人说是孔子写的,有人说是鲁国左丘明原著。高本汉统计了《左传》中"於"、"于"两个虚词(现在都写作"于",古书中写法有区别),发现两者是混用的。而另外根据一些可信典籍的统计,证明春秋时代这两个虚词意义相同,但通行于不同的方言区,当时鲁国方言都用"於"。孔丘、孟轲都是鲁国人,《论语》《孟子》中都用"於","于"占极小比例。可见后世流传的《左传》既非孔丘原著,也不可能是左丘明的原著,而是由不同方言区的人转相传授而编写起来的。当然,我们不能仅仅凭一两个虚词考证古籍的真伪,不过高本汉这种方法还是有可取之处的,它符合"数理语言学"的原理。这类方法,中国学者也多有采用。如20年代后期,黎锦熙《三百篇之"之"》一文就是把《诗经》中的"之"进行统计,说《诗经》三百篇中,"'之'字都凡一千零三十九:为代名词者四百;为动词者四;为形容词者五十二;为介词者五百五十二;为助词者三十一"(见《汉语释词论文集》93页,科学出版社1957年版)。随后再作全面论析。解放以来,汉语研究中的统计工作做得更多更具体。杨伯峻的《论语译注》、《孟子译注》后边的《论语词典》、《孟子词典》还就《论语》和《孟子》这两部书的语词进行全面的分析统计和说明,使"'译注'收相辅相成之效"(《论语译注·导言》)。杨伯峻在这两书词典的例言中都说:"旧日的训诂,我嫌其疏略,未必便于今日的读者,因之本词典的释义,虽然大多承袭了前人的研究成果,但解说方式多出自心裁。"可见这一工作本身表现出了学术探讨的精神,而因所用的方法较前人科学,就有利于补旧日的训诂的疏略了。

资料的分析统计,只是研究方法的一个方面,其他方面自然也应借鉴。况且随着科学技术的发展,语言资料的分析统计工作还可以借助于电脑,训诂学的研究应该充分利用科学上的新成就。

最后要强调的是,在任何时候,都要独立思考,不可盲目信从,人云亦云。章炳麟是很有学问的,而他解释词义有时就不一定可靠。段玉裁《说文解字注》是一部权威性著作,但也有这样那样的不当之处。比如许慎《说文》"夫"字下说"丈夫也","婿"字下说"夫也"。段玉裁注"夫"为男子的通称是对的,而连"婿"字也认为男子的通称,就弄糊涂了,因为古书中没有一个"婿"可解为男子的通称。

第十章　关于古书的阅读

训诂学的参考书，前面"总论"部分、"训诂要籍"部分都有所叙述。现在为了更好地查阅旁及的其他各种资料，对古籍的某些有关情况作必要的说明，同时也对扩大视野、较全面了解近代尤其是七十年来的研究状况等作必要的提示，供读者参考。

一、注意古籍部类

"五四"以前的作品通称古籍。古籍很多，1946年出版的《新中国杂志》上，曾发表杨家骆根据历代各种书目整理出来的我国古代出版书籍的数量统计文章。据统计：两汉及两汉前，出了1,033部，计13,029卷；到了清末，共出了181,755部，计2,367,146卷。流传至今的，估计还有七八万部（转引自《世界图书》1981年第3期）。了解古籍，要先了解古籍的分类。现在沿用古代经、史、子、集四部分类法给我国七八万种的古籍进行分类。这四部分类顺序的基础是魏晋之际甲、乙、丙、丁四部的分类顺序，是《汉书·艺文志》所系列的"七略"（辑略、六艺略、诸子略、诗赋略、兵书略、数术略、方技略）的改善与发展。

《汉书·艺文志》是现存最早的目录学著作，清代金榜说："不通《汉书·艺文志》，不可以读天下书。艺文志者，学问之眉目，著述之门户也。"清末张之洞批评有些读书人不会读书，写了《书目答问》问世；近人范希曾《书目答问补正》对张书又作了补充和修正。

要之，最早的图书分类是"七略"，后来是"四部"（在由"七略"至"四部"的发展过程中，还有"七志"、"七录"之类，它们的体例仿照"七略"）。唐玄宗用四大书库来贮藏四部的书，清乾隆帝命被赞誉为我国历史上一代文宗的纪昀（字晓岚）任总纂，组织五百文人学士取四部之书而加以分类，编纂了"无斯巨帙"的大丛书，这就是现在看到的《四库全书》。有人认为四部分类法是封建思想体系的图书分类法，应该否定。其实，古代文献本身就是我国奴隶社会、封建社会和半殖民地半封建社会的产物,用这个分类法倒是比较方便的。四部的具体内容,目录学、文献学及其他有关专书可供参照,这儿就不多说了。

二、注意作者、书名

(一) 关于作者

古书原先不标作者姓名,如《周易》、《尔雅》之类。汉代以后,标作者姓名的才多起来。不仅标姓名,后来甚至连字号、籍贯、官职、封号、爵名以及著作方式也都标了出来。比如:

《小仓山房文集》题为:钱塘袁枚子才
　　　　　　　　　　　(籍贯)(姓名)(字)

《山中白云词》题为:西秦玉田生张炎叔夏
　　　　　　　　　　(籍贯)(号)(姓名)(字)

《蔡中郎集》题为:汉左中郎将蔡邕伯喈撰
　　　　　　　　　(朝代)(官职)(姓名)(字)(著作方式)

《曹子建集》题为:魏陈思王曹植撰
　　　　　　　　　(朝代)(封地)(谥号)(爵号)(姓名)(著作方式)

《史记》题为:汉太史令司马迁撰
　　　　　　宋中郎外兵马曹参军裴骃集解
　　　　　　　("集解"为"汇总各家说法"之意)
　　　　　　唐国子博士弘文殿学士司马贞索隐
　　　　　　　("索隐"为"寻求隐义"之意)
　　　　　　唐诸王侍读率府长史张守节正义
　　　　　　　("正义"为"正前人义疏"之意)
　　——这里表明作者是汉代司马迁,注释者是刘宋·裴骃、唐·司马贞、张守节,汉、宋、唐表示朝代(时代),撰、集解、索隐、正义表示著作方式,其余都是官职名称。

有些著作署名有主修、纂修、协理之类。主修一般是组织编写审定工作,纂修具体负责编写工作,协理是纂修的助手。

至于小说、话本、杂剧之类,素来被看成末流,作者受歧视,不敢用真名。如《金瓶梅词话》署名兰陵笑笑生,《今古奇观》署名姑苏抱瓮老人,《英烈传》不署名,李宝嘉的《官场现形记》署名南亭亭长。

(二) 关于书名

先秦的书一般没有总的名称,《诗》、《书》、《礼》、《易》、《春秋》的名称是后人收集整理时加上去的。司马迁的《史记》原来也没有名称,东方朔把它叫作《太史公》(司马迁曾做过太史令官),魏晋人称它为《太史公记》、《太史公传》、《太史公书》等等。

古代给书命名的情况很复杂,特别是集部的书,有取书开端的字眼来命名的,如《急就篇》;有取作者的字来命名的,如《王子安集》(王勃字子安);有取作者的号来命名的,如《玉川子集》(卢仝号玉川子);有取作者住地来命名的,如《甫里集》(陆龟蒙在松江甫里住过);有取作者官衔来命名的,如《阮步兵集》(阮籍做过步兵校尉的官);有取有关的年号来命名的,如《白氏长庆集》(白居易在唐穆宗长庆年间编的自己的集子);有取作者谥号命名的,如《欧阳文忠公集》(欧阳修谥文忠)。此外还有其他情况,以上只是择其要者而已。

古代还有同书异名和同名异书等现象,比如《老子》又名《道德经》,《庄子》又名《南华经》,《吕氏春秋》又名《吕览》,《左传》又名《左氏春秋》、《春秋左氏传》、《古文春秋》,《诗品》又名《诗评》,《喻世明言》又名《古今小说》,《红楼梦》又名《风月宝鉴》,《贾谊集》又名《贾长沙集》,《李太白集》又名《李翰林集》,《柳河东集》又名《柳柳州集》、《柳文惠公集》、《柳文》,《文山集》又名《文山先生集》、《文丞相集》、《文信国公集》等,都是同书异名现象;魏·李登撰《声类》、清·钱大昕亦撰《声类》,清·王筠撰《说文释例》、清·江沅亦撰《说文释例》,晋·谢沈撰《后汉书》一卷、晋·袁山松撰《后汉书》一卷、晋·华峤撰《后汉书》二卷、晋·谢承撰《后汉书》八卷、宋·刘义庆《后汉书》、宋·范晔撰《后汉书》一百二十卷、梁·萧子显《后汉书》,都是同名异书现象。以上种种,稍有疏忽,便会张冠李戴。遇到这方面的问题时,可查检《同书异名通检》和《同名异书通检》两书。

三、注意丛书、类书

(一) 关于丛书

丛书是总聚众书而汇刻成一大部的书。我国古籍收集各种丛书中的为数极多。

丛书分综合性丛书与专科性丛书两大类,每一大类又分若干小类。

综合性丛书是经、史、子、集各类兼收的。这一大类丛书中又可分为普通丛书、地方丛书、氏族丛书、个人丛书各种,普通丛书还可分为举要(把常用的和编者认为重要的书汇印出来)、搜异(把编者认为难得的书汇印出来)、辑佚(专收散佚的古书)、影旧(影印精本)等等。

丛书有的按经、史、子、集分,如史部有《二十四史》、集部有《汉魏百三名家集》;有的属各种学科的专门丛书,如《音韵学丛书》、《文字学丛书》。

大型丛书有《四部丛刊》、《四部备要》、《丛书集成》、《四库全书》之类。

过去查检丛书不很容易,解放后上海图书馆编有《中国丛书综录》,为读者提供了方便。《中国丛书综录》的第一册是"总目分类目录",可查某一丛书包括哪些书;第二册是"子目分类目录",可查某一学科有哪些书;第三册是"子目书名索引"及"子目著作索引"(关于"索引"后面还要具体说明),可查某一书收到哪部丛书中以及某一作者有哪些书。要了解训诂资料,自然也要充分利用它。

(二) 关于类书

类书是从古书中摘录成语典故、诗赋文章甚至整部著作,按类分列于若干标题之下,便于寻检、引用的一种工具书。它开始于魏文帝的《皇览》。现存的有唐代《北堂书钞》、《艺文类聚》、《初学记》,宋代《太平御览》、《册府元龟》,明代《永乐大典》(残),清代《古今图书集成》等等。体例上有专收一类的和综合众类的,编排有按分类的,有按字韵的。

古时编辑类书,主要是从给做诗赋骈文的人提供辞藻、典故出发的,但它保存了大量资料可以查考,这对训诂学的研究来说,也是有用的。

四、注意版本、校勘

(一) 关于版本

古籍版本很多,各本高下优劣不同。《颜氏家训·勉学篇》记载了这样一桩事:江南有一个权贵,收到了别人送的一块羊肉,写了一封表示感谢的信,其中有一句是"损惠蹲鸱",受信的人感到很惊讶,因为把羊肉说成"蹲鸱"实在是闻所未闻。原来,四川土话把"芋"说成"蹲鸱",那个权贵家藏的《蜀都赋》上把"芋"字抄成"羊"字,这样,羊肉就变成芋头,闹了笑话。仅此一例,已使我们看到版本的重要。

左思写《蜀都赋》,为了准备资料,特地移家到洛阳,访问熟悉蜀地情况的张载。他家里到处都安放纸笔,每当想到一两句话就赶紧记下来,前后共用了十多年时间才完成,其写作态度之严谨可想而知,自然不该有文字上的疏忽了。这篇作品问世以后,大家争相传抄。因为抄得多了,似乎纸也供不应求,曾有"洛阳纸贵"的传说,结果就难免产生了抄错的现象。非但古人辗转传抄难免出错,即使今人偶尔传抄,也难免错误。现代人抄写文章尚且有笔误,古人一篇篇一本本手抄,哪有不出这样那样的差错呢?所以读书一定要关心版本。

刻版发明之后,刻本书日益增多了,但是写本仍然在流行。刻本自然也难免有误,特别是书商目的在赚钱,常有偷工减料之弊,因而讹字、衍文、误倒、误脱乃至缺行、缺卷情况频频发生。古人就曾说过"书经数刻,鲁鱼亥豕"的话。这是说,书多翻刻一次,讹误就增多一些。就拿汉代扬雄的《方言》来看吧,未经戴震校订以前,几乎没法读下去。戴震用善本校勘《方言》这部书,写出了《笺疏》,才成为今天可读的本子。又比如《广雅》未校前讹误甚多,王念孙花了十年的工夫写成《广雅疏证》,才给读者以很大方便。他发现旧本讹字580,脱字490,衍文39,先后次序错乱123,其他错误76。(前边"训诂要籍简介"部分已提到这些,可参阅。)可见《广雅》错误之严重已至十分惊人的地步。

由此可见善本书的价值。周总理非常关心古籍善本,在病中亲自作了编纂《古籍善本总目》的指示。有可靠的善本,对古籍的校勘必将带来很大好处。下面就接着谈谈关于校勘问题。

(二) 关于校勘

刻版印书,要注意校对,但是由于因袭前代的错讹,难免一错再错。

校勘的目的在于恢复古籍的本来面目。"衍、脱、讹、倒"是古籍错落的四种现象，是校勘时必须指出的。古书校勘的具体方法，多种多样。综合古今名家学者的经验，大致有对校法（先选定一种较完善的版本作为底本而后用不同的版本进行互校）、他校法（用他书来校勘本书）、文物校书法（利用出土的古代文物来校订古书）、理校法（从事理或文理上去分析、判断而加以订正）四种。这儿不可能专门谈校勘学问题，只能举些实例加以说明，以为读书时参考。

　　夫佳兵者，不祥之器……（《老子》三十一章）

清代王念孙认为"佳"字是"唯"字之误。因这里"兵"作为兵器讲，既说它"不祥"，那么"佳"字就难以解释通，所以王念孙就把"佳"改为"唯"字了。近年马王堆汉墓帛书《老子》出土，作"夫兵者，不祥之器……"，王念孙认为"佳"字讲不通得到了证实。古代"夫"、"唯"都是发语词，或单用或连用；本句"夫"作用同"夫唯"。帛书甲、乙本"夫唯"作"夫"，仅此一处。按之《老子》全书通例，仍当以作"夫唯"为是，看来甲、乙本前已有讹误。又按，朱起凤早已说过"古有嘉字，无佳字"（《辞通》），这是从文字学角度考察"佳"字之误。由此可见，训释古书，综合运用语文知识、校勘知识等，效果更好，相应地说服力也更强。

　　自三峡七百里中，两岸连山，略无阙处，重岩叠嶂，隐天蔽日，自非亭午夜分，不见曦月。至于夏水襄陵，沿溯阻绝，或王命急宣，有时朝发白帝，暮到江陵，其间千二百里，虽乘奔御风，不以疾也。春冬之时，则素湍绿潭，回清倒影，绝巘多生怪柏，悬泉瀑布，飞漱其间，清荣峻茂，良多趣味。每至晴初霜旦，林寒涧肃，常有高猿长啸，属引凄异，空谷传响，哀转久绝。故渔者歌曰："巴东三峡巫峡长，猿鸣三声泪沾裳！"（《水经注·江水》）

这段很优美的写三峡的文字，历来被认定为北魏后期郦道元（472—527）的手笔，其实它早出现在刘宋时期临川盛弘之《荆州记》里。这从《世说新语》注、《艺文类聚》等书中都可以得到证明。这可能是在流传过程中脱了"盛弘之《荆州记》曰"这些字眼了。

　　古来校勘训诂同出一源，勘正文字是两者的共同任务。读古书要懂得训诂，自然也要懂得校勘。在这个意义上看，校勘与训诂是不分彼此的。但从科学性质上说，毕竟各有其特点。因此，关于古书校勘的实例固然极多，但这里只能略提一下，好在有陈垣的《校勘学释例》、张舜徽的《广校雠略》等书在，可供读者参考。

五、注意书刊索引

索引能帮助人们迅速检索到书刊中的资料,克服依靠记忆的局限性,节省重复翻检的精力和时间。索引种类很多,这儿只略述与古书阅读有关的内容。

(一)篇目索引——以篇目为著录和检索单位。

属于查报刊上发表的文章的,如《中国古典文学研究论文索引》(中华书局)、《〈文学遗产〉索引》(中华书局)之类。

属于查史传的,如《二十五史人名索引》(二十五史刊行委员会)、《二十四史纪传人名索引》(张忱石、吴树平)、《史记人名索引》(钟华)、《汉书人名索引》(魏连科)、《后汉书人名索引》(李裕民)、《三国志人名索引》(高秀芳)、《晋书人名索引》(张忱石)、《隋书人名索引》(邓经元)、《新旧五代史人名索引》(张万起)、《金史人名索引》(崔文印)。

属于查文集的,如《元人文集篇目分类索引》(陆峻岭)、《清代文集篇目分类索引》(王重民、杨殿珣)等。

属于查丛书的,如《丛书子目书名索引》(施廷镛)、《中国丛书综录》第三册子目书名索引(上海图书馆)。

(二)语词索引——分别以字、词、句为著录和检索单位。

以字为目的,如《尚书通检》(顾颉刚主编)。

以词为目的,如《史记及注释综合引得》("引得"是英文 index 的音译,即"索引")、《汉书及补注综合引得》、《后汉书及注释综合引得》、《三国志及裴注综合引得》(均哈佛燕京学社引得编纂处编)。

以句为目的,如《十三经索引》(叶绍钧)。

人们对语词的排比著录越来越细,还有连虚词也加以汇集的。索引不仅是检查文献内容的工具,也有助于研究语言,特别是研究训诂。《老解老》(1922年出版)具有《老子》语词索引的性质,就有助于研究《老子》词义。哈佛燕京学社北京引得编纂处于1931～1942年和1947～1950年期间共编印了六十四种"引得",其中除少量单纯的篇目索引和人名索引外,大部分是语词索引,或逐字为目,或基本上以词为目。中法汉学研究所编了十四种古籍的语词索引。这些语词索引的编辑与出版,加速了研究工作的进展与普及。

我国古籍语词索引已经完成的选题有:

经部:《周易》、《毛诗》、《尚书》、《三礼》、《春秋三传》、《孝经》、《论语》、

《孟子》、《尔雅》等；

  史部:《史记》、《汉书》、《后汉书》、《三国志》、《通鉴》、《国语》、《国策》、《竹书纪年》、《辽史》、《金史》、《元史》、《契丹国志》、《大金国志》等；

  子部:《庄子》、《墨子》、《荀子》、《孙子》、《列子》、《韩非子》、《淮南子》、《新序》、《说苑》、《论衡》、《朱子语录》、《二程遗书》等；

  集部:《楚辞》、《文选》、《文心雕龙》、《苏东坡全集》、《红楼梦》、《水浒全传》以及李白、杜甫、杜牧、王维、韩愈等著名作家的诗作等。

  20世纪,日本编制了多种中国古代文献索引,有条件者应注意利用。

  近代以来的重要文献语词索引还不多见,有待进一步编制。

  总之,充分利用语词索引,将改变训诂研究工作抱瓮而汲的状况。

第十一章　从实践中加深和提高
——古书词语训释二百例

　　本书已经把训诂学基本理论、基础知识及其有关问题加以叙述，并随文作了例释，以便具体理解。现在再列古书词语训释实例二百余，并作必要提示。内容有意偏重于本书正文未及细述的现象。有些现象看似不属训诂范围，实则与词语正确训释有关，不宜屏于训诂学之外。戴震说："学有三难：淹博难，识断难，精审难。"没有渊博的知识，独立的见解，深入细致的研究，就不可能真正疏通古书。但是古书浩如烟海，语言现象相当复杂，这些提示自然不免挂一漏万，只是希望能供读者参考，起到对本书阐述内容的扩展、加深与延伸的作用而已。

　　释例重在正误，未一一详述所以，用意只在提出问题，启发思考，以为今后训释实践的引导，读者还要进一步自行综合运用训诂基本理论与基础知识，全面加以识别、领会。识别、领会一定要紧扣本句。离开本句就失去了正确训释的凭借。在这里，我们想起了鲁迅在《论新文字》一文中说的话："虽是方块字，倘若单取一两个字，也往往难以确切地定出它的意义来。例如'日者'这两个字，如果只是这两个字，我们可以作'太阳这东西'解，可以作'近几天'解，也可以作'占卜凶吉的人'解；又如'果然'大抵是'竟是'的意思，然而又是一种动物的名目，也可以作隆起的形容；就是一个'一'字，在孤立的时候，也不能决定它是数字'一二三'之'一'呢，还是动词'四海一'之'一'。不过组织在句子里，这疑难就消失了。"

　　（1）虑福未及，虑祸过之，所以免（貌）之也。（《吕氏春秋·原乱》）

"兒"字费解。王念孙从隶书"完"与"兒"近，论证"兒"当为"完"。"完"有"全"义，"所以兒之也"就是"所以全之也"，语义就不难理解了。

　　（2）义志以天下为劳。（《墨子·经说上》）

"义志"费解。俞樾说："'志'当作'者'"，盖由草书形似而误。

（3）大夫种勇而无谋，将还玩吴于股掌之上以待其志。（《国语·吴语》）

"股掌"费解。郝懿行认为"股"为"般"之误，"般掌"即山东方言中的"巴掌"。今安徽方言也有同样情况。

（4）哀窈窕，思贤才。（《诗大序》）

"哀"无法解为"哀伤"。郑玄训"哀"为"衷"，意亦不明。钱钟书引《淮南子·说林训》及《吕氏春秋·报更》二书之高诱注"哀，爱也"为证，义便显豁。按："哀"义一是"悲痛、伤心"，二是"怜悯、同情"；"爱"义一是"喜爱"，二是"怜悯、同情"。高诱"哀，爱也"的"爱"义应是"怜悯、同情"。有本训诂学书把"爱"解为"喜爱"，进而认为"哀，爱也"，属反训，这就不妥。

（5）岂不夙夜，谓行多露。（《诗经·召南·行露》）

"谓"，高亨《诗经今注》说："当读为惟，是个发语词。"马瑞辰说："'谓'疑'畏'之假借。凡《诗》上言'岂不'、'岂敢'者，下句多言'畏'。《大车》'岂不尔思，畏子不敢'；'岂不尔思，畏子不奔'；《出车》'岂不怀归，畏不能趋'……《左传》引逸诗'岂不欲往，畏我友朋'，与此诗句法相类。"按：马瑞辰联系上下句法并把同类句法加以比较，从而确定词义，颇有可取。

（6）举公义，辟私怨。（《墨子·尚贤》）

"辟"，毕沅说："读'辟举'之'辟'。"俞樾说："此说非也。岂有私怨者，不问其贤否而概辟举之乎？"又说："《尔雅·释言》：'辟，除也。''辟私怨'谓惟公义是举，而私怨在所不问，故除去之也。"（均见《诸子平议》）按：俞樾从事理上分析判断以驳毕说，较可取。"辟"的义项很多，《中华大字典》列义项七十，新版《辞海》加以归并尚有义项十七。"辟"的意义不仅毕沅弄错了，朱熹也弄错过。当然，义项多而引起误解还是情有可原的，而蓄意曲解，那就不能允许了。有人为了证明少正卯是"法家的先驱者"，把《荀子·宥坐》"行辟而坚"的"辟"解为"法"和"商人"，就是随心所欲的歪曲。

（7）譬之越人安越，楚人安楚，君子安雅。（《荀子·荣辱》）

"雅"，杨倞解为"正而有美德之雅"。王引之说："'雅'读为'夏'，'夏'谓中国，故与楚、越对文。"文句属排比，王说可取。

（8）怀王稚子子兰劝王行："奈何绝秦欢？"（《史记·屈原列传》）

"行"下省"曰"字。古书记言常省"曰"，造成语意费解。这是语法问题，也是训诂问题。按：这儿加了标点符号，尚不难了解语意；古书不加标点，单凭语感及揣摩上下文意思，就有些费事。因此读白文时对类似现象要多加注意。《白文十三经·前言》："侃所点书，句读颇有误处。"黄侃尚且如此，一般读者自不待说了。

(9) 人君唯毋听寝（息、止）兵，则群臣莫敢言兵。(《管子·立政·九败解》)

上下两句文义不贯。杨树达说："此本当云：'人君唯毋听寝兵，听寝兵，则群臣宾客莫敢言兵。'……乃《管子》以语急而省去一句。"(《古书疑义举例续补》)杨树达指出这种"省句"现象，对理解文义也有帮助。

(10) 如是而不退，则商君、白公、吴起、大夫种是也。(《史记·蔡泽列传》)

"白公"，是白起。"以下有吴起，避'起'字复耳。"(李笠《史记订补》)古人行文因避重复而变换字词（变文）的例子很多，六朝尤甚。若不现解这一用法，本文的"白公"就有错解为"白公胜"的可能。

(11) 富而可求也，虽执鞭之士，吾亦为之；如不可求，从吾所好。(《论语·述而》)

"而"，俞樾说即"如"字，这是上下文避免重复而变换虚字。

(12) 智不足与权变，勇不足以决断。(《史记·货殖列传》)

"与"，即"以"，也是形式上避免重复而变换使用的虚字，跟例(11)情况一样。清代王引之著《经传释词》时，曾经根据这一规律去解决古书上许多虚字疑义问题。

(13) 谚所谓"室于怒市于色"者，楚之谓矣。(《左传·昭公十九年》)

句意是：俗语所谓"在家里生气而到大街上给人看脸色"，说的就是楚国了。"室于怒市于色"是倒文（俞樾、杨伯峻称倒句，马叙伦称倒用字）。《战国策·韩策二》云："语曰：'怒于室者色于市。'"这是常式。他如"私族于谋"(《左传》)、"野于饮食"(《墨子》)同是倒文，可类推。

(14) 其卜维何？厘（赐予）尔女士，厘尔女士，从以孙子。(《诗经·大雅·既醉》)

"女士者，士女也；孙子者，子孙也。皆倒文以协韵。"(俞樾语)《诗经》里屡见这种倒文协韵的例子，像"衣裳"说成"裳衣"，"琴瑟"说成"瑟琴"等等

（15）乃生女子……载（则）弄之瓦。(《诗经·小雅·斯干》)

"瓦",毛亨解为"纺塼",马瑞辰进而说"瓦"为陶器之通名,"纺塼"即纺锤,据此可知"瓦"即"陶制的纺锤"。如果简单地把"瓦"解释为砖瓦,前后文意就难照应,不合情理了。

（16）卫献公,反于卫,及郊,将班邑于从者而后入。(《礼记·檀弓》)

"班"字《说文》解"分瑞玉也",本义就是分玉,从分玉引申为一般的"分"。"班邑于从者"意为把人民聚居的地方分给随从的臣子。按:"班"字两边是两串玉,中间是刀的象形 ,所以"分玉"是本义。

（17）延年母从东海来,欲从延年腊,到洛阳,适见报囚。(《汉书·严延年传》)

"报囚"是处决罪犯的意思。唐颜师古注"报"为"奏报行决",把"报"理解为"报告"、"上报",显然不对。"报"的繁体字"報"右边的"𠬝"是"服"的本字,甲骨文写作 ,像一只手揪着一个人跪在那里;左边的"幸"不是幸福的"幸",甲骨文作 ,是手铐的象形,合起来是使罪犯服罪之意。

（18）复与两钱散,成得药去。五六岁,亲中有病如成者,谓成曰:"卿今强健,我欲死,何忍无急去药,以待不祥。"(《三国志·魏书·华佗传》)

前三句依现有标点本断句。其实标点者因不明"去"的本义而造成误解,以致断句不当。"去"字小篆作 ,下半是容器象形,上半像盖子。容器装上东西,盖上盖子,表示"储藏"的意思。因此,这几句应读成"复与两钱散,成得药,去五六岁"。下文"何忍无急去药"的"去"同样表示"储藏"的意思。又如《左传·昭公十九年》"纺焉以度而去之",《汉书·苏武传》"掘野鼠去草食而食之"中的"去"字,用的都是本义"储藏"。

（19）不图门衰祸集,一旦草土,残息复罹今酷。(《南史》)

此例依中华书局标点本断句。"草土"词在这里很费解。如改读为"不图门衰,祸集一旦,草土残息,复罹今酷",句意就通达了。"草土"是说话者自谦之词,即"草芥"与"粪土"的意思。《孟子》有"土芥"一词,与此同义。句读得当,词义往往能随之而明。

(20) 其为气(浩然之气)也至大至刚以直养而无害则塞于天地之间。(《孟子·公孙丑上》)

此例未断句。朱熹读成"其为气也,至大至刚,以直养而无害,则塞于天地之间"。"以直养"怎样解释呢?很难回答。其实是由朱熹断句有误而造成费解。"以直"二字原应连上读,而朱熹误在"至刚"下断句了。其所以如此,是因为朱熹把"以"当"把"或"拿"来理解。"以"相当于"而",读成"至大至刚而直",便文从字顺了。

(21) 詹何坐,弟子侍,有牛鸣于门外。弟子曰:"是黑牛也而白题。"(《韩非子·解老》)

"题"从字形上看,"是"为声符,"页"为形符。"页"本义是人头,"题"本义也与头有关,"白题"就是白额头。

(22) 子南知之,执戈逐之。及衝,击之以戈。(《左传·昭公元年》)

"衝"以"行"为形符,本义是交叉路口。"及衝"就是说"在交叉路口追上了"。成语"首当其衝"的"衝"也还是指交通要道。"衝"简化作"冲",义项很多,其本义如上,不可误解成他义。

(23) 公子于是乃置酒大会宾客。坐定,公子从车骑,虚左,自迎夷门侯生。(《史记·魏公子列传》)

"虚左"依《辞海》解为:"古时以左为尊,空着左边的位置以待宾客叫'虚左'。如虚左以待。"《辞海》的解释是对的,但是读者要知其所以然,还得作具体了解:原来,驾马车的人是用右手拿鞭子驾御车骑的,若让上宾居右座,那么在挥鞭时,势必会碰撞宾客的身子,因此,"虚左"(空着左位),便是古时乘车对客人尊敬的一种表示。

(24) 沛公之参乘(sān shèng)樊哙者也。(《史记·项羽本纪》)

"参乘"亦作"骖乘",《辞海》解释为"陪乘或陪乘的人"。《辞海》的解释也是对的,但是读者要想知其所以,还得具体了解到:古代车骑设坐一般为三。主坐在左,驾车人在中间,陪坐人在右。由于"参"表示成三个的事物,后或写作"叁",因此陪坐人的专用名词便叫作"参乘"。他往往是武士,负责警卫。

(25) 入则无法家拂士,出则无敌国外患者,国恒亡。(《孟子·告子下》)

"拂"通辅弼的"弼"。"拂"古代也读重唇音,与"弼"同声母,属双声通假。(赵岐注"法家拂士"为"法度大臣之家,辅拂之士"。)

(26)所击杀者无虑百十人。(《冯婉贞胜英人于谢庄》)

"无虑"古书上还写作"亡虑、勿虑、摹略、莫络"等等,是联绵词,有人把它拆散开来理解,释为"不用考虑就知道"、"无须计虑"之类,是不妥当的。王念孙说:"总计物数谓之无虑,总度事宜,亦谓之无虑,皆'都凡'之意。"本例句"无虑"与今天的"大约"相当。按:高诱《淮南子·俶真》注:"无虑,大数名也。"《广雅》:"无虑,都凡也。""都,大也。"《周髀算经》赵爽注:"无虑,粗计也。"王念孙所说的就是根据这些。"无虑"这个词"自唐初人已不晓其义,望文生训,率多穿凿"(转引自吴孟复《训诂通论》7页),这是对联绵词常有忽视的缘故。联绵词因声以寄义,"求诸其声则得,求诸其字则惑"。

(27)虑亡不帝制而天子自为者。(《汉书·贾谊传》)

"虑"即"无虑"。颜师古注:"虑,大凡也。言诸侯皆欲同帝制而为天子之事。""亡",无,没有。

(28)又安能以皓皓之白,而蒙世俗之温蠖乎?(《史记·屈原列传》)

"温蠖"自唐司马贞《史记索隐》解为"惛愦"以来,人多沿其误。联绵词本因声以寄义,不拘于形体,缓言之为两音,急言之则为一字,"温蠖"急言之便是"污"。

(29)王命工以良金写范蠡之状而朝礼之。(《国语·越语》)

"写"是摹画的意思。《新序·杂事》"钩以写龙,凿以写龙,屋室雕文以写龙"的"写",《齐民要术·园篱》"复写鸟兽之状"的"写"都是这个意思。今有熟语"写生"。有人昧于描摹或仿制的含义,感到用唐以来的"书写"意义解释不通,便求助于字音,认为"写"是"削"的通假字,就是误解了。

(30)女子贞不字,十年乃字。(《易·屯·六二》)

"字"本义是生孩子。《说文》:"字,乳也。从子在宀下,子亦声。"(人及鸟生子曰"乳"。)宋·耿南仲《周易新讲义》解为"许嫁",引《礼记·曲礼》"女子许嫁,笄而字"为据,说:"贞不字者,未许嫁也。"有些字书沿其说。王引之指出:"遍考经传及唐以前书,无以'字'为'许嫁'者。"《礼记》"女子许嫁,笄而字"句与上句"男子二十,冠而字"同,属"名字"的"字"。"字"作

"许嫁"解,是唐以后的事。

(31)（李）广暂腾而上胡儿马。(《史记·李将军列传》)

"暂腾"即"突然跃起"。"暂"古今都有短暂的意思。但现在"暂"可作"暂时"讲,古代没有;古代"暂"可表示"突然"的意思,现在却没有。正因为"暂"现代没有"突然"这个意思,读古诗文就会有误解的可能。比如白居易《琵琶行》"如听仙乐耳暂明"的"暂明"也是"突然清亮"的意思,有人就未能正确理解。

(32)尧以天下让许由,许由逃之,舍于家人,家人藏其皮冠。(《韩非子·说林》)

"家人"指"平民百姓",不是指家里的人。奴隶社会诸侯统治的地方叫国,大夫统治地方叫家,这里"家人"是就大夫统治区域的人而言。但先秦"家"也用来指家庭,如《韩非子·显学》"儒者破家而葬,服丧三年"。

(33)昔者有王命,有采薪之忧,不能造朝。(《孟子·公孙丑》)

"采薪之忧"谦称自己有病。"采薪"即砍柴,是所谓贱者之事,贱者病,则有不能砍柴的忧虑,所以"采薪之忧"用为谦称。朱晦庵《集注》:"言病不能采薪。"

(34)臣生当陨首,死当结草。(李密《陈情表》)

"结草"是援用故实,表示报恩的诚意。《左传》有过这样的叙述:晋将魏颗不以父亲爱妾殉葬而让她改嫁,妾父的鬼魂在晋秦的一次战斗中,结草以绊秦将,使魏颗获胜。这儿只用"结草"二字点出,暗用故实。读古书必须熟悉故实才能理解文意,而暗比明用更难于为人觉察。"臣闻比干剖心,子胥鸱夷,臣始不信,乃今知之。"(邹阳《狱中上梁王书》)这里明点出比干、子胥两事,理解起来难度还不太大。先秦两汉文章常用故实,魏晋齐梁达到高峰,文人"捃拾细事,争疏僻典","以一事不知为耻,以字有来历为高"。李善注《文选》,着手于注典故,不是没有道理的。

(35)夫桃李不言而成蹊,有实存也;男子树兰而不芳,无其情也。(《文心雕龙·情采》)

这个复句全部引用前人的"成辞",不熟悉古书,就很难了解句意。原来前一大分句引用了《史记·李将军列传赞》"桃李不言,下自成蹊"的成辞,后一大分句引用了《淮南子·缪称》"男子树兰,美而不芳"的成辞。先秦以来《诗经》被引用得最多,不过其中也有不顾原意,断章取义的。

(36) 若昔贤可称,则今体宜弃;俱为盍各,则未之敢许。(萧纲《与湘东王书》)

"盍各"是说"言志"。这是把《论语·公冶长》"盍各言尔志"砍去"言尔志",留下"盍各"写进自己文章里,并用以代替砍去词语的含义。类似现象如"陛下隆于友于,不忍遏绝"(《后汉书·史弼传》)的"友于"是指兄弟,系割裂《尚书·君陈》"惟孝友于兄弟"一句而成的。这种割裂用法是不足取的。王力说:"曹植、陶潜、高适、杜甫等人的诗文中也都有'友于',这是风气使然,我们不必为他们隐讳。"(《汉语史稿》下册592页)这一看法是正确的。

(37) 巨滔天而泯夏兮,考遘(gòu)愍(mǐn)以行谣。(《汉书·叙传》)

"巨"是王莽。王莽字巨君,砍去"君",只用"巨"来省称。类似现象如人名诸葛亮省称"葛亮",司马相如省称"马相如"或"司马";谥名魏惠成王省称"惠王",庄襄王省称"庄王"。又如季子本封延陵,后复封州来,"延陵和州来"《左传》省称为"延州来"。这种割裂说法本来是不足取的。有个青年把"诸葛亮"理解为姓"诸",名"葛亮",传为笑话,其实应责怪的倒是古人的行文不合规范。

(38) 效季良不得,陷为天下轻薄子,所谓画龙不成反类狗者也。(《后汉书·马援传》)

"龙"不是讹文,而是唐章怀太子李贤注《后汉书》为避李渊祖父李虎的名讳而追改的。同书《孔僖传》"画龙不成反成狗者"的"龙"同样是追改的。原文都应是"画虎"。今天成语仍作"画虎类狗"或"画虎类犬",意为没有画虎的本领,却要画虎,结果把老虎画得像狗一样,用以比喻好高骛远,终无成就。(关于避讳种种,详见前文。)

(39) 世之治也,君子尚能而让其下,小人农力以事其上。(《左传·襄公十三年》)

"农力"一词《春秋左传读本》注为"尽力于农作",把"农"解为"农作",值得商榷。《玉篇》:"农,厚也。"段玉裁《说文解字注》衣部"襛"字注:"凡农声字皆训厚。"引申作"勉"解。《广雅·释诂》:"农,勉也。"《管子·大匡》"用力不农"即用力不勉的意思(详见王念孙《读书杂志》卷七)。因此,有人断定"农力"应解为"勉力"。按:"农力"可作"勉力"意理解,同时,结合声音推求,未尝不可作"戮力"或"勠力"看待。"戮力"或"勠力"是并力、合力的意思,如《左传·昭公二十五年》:"戮力一心。"《汉书·高帝纪》:"臣与将军勠力攻秦。"

(40) 乃引其匕首以提秦王。(《战国策·燕策》)

"提"即"掷",是"擿"的通假字。《史记·刺客列传》写作"乃引其匕首以擿秦王",对照异文来推究就更明白。

(41) 今夫齐,亦君之水也;君长有齐,奚以薛为?夫齐,虽隆薛之城至于天,犹之无益也。(《战国策·赵策》)

后一个"夫齐",与上文不衔接,与下文语气也不合。这段话在《韩非子·说林》中写作"君失齐,虽隆薛城至于天,犹无益也"。这"君失齐"与上文"君长有齐"正相应,与下文语气也相贯。再查《淮南子·人间训》:"君失齐,则薛能自存乎?"由此可断定《战国策》"夫齐"实是"失齐"之误。运用"校读法",可帮助解决古书文字讹阙问题。

(42) 乃於邑曰:"其是吾弟与?"(《史记·刺客列传》)

"於邑"就是"呜唈"、"呜咽"(古"於"、"乌"同)。聂政刺韩相侠累后自杀暴尸于市,他的姐姐听说后便泣不成声地说了"其是吾弟与"这句话。唐·张守节把"於"理解为"在",把"邑"理解为"都邑",说"乃於邑中而言曰"(《史记会注考证》引《史记正义》语),是望文生训。

(43) 鱼价今年逐渐强,偶因换酒到山乡,笭箵个个盛鱼满,一舸银鱼论斗量。(汪纯翁《西山渔夫词》)

"强"是"便宜"的意思,即作者自注"吴人谓贱为强,今吴中方音犹然"。今天上海话里"强来些"的"强"正与此合。但非吴语区的人,特别是北方方言区的人理解起来可能不一致。如果据《木兰辞》"赏赐百千彊(同强)"的"彊"和白居易"梁园不到一年强"的"强"的词义("多"或"余"一类意思)类推,把"鱼价强"解释为鱼价高涨,显然不当。至于有人以"强"既可作"多"义解又可作"少"义解为由,析为所谓"反训",更属不明方言说法而产生的误解。

(44) 故五月渡泸(水名,今金沙江),深入不毛。(诸葛亮《出师表》)

"毛"是"苗"通假字,不属由"毛"的本义类比引申出来的"草木"之义。段玉裁说:"按毛苗古同音,苗亦曰毛,如不毛之地是。"《左传·昭公七年》:"封略之内,何非君土?食土之毛,谁非君臣?"杜注:"毛,草也。"若依杜注,"食土之毛"便难以理解。实亦应解作"苗"。《公羊传·宣公十二年》"不毛之地"何休注"毛谓五谷",就合乎情理("苗"扩大而引申为"五谷")。同理,《三国演义》八十四回"南方不毛之地"应解释为南方不长五谷的地方。有些注本给"不毛"作了这样的解释:"不生草木的地方。毛,指草木。"显然不合情理。章炳麟联系到"泸水"的地理位置的一段话说得相当具体明确:"此泸水即今之金沙江,有人以为四川泸州,则大误。今之泸州,乃唐代(实为南朝梁)所设,前临大江,然非不毛之地。且去金沙江千有余里,读者非博为稽考,不易知也。"(《国学演讲集》63～64页)《出师表》中所说的南方,是现在的云南,云南既非沙漠,又不是冻土带,怎么会连草木都不长呢?

(45) 距关,毋内诸侯。(《史记·项羽本纪》)

"内",使之"内",方位名词用为使动词。不是"纳"的通假字,也不是"纳"的古字。语文课本和古文选本注为"内,同纳,接纳",这既是有悖历史事实,也破坏了当时争斗的紧张气氛,还跟前后文意、格调不合。

(46) 月离于毕,俾滂沱矣。(《诗经·小雅·渐渐之石》)

"毕",指毕宿(星)。"月离于毕",是月亮走到毕宿的意思。据说月离于毕将有大雨,所以接下去说"俾滂沱矣"。古书常涉及天文知识,后人不免感到生疏。顾炎武说:"三代以上,人人皆知天文。'七月流火',农夫之辞也;'三星在天',夫人之语也;'月离于毕',戍卒之作也;'龙尾伏辰',儿童之谣也。后世文人学士,有问之而茫然不知者矣。"(《日知录》卷三十)

(47) 夫子何命焉为?(《墨子·公输》)

"何命焉为"即"何命焉有"。"为"、"有"上古属"喻"母,系一声之转,可以通用。有人把"为"解释成语气词,是欠妥的。"焉"是宾语提前的标志,用以强调提前宾语。有人解释"焉"是复指提前宾语,我们不主张采用这种说法。"命"是命令、教诲。"何命焉为"或"何命焉有"就是"有何命"、"有何教诲"。

(48) 弘靖……谓军士曰:今天下无事,汝辈挽得两石弓,不如识一丁字。(《旧唐书·张弘靖传》)

"丁"应是"个"字,《旧唐书》和《新唐书》都误写以后,长期以讹传讹,"约定俗成",无需改变了。宋代学者孔平仲在《续世说》中说:"一丁字应作一个字,因篆文丁与个相似,误作丁耳。"宋代学者洪迈在《容斋随笔》中也说:"今人多用不识一丁字,谓祖唐书。以出处考之,乃个字,非丁字。盖个与丁相类,传写误焉。"孔、洪二人说法颇有可取。按:古代就有"个"、"箇"、"個"的不同写法,现在只剩一个"个",取其写法最简易。

(49) 人生自古谁无死,留取丹心照汗青。(文天祥《过零丁洋》)

"汗青"是借指历史的记载。汉以前没有纸,用竹简记事。竹色青绿,所以便称竹为"青"(今天也常有"竹青"说法)。在竹简上写字,得先用火烤一下竹简使去竹汗。去掉竹汗便易于书写。经过火烤过的竹简就是"汗青"。"留取丹心照汗青"是指人要死得有价值,留下一颗赤胆忠心,在历史上永放光芒。(人们也把史书叫作"青史",如"青史留名"、"永留青史"。)

(50)《三苍》奇字已杀(sài)青,九译旁行方著录。(陆游《读书》)

"杀青"也就是"汗青",泛指书籍写定,即指一书的定稿。《三苍》也作《三仓》,字书,指秦李斯《仓颉篇》、赵高《爰历篇》、胡母敬《博学篇》。

(51) 峰回路转,有亭翼然临于泉上者,醉翁亭也。(欧阳修《醉翁亭记》)

"临"可依《辞海》解作"居高处朝向低处",即"居高临下"之"临"的意思。有一文言文注本解作"靠近",不妥。叙述亭子用"临"字,并在前面用"翼然"修饰,显然是用比拟的修辞手法,表示亭子像鸟张开翅膀似的飞临泉上,形象生动。

(52) 惜春长怕花开早。(辛弃疾《摸鱼儿》)

"长"是经常的意思。有人解释"长"是"常"的双声通假字,不妥。长短的"长"古音属"澄"母字,经常的"常"古音属"禅"母字,相差很大,怎么可说是双声通假呢?通假是指古音通假,拿现代的读音去凑合古书通假就不对了。其实"长"的引申义就是"常常",何必来个"长、常"通假呢?我们应防止滥用、乱用通假。

(53) 臣之妻私臣,臣之妾畏臣,臣之客欲有求于臣,皆以美于徐公。(《战国策·齐策》)

"以",当解作"谓"。王引之《经传释词》:"'以'犹'谓'也。""……皆以美于徐公',言皆谓美于徐公也。"后人如杨树达、裴学海等均依王说。语文课本和古文选本曾把"以"解作"以为"、"认为",同时说"以"后省去宾语"我",这从意念上看和结构上看都不够贴切。从意念上看,邹忌的妻、妾、客之所以赞美邹忌,并非主观上确实存在着邹忌比徐公美的意识,只是各自出于对邹忌的偏爱、畏惧、有所求,才歪曲事实去阿谀奉承,这就无所谓"以为"、"认为"了。从结构上看,不管"以"属"以为"、"认为"还是"说",后边省去的"我"都不是"以"的宾语,而是充当宾语的主谓词组的主语。这是因错解"以"字而一误再误了。

(54) 狼不敢前,眈眈相向。(蒲松龄《聊斋志异·狼》)

"相"起称代动作行为受事者的作用,即狼向着屠夫,是单向的。它不同于"面面相觑"的"相"(互相),也不同于"代代相传"的"相"(递相)。

(55) 唧唧复唧唧,木兰当户织。(《木兰诗》)

"唧唧"为织布机声。有人注为叹息声,不合情理。叹息声长而舒,唧唧声短而促。"唧"《广韵》属入声"职"部,再上推,也属入声"质"部。有人注为"虫"声也不当。"唧唧"作为机杼声,与"当户织"相应。随后"不闻机杼声,唯闻女叹息",写出跟往常不同的情景。进而引出"问汝何所思,问汝何所忆",文从字顺。"唧唧"显然跟虫声不相干。历来文人把"唧唧"误解为叹声,又误解为虫声,并且模仿使用,说"窗中女子声唧唧"、"但闻四壁虫声唧唧"。这都是出于误会。用后人误会后的说法来证明"唧唧"是叹息声或虫声,显然是更错了。

(56) 爷娘闻女来,出郭相扶将。(《木兰诗》)

"相",互相;"扶将",搀扶。谁搀扶着谁呢?有待明确。从语法角度着眼,主语是爷娘,应是爷娘互相搀扶。有人说父母扶木兰,不合情理(木兰当时是穿着战袍的"壮士",爷娘去扶她说不过去);又有人说木兰扶爷娘,不合诗的语言表达。

(57) 永州之野产异蛇,黑质而白章;触草木,尽死;以啮人,无御之者。(柳宗元《捕蛇者说》)

"以"同"而",表示并列关系。人们对"以"的解释很不一致,可归纳为四种:(一)解作"如",表假设关系。其实句意在写实,不在推理,谈不上假设。(二)解作介词。这样一来,"以"前后的结构关系就不清楚,主宾不明:"异蛇以异蛇啮人"不成话,"异蛇以齿啮人"任意性太大。(三)解作主语泛指。这是找不到合理解释而随意牵合。(四)即本书解作连词"而"。"以"用作"而",古书常见。

(58) 立诛杀曹无伤。(《史记·项羽本纪》)

"诛杀",表明被诛者按当时当地的道德、法律的标准来衡量,都是有很大罪恶的。"诛"原是谴责的意思,引申为杀戮。而它总是指处死有罪的人。与"杀"连用,语意就显得重。"立诛杀"更体现出刘邦的果断而强硬的措施。

(59)视其行步,窃铁也……他日,复见其邻人之子,动作态度,无似窃铁者。(《列子·说符》)

"视"是察看的意思,表示看的动作。《释名》:"视,是也。察其是非也。""见"是看见、看到的意思,表示看的结果。

(60)今治水军八十万众,方与将军会猎于吴。(《资治通鉴》卷六十五)

"会猎"属委婉说法。说是在吴地一起打猎,意在较量一番(不明言战争,以会猎为喻)。远在春秋时期,各国常借大规模打猎进行军事演习;而会合诸侯在一起,便有个谁听从谁的问题。曹操"会猎"的含义及威胁性的口吻是很清楚的。

(61)盖以十舰最著前。(《资治通鉴》卷六十五)

"以",带、率领的意思,用作动词。"著",在的意思,不能解作显著意思。"著"也就是"着",中古一般用作动词,后渐虚化成"附着"的意思。

(62)操引军从华容道步走。(《资治通鉴》卷六十五)

"步走",从陆路上逃跑。有人把"步"解释成徒步或步行,"步走"解释成弃马而徒步逃跑,都嫌望文生训。其实,人、马在陆地上行走都可叫作"步"。《左传·僖公三十二年》"寡君闻吾子将步师出于敝邑"的"步师"指行军,有车骑和士卒。可见这是早有先例的用法。曹军大败,从华容道逃跑时,"遇泥泞,道不通,天又大风,悉使羸兵负草填之,骑乃得过",曹操显然始终有骑兵,曹操本人不可能不骑马,是骑马从陆路上逃跑,而不是弃马徒步逃跑。同理,"诸人徒见操书言水步八十万",也不是说除水军外都是步卒。"步"还是指有车骑的陆上部队。

(63)叶公子高好龙,钩以写龙,凿以写龙,屋室雕文以写龙。(刘向《新序·杂事》)

"以"即"于",应理解为"于钩(衣带钩)写龙,于凿(爵的通假字,酒器)写龙,于屋室雕文写龙"。有人把"以"解为用,而且不讲明"钩"、"凿"为何物,显然不当。

(64)盘庚之迁,胥怨者民也,非特朝廷士大夫而已。(王安石《答司马谏议书》)

"胥"即"相"或"相与",共同,一起的意思。有人误作"都"、"皆"解。王安石所根据的史实来自《尚书》、《史记》。《尚书》的《盘庚上》和《盘庚中》有七个"胥"都是"相"或"相与"义,可互证。

(65)从井以救人,解衣以活友,于彼计得,其如就死地何?(马中锡《中山狼传》)

"于彼计得"意为从对方考虑是合适的。有人注为"对于他是合适了",把"计"字丢开了。"计"是动词谓语,意思是打算、考虑,"于彼"是"计"的状语。训释古书,重要字眼要落实,不应随意抹去。

(66)摩顶放踵,思一利天下。(马中锡《中山狼传》)

"放(fǎng)",至,到;"摩顶放踵",从头顶到脚跟都摩伤了。"一"属副词,解作"全"、"全部";"一利天下",全心全意地造福天下。(按:《孟子·尽心上》有"墨子兼爱,摩顶放踵利天下,为之"句;本例加"一",旨在加重语意。)

(67)晋侯、宋公、齐国归父、崔夭、秦小子慭(yìn)次于城濮。(《左传·僖公二十八年》)

"城濮",卫国地名,在今山东省旧濮县南。"城濮"就是濮城。这种"大名冠小名"构词方式古代常见(其他像"后羿"、"鸟乌"之类),而现代罕见。这一现象反映古今构词法的差异性。按:"船只"、"马匹"、"人口"、"房间"、"纸张"之类的构词方式是现代汉语独有的,古代汉语没有,这同样反映古今构词法的差异,同时表明了现代汉语词汇语法的发展因素。

(68)吾村亡无日矣!(《冯婉贞胜英人于谢庄》)

"无"是没有的意思,"无日"的本来意思是没有多少日子,后来索性解释为"不久"。"无日"只能指坏事的出现,所以常说"亡无日""祸至无日",却不说"胜无日""福至无日"。

(69)倏尔黄烟四起,人物略不相睹。(周密《观潮》)

"略"是稍微的意思。"略不相睹"是稍微一点儿也看不见。稍微一点也看不见,也就是完全看不见。"略无"连用情况也一样,表示毫无,不是表示"稍微没有",如"两岸连山,略无阙处"(《水经注·江水》)。按:古汉语表"稍微"意义的一般用"略"。"颇"虽也可表"稍微"意思,如《史记·孙叔通列传》"臣愿颇采古礼,与秦仪杂就之";但并不常表"稍微"的意思,有时却表示近似"很"、"甚"的意思,如《乐府·陌上桑》"鬑鬑(lián lián)颇有须"。古汉语"稍"并不表示"稍微"意思,而表示"渐"的意思,如《史记·魏公子列传》"其后秦稍蚕食魏"。"稍"指"稍微"是后起的。

(70) 为其来也,臣请缚一人,过王而行。(《晏子春秋》)

"为"即"于",解作"在"。"为"古音歌〔ai〕部,"于"古音鱼〔a〕部,很接近,又同属匣母,可通假,所以俞樾《古书疑义举例》卷一说"古'于''为'义通"。对照"于其往也,故赏以酒肉而重之以辞"中的"于其往也",最富启发性。

(71) 千仞之高,不足以極其深。(《庄子·秋水》)

"極"是"尽达"、"尽得"的意思。"極其深"是说尽得海的深度。如何以"高"测"深"呢?原来"千仞之高"是指海底往上量的长度,海深超过"千仞",所以说用"千仞"的长度是不能尽测得其深度的。按:古代"极"和"極"是两个字,意义各不相同,以上义项原不写作"极"。现"極"简化为"极"。

(72) 汤之时,八年七旱,而崖不为加损。(《庄子·秋水》)

"加"应释为"更加","加损"就是"更加坍损"。同样,《列子·汤问》"而山不加增"的"加",以及"水弗为加益"的"加",也都是"更加"之意。它是副词,不是动词。

(73) 出,跳梁乎井幹之上;入,休乎缺甃之崖。(《庄子·秋水》)

"梁"是"踉"的通假字,表示跳跃的样子。《逍遥游》"东西跳梁",今成语"跳梁小丑"皆用此义。"幹"本应作"榦",上古凡井栏多用此字。"甃"(zhòu),《说文》说是"井甓"("甓"是一种砖,不是"壁")。崖,井壁。"缺甃之崖",意为缺落砖头的井壁。"乎"同"于"。本例句初看不好理解,字字解释落实,意义自明。

(74) 適適然惊,规规然自失也。(《庄子·秋水》)

"適適"(tìtì),是"惕惕"的通假字(同音相借),属象声(心跳声)词。因惊惧而心跳。"適適然"则表示惊讶、害怕的样子。"適"今简作"适"。"规规"是"闚闚"或"睍睍"的通假字。"闚闚然"形容偷看的样子。句意是蛙偷偷地东张西望不知所措的样子。有人把"规规然"解释为"感到渺小的样子",这就是随文任意训释了。

(75) 若爱重伤,则如勿伤,爱其二毛,则如服焉。(《左传·僖公二十二年》)

"如"孔颖达解为"不如"。有人认为孔用反训法靠不住。其实"不如"的"不"是"丕"之混。"丕"末笔原为点,后为横。其他像"不时"是"时时"、"随时"的意思,"不显"是"显"的意思,"不"也都是"丕"字。《说文》:"丕,大也。"既然"不如"是"丕如",那么王引之在《经传释词》中力主"如"作"当"解就不是没有道理了。这样看来,也无所谓"反训"。至于近来有人主张"如"作"如同"解,那是没有根据的。"二毛",头发斑白(两种颜色),也指头发斑白的老人。"二毛"不能与今天《三毛流浪记》的"三毛"类比,而解释成头发稀少。

(76) 虽及胡耇,获则取之,何有于二毛!(《左传·僖公二十二年》)

"获"是活捉,"取"是活捉取左耳而成一方俘虏。"获"重在动作,"取"重在处理。"获则取之"意为捉到就把他作为俘虏。现代汉语"获取"一词原由"获则取之"发展来的。

(77) 愿于物之所以生,孰与有物之所以成!(《荀子·天论》)

"孰与"连用表示比较高下、得失而有所取舍。因此句意应是:(与其)寄希望在那物赖以生存的(自然因素),哪如加强那物赖以成长的(人为条件)!"孰"是疑问代词,"与"是介词,可分别用在两个分句里,如"与其坐而待亡,孰若伐之"也可连用在一个分句里。连用在一个分句里仍然要分开来解释。它涉及语法分析的许多问题,这儿从略。

(78) 所不去者,医药、卜筮、种树之书。(《史记·秦始皇本纪》)

"种"指种庄稼,"树"指种树木,二者合在一起指农艺,其结构形式是联合词组,不是动宾词组。"种树"如看作动宾词组,则与情理不合,因秦始皇和李斯都重视农业,不可能只留下种树的书而把种庄稼的书烧掉。况且前边"医药"、"卜筮"都是两两并列,"种树"也不例外。

(79) 若欲有学法令,以吏为师。(《史记·秦始皇本纪》)

"欲有"是"有欲"倒文,"法令"后当有一"者"字。《李斯列传》作"若有欲学者",《资治通鉴》作"若有欲学法令者",相互对照,情况就很清楚了。

(80) 或言鹿者,高因阴中诸言鹿者以法。(《史记·秦始皇本纪》)

"阴"是暗中,"中"(zhòng)是中伤,"阴中"即"暗中中伤",不能简单地从现代汉语角度把"阴中"解释为"暗中"。有的注本注错的原因在于古今不分,以今解古。"以"是连词"而","法"是法办,不能把"以"看作介词。

(81) 令民为什伍,而相牧司连坐。(《史记·商君列传》)

"相牧司"即互相监视。"牧",《方言》"察也",《小尔雅·释言》"临也",有监视之意;"司",借为"伺",有侦察之意,所以"牧"、"司"义近连用而成义。有人把"牧司"解为检举揭发,虽义有相关,实欠确切。

(82) 赵奢曰:"胥后令邯郸。"(《史记·廉颇蔺相如列传》)

"胥"是"颁"(须)的通假字,等候的意思。"邯郸"前省去介词"于"。全句意思是:在邯郸等候以后的命令。按:"邯郸"前如果不补上"于"来理解,会感到难以分析。可见训释古书是离不开语言知识的综合运用的。下例同。

(83) 自此以后,乃令史官记动所从方起。(《后汉书·张衡传》)

"动"后省略"之","所"有指代作用,"从方起"意为"从某一方向发生","动所从方起"就是"地震从某一方向发生的地点"的意思。结构关系、虚词作用分析清楚了,全句就可直译为:从此以后,(朝廷)就命令太史令府记下地震从某一方向发生的地点。

(84) 即章矣,近之人习用之,以为泽居之鱼鳖,山居之麋鹿也。(徐光启《甘藷疏序》)

"即"可解为"若"、"如","即章矣"就是"如章矣"。(《经传释词》卷八,"即犹若也"可参证。《战国策》"公叔病即不可讳,将奈社稷何?"在《史记·商君列传》就将"即"改为"有如",也可佐证。)

(85) 策之不以其道,食(sì)之不尽其材,鸣之而不能通其意。(韩愈《杂说》)

"鸣之"是"使马鸣"("之"代马)。有人说"鸣之"是马鸣,"之"无义,这一说法必然使"鸣之"和"策之"、"食之"的主语不同,结构也不同,不合排比句要求。又有人说"鸣之"是人对马的吆喝,这于训诂无据,而且"不能通其意"也难前后照应。

(86) 大石侧立千尺,如猛兽奇鬼,森然欲搏人。(苏轼《石钟山记》)

"侧立",倾斜而立;"侧"读 zè,同"仄"。泊舟绝壁下,见的是前上方的山壁,其倾斜状造成的感觉是"森然欲搏人"。"不正曰仄,不中曰侧,二义有别,而经传多通用"(《说文》段注),苏轼笔下"侧"的"不正"、"不中"之意不言而喻。有人说"侧立"为"旁立"、"侧"读 cè,也以《说文》"旁也"为据。琢磨文意,应以前一解释为胜。

(87) 臣左手把其袖,而右手揕抗其胸。(《史记·刺客列传》)

"揕"(zhèn)是借字,"抗"是形误字。孙星衍《〈燕丹子〉叙》云:"借'椹'(应作'揕')为'戡',《说文》:'戡,刺也。'"同文又云:"'抗'又'扰'字之误,《说文》'深击'也。""戡"、"扰"连用便是猛刺的意思。有人把"揕抗"注为"直刺",但未能使人知其所以然;有人把"揕"解为"击也"、"刺也",是想当然地随文释义;司马迁觉得"抗"义难明,在《史记》叙述这历史事件时干脆把它删去。古书训释的复杂性于此可见一斑。

(88)(李广)以良家子从军击胡。(《史记·李将军列传》)

"良家"指的是当时的所谓"清白人家"。有人解作"善良人家",显然是错误的。古代等级制度森严,人的社会地位也因行业而异,医、巫、商贾、百工被屏于良家之外。李广祖先李信是秦王嬴政时的大将,战功显赫,所以司马迁才说李广"以清白人家子弟的身份,参加了军队去抗击匈奴"。宋代司马光《资治通鉴·淝水之战》"良家子致者三万余骑,拜秦州主簿赵盛之为少年都统"的"良家子"指"豪门贵族的子弟","良家"的含义也不是"善良人家"。

(89) 善人在上,则国无幸民。(《左传·宣公十六年》)

"幸"是指一种偶然的因素使应得福的人免于祸。《说文》:"幸,吉而免凶也。"据此,全句应解为:善人统治天下,国内就没有那些专做坏事而只是希望幸免于杀戮的人民。"幸"的意义了解不透彻,这个句子就解释不通。

(90) 目好色,而文章致繁。(《荀子·王霸》)

"文章"指刺绣品。《考工记》:"画缋之事,青与赤谓之文,赤与白谓之章。"这一解释未必正确,正确的解释还是刺绣品。《荀子·赋篇》"日夜合离,以成文章"(这两句话赋的是箴,也就是铖、针),更证明"文章"是刺绣品。黼黻文章是所以成礼的(见《荀子·礼论》),所以文章可以作为礼的具体表现,有时候,所谓"文章"也就是指礼而言,如"焕乎其有文章"(《论语·泰伯》)的"文章"便是这样。不仅如此,"文章"的意义范围还包括诗书礼乐,如"夫子之文章,可得而闻也"(《论语·公冶长》)的"文章"的含义就是这样。刘宝楠《论语正义》"据《世家》诸文,则夫子文章,谓诗书礼乐也"可供参证。"文章"转化为指作品(因刺绣与作文有相似点而转化),这个过程在汉代已完成。

(91) 九月衣衫,二月衣袍,与时候不相称。(赵璘《因话录》卷一)

"时候"指"时令"和"气候"。到了现代汉语里,"时候"成了双音词,不再表示"时令"和"气候"了。

(92) 生孩六月,慈父见背。(李密《陈情表》)

"孩"是小儿笑的意思。"生孩六月"是说生下来六个月刚会笑的时候。"孩"是"咳"的古字,魏晋后"孩"引申为"始生儿","咳"用作咳嗽之咳,两者意义有了分工,读音随之分化。"见背"即"背我","死"的委婉说法。"见"是特殊副词,可用于及物动词前,有称代动作行为的受事者的作用(称述前置的宾语),而且句中要出现动作的施事者(如本例句的"慈父")。有的书只说"见背,委婉语,指死",若不加剖析,读者可能难以透彻了解。

(93) 天高地迥,觉宇宙之无穷。(王勃《滕王阁序》)

"宇宙"指空间与时间。《淮南子·原道训》"纮宇宙而章三光",注为"四方上下曰宇,往古来今曰宙"。现代汉语"宇宙"只指空间,不指时间。按:佛家把古汉语本是指时代和界面的"世"和"界"用来代表时间和空间,佛经里有"世为迁流,界为方位"的说法。时间和空间合起来,就有"世界"这个专门用语,略等于汉语原有的"宇宙"。后来"世界"的"界"的意义吞并了"世"的意义,便成为现在习惯用的"世界",并进入了汉语的基本词汇,又从而构成"世界语"、"世界观"等等。

(94) 因其固然,技经肯綮之未尝。(《庄子·养生主》)

"肯"指紧附在骨头上的肉,"綮"指筋肉聚结处,"肯綮"合起来指筋骨结合处,是要害的地方,因此,说理切中要害叫"切中肯綮",省说为"中肯"。现在常用"中肯"表示恰到好处的意思,有人把"中"解为"适中",把"肯"解为"肯定",这是不对的。

(95) 入而徐趋,至而自谢,曰:"老臣病足,曾不能疾走,不得见久矣……"(《战国策·赵策》)

"徐趋"表示行动迟缓而又勉强装出疾行样子的意思。可是"徐"是慢的意思,"趋"是快步走的意思,行动缓慢和快步走,这不是矛盾吗?其实这跟礼节有关系。古代臣朝见国君时一定要"趋",不"趋"便是失礼,而触龙

"病足"、"不能疾走",所以就表现出一种怪动作。按:古帝王对年高德隆的重臣,常给予"入朝不趋"、"赞拜不名"(拜见君主时,司仪者不呼喊他的名字)的优待,这从反面证明"趋"在礼仪上的特殊作用。《释名·释姿容》:"徐行曰步,疾行曰趋,疾趋曰走。"可会参。

(96) 夫吴人与越人相恶也,当其同舟而济,遇风,其相救也,若左右手。(《孙子·九地》)

"济"作"渡"解,不作"助"解。后世成语"同舟共济"意思是大家坐着一条船渡河。这一成语用来比喻在困难环境中,同心协力,战胜困难,因此有人把"济"误解成"助"的意思。还有,"救济"、"劫富济贫"、"无济于事"这类说法中的"济"都有"助"的意思,因此有人类比本句中的"济",也错解为"助"。

(97) 湿热不攘,大筋软短,小筋弛长。(《素问·生气通天论》)

"攘,除也;软,缩也;弛,引。"(王冰注)这是用互训的办法来释义。按:一般讲互训,多指解释词与被解释词的位置互换,如《尔雅·释宫》"宫谓之室,室谓之宫"之类。本书前边讲互训时也是如此。不过这仅说明什么叫互训,实际上训释古书时必须多方斟酌,力求妥善运用这一方法。特别是某些僻字难词,如简单地采用互训,往往等于不注。这是旧字典、词书的一大缺点,也是今天语文教学中的大忌。

(98) 膏粱之变,足生大丁。(《素问·生气通天论》)

"足",足以的意思。王冰把"足"错解成"脚",说"所以丁生于足者,四支为诸阳之本也"。宋代林亿等人发现了这个错误,便在"新校正"里作了纠正,说:"按,丁生之处不常于足,盖谓膏粱之变,饶生大丁,非偏著足也。"这条按语很正确。"足"释为"饶",作"多"讲,即"多生大疔"之意,跟原文精神相符合。

(99) 信降匈奴。(《汉书·高帝纪》)

"信",指韩王信。不久前出版一本讲文言实词知识的书,曾经说"信降匈奴"的"信"是韩信,把"韩王信"误为"楚王韩信"(即后来改封的淮阴侯),这跟历史知识贫乏有关。可见古书训释问题主要是语言问题,却又不限于语言问题;从事古书训释工作,必须重视自身多方面的知识修养。

(100) 随武子曰:"贵有常尊,贱有等威,礼不逆矣。"(《左传·宣公十二年》)

"贵有常尊,贱有等威",互文见义。孔颖达《正义》解释说:"言'贵有常尊',则当云'贱有常卑',而云'贱有等威'者,威仪、等差,文兼贵贱,既属'常尊'于'贵',遂属'等威'于'贱',使互相发明耳。"互文指两个语言成分的意义互相包含,常分别处于相对的语句之中。了解互文证字义的道理,有利于正确理解文意,也有利于查阅古籍及旧注。

(101) 记于郾城观公孙氏舞剑器浑脱,浏漓顿挫,独出冠时。(杜甫《观公孙大娘弟子舞剑器行·序》)

"剑器"原来是一种舞曲的名称,流传到后世又成为一种乐曲。清·桂馥的《札朴》一书中曾说:"姜君元吉言,在甘肃,见女子以丈余彩帛结两头,双手持之以舞,有如流星。问何名,曰:剑器也。乃知公孙大娘所舞即此。"看来剑器舞类似现在的舞流星球。近来电影和电视剧中出现了两次公孙大娘舞剑的场面,即脱胎于王羲之故事的电影《笔中情》和描述杨贵妃事迹的电视剧《天宝轶事》,这是将舞剑器当成舞剑了。"浑脱"原来也是一种舞曲的名称,流传到后世同样成为一种乐曲。有人望文生义,随意猜测,把"浑脱"解释成精神抖擞,舞姿潇洒,落落大方,也是很错误的。

(102) 禹拜稽首。(《尚书·舜典》)

"稽首"是归时所行的跪拜礼。原有二解:一是行跪拜礼时,头至地;二是行跪拜礼时,两手拱至地,头至手,不触及地。这两种解释的共同点都是叩头,只是方式略有不同而已。既然如此,那么"稽"直接解释成为"叩"行不行呢?"稽首"与"顿首"又有无不同?其实"稽"有留的意思,"稽首"指头在地上停留一会儿时间。贾公彦说:"其稽,稽留之字;头至地多时,则为稽首也。"而拜时头手触地,触地后即起叫"顿首"。可见"稽首"和"顿首"不同,关键在"留"与"不留"上。

(103) 未尝不叹息痛恨于桓、灵也。(诸葛亮《出师表》)

"恨"作"憾"解释。《正字通》:"'恨'与'憾'声义微别,憾意浅,恨意深;憾声轻,恨声重。""恨"、"憾"声近,所以通解。"痛"的义项之一是"彻底地、尽情地",如"痛饮"、"痛言"中"痛"的含义。这里的"痛恨"应解释为深切地感到遗憾。不少人把"痛恨"解释为现代汉语的痛恨,就错了。

(104) 不求闻达于诸侯。(诸葛亮《出师表》)

"闻达"作"通达"、"显达"解释,是由"闻"与"达"组成的同义复词,源于《论语·颜渊》。高诱注《淮南子·主术训》就说:"闻犹达也。""闻达"两字浑言相同,析言有别。这是古汉语中常见的现象(同文的"咨诹"也是这样)。

有人把"闻达"解释为"名声到达(于诸侯)",就错了。

(105) 不效则治臣之罪。(诸葛亮《出师表》)

"效"作"尽力"解释。《广韵》:"效,力也。"现代说"效忠"、"效劳",其中就保存了"尽力"的意思。有人把"效"解释成"成功","不效"就是"不成功",不合文意。孔明当时是"鞠躬尽瘁,死而后已","效"正表现出孔明尽心竭力的积极意义。

(106) 鼓素琴,倾绿蚁,扁舟自得逍遥志。(李珣《渔歌子》)

"绿蚁"是酒的代称。它原指酿酒时酒面上浮起的绿色泡沫,诗词家就形象地用来指酒。早在唐代,白居易就这样使用了,如"绿蚁新醅酒,红泥小火炉;晚来天欲雪,能饮一杯无?"(《问刘十九》)不仅如此,还因"绿"与"碧"同义,说成"碧蚁",如吴文英《催雪》中就有这样的用例。辛弃疾《念奴娇》"谁劝杯中绿",甚至用"绿"来称酒,连"蚁"也不说了。这类现象是修辞学上要讲到的,但从词义的理解上着眼,训诂学自然也不能不过问。古诗词中酒的代称还很多。如:"杜康"是传说中酒的发明者,便用来称酒;"鹅黄"原指酒色橙黄,后即用来代酒;"酃渌"原指湘东酃湖水和渌水酿制的名酒,诗中常泛指美酒,有时也单用一个"渌"字(杜甫有"喧呼且覆杯中渌"句)。此外还有"冻醪"、"玉液"、"玉友"、"竹叶"乃至"春"(古代制酒不纯,色呈黄绿,似春天景色,即以春代酒)等说法。

(107) 但愿人长久,千里共婵娟。(苏轼《水调歌头》)

"婵娟"指月亮,原意是形态美好。咏月的诗称述月的"雅号"很多,除"婵娟"外,还有"玉盘、蟾宫、皓魄、蟾蜍、丹桂、蛾眉、姮娥、金魄、寒镜、银盘、冰轮、玉兔、玉钩、瑶台镜、广寒宫"等等。古书中这类现象很多,宜多注意,以利疏通文义。

(108) 将军向宠,性行淑均。(诸葛亮《出师表》)

"性行淑均"应是"性淑行均",意为性情和善,行事公平。有人把这样的表达方式叫作"合叙",有人把这种方式叫作"叠移",看来叫"合叙"为好。不少古文选本没有从语言结构上着眼,笼统地注为"性格品德,善良平正",就有些含糊不清了。

(109) 学而优则仕。(《论语·子张》)

"优"依朱熹的解释是"有余力也",这样,全句意思就是:学习了,有余力便去做官(或者说:学习而还有余力,便去做官)。有人把这句话译为"读书为了做官",这是曲解原意。

(110) 三人行,必有我师焉。(《论语·述而》)

"三人行",意思是几个人一块行走。"三"是虚数,言其多,不是确指三个人(当然并不排斥用来确指)。司马迁《史记》上说:"数始一,终于十,成于三。"这"三"最初是作为一个整数的代表,并有着内部联系。那么"三"为什么会是整数的代表呢?有人说,周文王在《周易》中以"一"象征天,以"二"(两个"一")象征大地上水、陆两部分,这"天一"和"地二"相加,代表整个大自然。此后"三"便成为人们常用的整体代表数,如"尹文子三思而后行"、"鲁仲连辞让者三"之类。后来以"三"为基础,出现种种乘数的说法,如"九天、十二楼台、十八层地狱、三十六计、七十二变、一百零八将、白发三千丈、三万里河东入海"等等,都是极言其多。这个说法可供参考,但也不宜拘泥。

(111) 攻一时,敌退。(《冯婉贞胜英人于谢庄》)

"一时"指一个时辰,相当于现在两小时,是古代计时单位。古代一昼夜分为十二个时辰,每一个时辰合现在的两小时;以十二地支为名,从夜间十一时起算,十一时至一时是子时,一时至三时是丑时,其余类推。

(112) 与李十二白同寻范十隐居(《少陵集》一)

"十二"、"十"都是排行。唐宋诗人在诗中提到某人,有时只称排行。如:大苏(苏轼)、杜二(杜甫)、秦七(秦少游)、柳八(柳宗元)、元九(元稹)、欧九(欧阳修)、黄九(黄庭坚)、李十二(李白)、王十三(王维)、李十六(李商隐)、韦十九(韦应物)、白二十二(白居易),等等。照一般习惯,排行是指兄弟姊妹依长幼排列的次序,可是上述情况,并不一定都按照同胞兄弟姊妹排列,而往往按同一家族所有兄弟姊妹出生的先后次序(男女分别排列)而定。

(113) 跋前疐后,动辄得咎。(韩愈《进学解》)

"跋",踩;"疐"(zhì),绊倒。语出《诗经·豳风·狼跋》"狼跋其胡(兽类颔下下垂的肉),载疐其后"。"跋前疐后"意为老狼前进就会踩着它的胡,后退就会被尾巴绊倒,比喻进退两难。"辄"一般解释为"则"(就),就是"辄"借用作"则",也有把"动辄"合起来解释为"每每"(往往)。可是另外还有解释"辄"为"不动","动辄得咎"就是动不动都犯错误或受谴责的意思。

(114) 一日,风雪严寒,从数骑出微行。(方苞《左忠毅公逸事》)

"微行"应解释为小道,"行"读 háng,同《诗经·豳风·七月》"遵(沿着)彼微行"的"微行";在本句中用作动词,便是从小路走的意思。传统注释为:皇帝或高官隐藏自己的身份改装出行。如采用传统注释,联系上下文就难以贯通。上文"从数骑出",就不能说隐藏自己的身份;下文"即解貂覆生",就不像改装出行了(貂裘轻暖名贵,为世人所珍重)。《历史文选》注为"微服间行"(潜行或从小路走叫间行),概括了"微行"的两个义项,仍与文意不合。本句的"微行"只有从小路走一义。

(115) 凡先王之法,有要于时也。(《吕氏春秋·察今》)

"要"宜解为"察","有要于时"就是对当时情况有所考察的意思,和《察今》这篇文章的中心思想相一致。有一本书注为:"要,切要,切合,要于时就是切合时代要求。一解'要'为约束,要于时就是受时代的约束。"另一注释本还把"要于时"解释为"适应当时需要",用现代的"需要"的意思解释"要"。(其实古代表"需要"意思只用"需",不用"要"。)这些都不合原意。《康熙字典》有"勑也,察也"这一义项,正是本句"要"的古义。

(116) 巫医乐师百工之人,君子不齿。(韩愈《师说》)

"不齿"意为不能同列,不与同列,表示极端鄙视。《汉书·陈胜项籍传赞》引贾谊《过秦论》:"陈涉之位,不齿于齐、楚、燕、赵、韩、宋、卫、中山之君。"颜师古注:"齿,谓齐列如齿。"可是不少文言文选本注为"不屑一提",显然是不精确的。

(117) 自非亭午夜分,不见曦月。(《水经注·江水》)

"亭午"即"正午"。汉以来一日分十二时:夜半、鸡鸣、平旦、日出、食时、隅中、日中、日昳、晡时、日入、黄昏、人定。"正午"也就是指日中。但是为什么"亭午"是"正午"呢?曾有不同说法:一说"亭"借用作"正",一说"亭"即"停"。后一说法还引晋代孙兴公《游天台山赋》"乃尔羲和亭午"句的"亭"刘良注为"至也"为证,说明既然"至"午,便是正午。后一说法比纯凭读音相似来确定的更可靠些。

(118) 凯风自南,吹彼棘心。(《诗经·邶风·凯风》)

"凯风"即南风。"棘",小枣树。"心"借为"杺",一种丛木。南风为什么说成凯风呢?高亨《诗经今注》说是:"凯,乐也。南风温暖,长养万物,使人喜欢,所以叫做凯风。"古书中"风"的别名还很不少,春天风叫和风、暖风,夏天风叫热风、薰风,秋天风叫金风、凉风,冬天风叫朔风、寒风、北风、西北风,等等。这些现象多加注意,对古文的理解也有利。

第十一章　从实践中加深和提高

(119) 动刀甚微,謋然已解,如土委地。(《庄子·养生主》)

"微",少的意思。《礼记·祭义》:"虽有寄邪而不治者则微矣。"注:"微,犹少也。"可见"微"在上古常作"少"用。有的文选本子注为"轻",《古汉语常用字字典》也注为"微小、轻微",不妥。况且,动刀很轻,不一定是"謋然已解"的关键性技术;动刀很少却达到"謋然已解,如土委地"的结果,才真正表现出技巧的高超。

(120) 狐毛、狐偃以上军夹攻子西,楚左师溃。楚师败绩。(《左传·僖公二十八年》)

"绩"同"蹟","败绩"指车翻而不能循道而行。古人多以车战,车不能循道而行(师溃乱或车毁坏),那就是打败仗。《礼记·檀弓上》"马惊,败绩",郑玄注为"惊奔失列",是扣紧"绩"的意义。杜预说"师徒挠败,若沮岸崩山,丧其功绩,故曰败绩"(见《左传·庄公十一年》"大崩曰败绩"杜注),这是望文生义。有些古文选本注为"大败"、"溃阵退败",固然不算错,但是"绩"的意义不加提示,就不够透彻。至少应该指出《三体石经》古文"绩"与《说文解字》中籀文"蹟"字同形,以证"绩"即"蹟"(迹)。《左传》中"败绩"用得不少,如"齐师败绩"、"郑师败绩"等等,意义同上。(陆宗达说"败绩"的"败"又通"不","败绩"就是"不蹟(迹)",即《尔雅·释训》"不蹟"条下郭注"言不循轨迹也"。)

(121) 少焉,月出于东山之上,徘徊于斗牛之间。(苏轼《前赤壁赋》)

"斗、牛"是星宿名,属"二十八宿"。古人没有认识到地球围绕太阳旋转,却以为太阳在天空移动,每年沿一定轨迹运行一周。这轨迹古人叫作黄道(所谓"黄道吉日"的"黄道"即源于此)。月亮和几颗明亮的星(所谓"五星")也大致在黄道左右运动。古人再选择了黄道附近的一组较亮的恒星作为日、月、五星运行的"路标",并分"路标"为二十八,称"二十八宿"。这二十八宿又分东北西南四组,各以神话中的一种动物来象征,叫"四象",即东方苍龙七宿,北方玄武七宿,西方白虎七宿,南方朱雀七宿。本例句"徘徊于斗牛之间"的"斗牛"就是玄武(源象龟形)七宿中的斗宿、牛宿,它们秋夜在南方空中闪耀。有人把本例句中的"斗牛"理解为"北斗星"与"牛郎星",显然错了。

(122) 扪参历井仰胁息。(李白《蜀道难》)

"扪"(mén),摸;"历",经过;"参"(shēn)、"井",二星宿名。古人把天上的星宿跟地上的州域联系起来,根据天上星宿的位置,划分地面相应的区域,叫作"分野"。先秦二十八宿跟各诸侯国相配,汉以后又跟各州相配。《蜀道难》讲的是由陕甘入蜀路途的艰难。蜀古属益州,陕甘古属雍州,所以李白说走在险峻的山路上好像能抚摸到参宿、踏越了井宿一般,仰面而望,气不敢出。古文中用分野观念写的语句不少,如王勃《秋日登洪府滕王阁饯别序》的"星分翼轸,地接衡庐"句,"翼、轸"就都是星宿名,属南方朱雀七宿,其分野相应地上的吴和楚的地区。豫章郡古属楚地,为翼、轸二星的分野。阅读古书若忽视这类现象,就难理解文意。

(123)五月辛丑,大叔出奔共。(《左传·隐公元年》)

"五月辛丑",是指五月二十三日。我国最早用天干和地支交配记日,具体办法是以十干(甲、乙、丙、丁、戊、己、庚、辛、壬、癸)为主干,依次配合十二支(子、丑、寅、卯、辰、巳、午、未、申、酉、戌、亥),到第十支时,十干已经全部配完,十一支起再配第一干,依此类推,配成六十组叫六十甲子。根据历史的推算,本句中的"辛丑"日是二十三日。知道二十三日是辛丑,那么二十四日(壬寅)、二十五日(癸卯)、二十六日(甲辰)、二十七日(乙巳)、二十八日(丙午),便都可类推了。懂得推算干支纪日法对文史工作是相当重要的。古人也用干支记月、记年。

(124)壬戌(一〇八二年)之秋,七月既望,苏子与客泛舟游于赤壁之下。(苏轼《赤壁赋》)

"七月既望"指七月十七八日。这是怎么回事呢?有本讲古汉语知识的书对这一问题谈得比较简明,今稍改动后转述如下:月亮环绕地球一周约二十九天半,古人以之为单位记月、记年。为求整数,分大小月,大月三十天,小月二十九天。古人又给每月特殊的几天另外起了名字。每月的第一天叫"朔";"朔"含有逆转回头的意思,即月亮转了一周,又重新开始。最后一天叫"晦","晦"有昏暗的意思,因为月末月亮光面隐没。初三叫"朏(fěi)",是开始明亮起来的意思。大月的十六,小月的十五,月成满圆,叫"望",过了望月的一两天就叫"既望","既"是已经的意思。

(125)方仲春而东迁。(《楚辞·哀郢》)

"仲春"指阴历二月。我国西周时候,一年只分春秋,往后分春、夏、秋、冬四季,每季三个月,又各依次称孟、仲、季,即孟春、仲春、季春、孟夏、仲夏、季夏、孟秋、仲秋、季秋、孟冬、仲冬、季冬。("仲"既指兄弟姊妹中排行居第二,也指四季的第二个月。)

(126) 清明时节雨纷纷,路上行人欲断魂。(杜牧《清明》)

"清明"这一说法,自然是家喻户晓的,但其特定含义未必人人皆知。"清明"是二十四节气之一,意思是"万物至此,皆结齐清明"(《孝经纬》)。到了清明,黄河中下游及其以南地区平均气温一般在10℃以上。我国大部分地区气候温暖,草木萌茂,改变了冬季寒冷枯黄的景象。

(127) 元丰六年十月十二日夜,解衣欲睡,月色入户,欣然起行。(苏轼《记承天寺夜游》)

"元丰"是宋神宗(赵顼 xū)年号。封建时代纪年办法除了用甲子外,还用帝王年号纪年。帝王年号从汉武帝开始用,他在公元前140年即位那一年称建元元年,接着称建元二年、三年等等。每一新皇帝即位都改一个年号,称为"改元"。明清以前,同一个皇帝往往改变几次年号,有的是因为出现了什么祥瑞或灾变,有的是皇帝本人感到用某新年号比原先的好。读古书,对于年号,尤其是对于改换频繁的年号,应注意查检。《中国历史年代简表》(文物出版社)可供查考。

(128) 高祖,沛丰邑中阳里人,姓刘氏,字季。(《史记·高祖本纪》)

"高祖"是帝王的"庙号",即皇帝死后在祖庙中受到祭祀时的名号。各个朝代第一个皇帝称太祖、高祖、世祖,接续的皇帝叫太宗、世宗等等。以清代为例,除末代皇帝宣统未死而下台外,九个皇帝依次为世祖、圣祖、世宗、高宗、仁宗、宣宗、文宗、穆宗、德宗。这种制度是汉代开始的。"氏"是姓的分支的称号。上古母系社会,人民知其母不知其父,子生各随母得姓,所以"姓"字从女生。姓和氏本来是不同的。《左传·隐公元年》正义:"姓者生也,以此为祖,令之相生,虽下及百世,而此姓不改;族者属也,与其子孙相连属,其旁支别属,则各自立氏。"刘恕《通鉴外纪》:"姓统其祖考之所自出,氏者别其子孙所自分。"《说文》"氏"字下段玉裁注:"姓者统于上者也,氏者别于下者也。"姓氏来源很多,郑樵《氏族略》所列有三十二类,还有很多不可考的。汉以后姓氏混而为一,司马迁《史记》往往称"姓某氏",以上例句"姓刘氏"便是一例。后世姓氏不分,赐姓、改姓更打乱了姓氏系统。姓氏书,除《百家姓》外,还有《千家姓》(明人吴沈等)、《万姓统谱》(明人凌迪知)之类。"季"是高祖二十岁以后取的字。古代婴儿出生三个月后由父亲给取"名"。男子二十岁举行冠礼,束发戴帽;女子十五岁举行笄(jī,束发的簪子)礼,结发加笄,取得成年人资格,就取"字"。同辈或一般人只称其字,不称其名,表示尊重。名字之间往往有意义联系,如屈原名平,"原"是字(宽广而平坦的土地叫原)。汉以后,读书人除了名、字外,有些还取有别号,如文天祥字履善,又字宋瑞,自号文山。

(129)库吏盗丝,多罪至死。纯礼曰:"以棼(fēn)然之丝而杀之,吾不忍也。"听其家趣(趋,快)买以赎,命释其株连者。(《宋史·范纯礼传》)

"株连"指因一人犯罪而牵连许多人,后泛指连累。但是有人单纯地把"连累"和"株连"看成同义语,却又嫌不足。古代一人犯法,往往罪及上下九代,叫"株连九族",有其特定的政治含义。如果全部杀戮流放,便是"灭九族"。古代对九族有两种说法,一指"父族四、母族三,妻族二";二指"上至高祖,下至玄孙"(即高祖、曾祖、祖、父、己、子、孙、曾孙以及他们的兄弟妻室)。通常采用后一说法。封建社会晚期,重案不株连到老师和学生。

(130)邹忌修八尺有余。(《战国策·齐策一》)

"修"是长或高的意思。"尺"指古尺,不能用今尺的长度去计算。据出土古尺推算,周尺约合今尺六寸九分余,汉尺约今尺七寸一分余。当时八尺相当于今天的五尺六寸上下(约一米八五)。魏晋后尺渐增长,特别是北朝东魏尺折今八尺九分,是古代最长的尺。周代八尺叫"寻",两寻叫"常","仞"、"步"原来也是八尺。

(131)师旷之聪,不以六律,不能正五音。(《孟子·离娄上》)

句意是:(就是有)师旷审音的耳力,(如果)不用六律,(也)不能校正五音。"六律"、"五音"是古代乐律方面的名称。"律"原指定音竹管,旧说古人用十二个长度不同的律管吹出十二个高度不同的标准音以确定乐音高低,于是这十二个标准音就叫十二律。十二律分为阴阳两类:奇数六律为阳律,叫六律;偶数六律为阴律,叫六吕;合称"律吕"。古书上所说的"六律",通常包举阴阳各六的十二律说的。本句中的"六律"也就是十二律。"五音"(也称五声)是指宫、商、角、徵、羽五个音阶。(后来再加上变宫、变徵,称为七音。)古人通常以宫作为音阶的起点,宫的音高确定了,全部五声音阶各级的音高也就确定了。

(132)以教于齐鲁之间,齐学者由此颇能言《尚书》,山东大师,亡不涉《尚书》以教。(《汉书·儒林传》)

"山东"指齐鲁一带。值得注意的是古书中"山东"所指的地区常有不相同的情况。战国时通称六国为山东,这是因为秦都关中,六国在崤山函谷关以东的缘故。如"六国从亲以摈秦,秦必不敢出兵于函谷关以害山东矣"

(《战国策·赵策》);"山东豪俊,遂并起而亡秦族矣"(贾谊《过秦论》)。不能因称六国为山东而对本例句"山东大师"的"山东"产生错觉。

(133) 百姓有过,在予一人。(《论语·尧曰》)

"百姓"在商代是贵族的总称,金文写作"百生"。战国以后泛指不居官位的人,如《史记·秦始皇本纪》"百姓内(纳)粟千石,拜爵一级"的"百姓"。后来百姓成为民的同义词。

(134) 结发为夫妻,恩爱两不疑。(《文选》卷二十九苏武诗)

"结发"就是在头顶上盘成发髻(区别于童年的发式),表示年届"成人",可以结婚了。周代贵族男子二十岁时由父亲在宗庙里主持冠礼,结发加冠后可以娶妻;贵族女子十五岁许嫁时举行笄(jī)礼后结发加笄(簪子)。"结发夫妻"的结发含义是从冠礼发展来的,而周代的冠礼又是从氏族社会的"成丁礼"发展来的。

(135) 取妻如何?匪媒不得。(《诗经·豳风·伐柯》)

"取妻"即娶妻。《白虎通》说:"娶者,取也",《说文》也说:"娶,取妇也。"这表示男子把别家的女儿取到自己家里来。"取"从又从耳,即用手抓住左耳,"取妻"的取就是从原先的"捕取"义发展来的。取(娶)是主动的,嫁则是被动的,嫁权操在父母之手。男尊女卑风俗,由"取、嫁"两字也可以看出来。

(136) 之子于归,宜其室家。(《诗经·周南·桃夭》)

"归"指古代女子出嫁。《说文》:"归,女嫁也。"《白虎通》:"嫁者,家也。"出嫁的女子以男家为家,"嫁"字本身正意味着"有家"。

(137) 文定厥祥,亲迎于渭。(《诗经·大雅·大明》)

"文"指卜筮的文辞。"文定厥祥"言文辞肯定两国联婚是吉祥的。全句旧说是周文王卜得吉兆纳征订婚后,亲迎太姒于渭(水名)滨,后世便以"文定"作为订婚的代称。古代婚姻据说有六道手续,叫作六礼:一是纳采(男家向女家送点小礼物以示求亲之意),二是问名(男家问清楚女子的姓氏以卜吉凶),三是纳吉(在祖庙卜得吉兆后到女家报喜并送礼),四是纳征(宣告订婚并送较重聘礼),五是请期(择定完婚吉日并征求女家同意),六是亲迎(即迎亲)。这六礼中,纳征和亲迎最重要。了解这些,对古代叙述婚姻的文句就能理解得更精确。

(138) 疾病,男女改服,属纩(zhǔ kuàng)以俟绝气。(《礼记·

丧大记》)

"属"是放置的意思,"纩"是新絮。郑玄注:"纩,今之新绵,易动摇,置鼻之上以为候。"这就是说,古人把新絮放在临终的人的口鼻上,试看是否断气。后世"属纩"成为临终(疾病临危)的代称,如"属纩之际"。

(139) 复,尽爱之道也。(《礼记·檀弓下》)

"复"指丧礼中的招魂。古人初死,生人要上屋面向北方为死者招魂,这便叫"复",意思是召唤死者的灵魂回复到身体来。复而不醒,然后办理丧事。

(140) 邹鲁之臣,生则不得事养,死则不得饭含。(《战国策·赵策》)

"饭"是把米放死者口里;"含"是把玉放在死者口里,"含"又写作"琀"。古人给死者沐浴后,敛(殓)的仪式有小敛和大敛。小敛是给尸体裹上衣衾,大敛是把尸体装进棺材。敛时死人口里得"饭含"。这里的"饭"用作动词,不能误认为"饭含"只是把饭含在嘴里。

(141) 冬,晋文公卒。庚辰,将殡于曲沃。(《左传·僖公三十二年》)

"殡"指入殓后停柩待葬。后世所谓出殡是把灵柩送到埋葬的地方去。挽柩时要唱挽歌,挽歌演变为后来的挽联。

(142) 仲尼曰"始作俑者,其无后乎?"(《孟子·梁惠王上》)

"俑"是人偶,即用以殉葬的木偶或陶偶。上古殉葬制度非常残酷,奴隶被当牲畜来屠杀殉葬。《墨子·节葬下》:"天子杀殉,众者数百,寡者数十;将军大夫杀殉,众者数十,寡者数人。"由于人力可贵,周代此风稍衰,渐改用"俑"来代替。后来孔子还反对用俑,说了以上的话。

(143) 曹,文之昭也;晋,武之穆也。(《左传·定公四年》)

句意是:曹国的祖先是文王的儿子,晋国的祖先是武王的儿子。"昭"和"穆"有特定含义,具体说来是这样的:周代贵族把始祖以下的同族男子逐代先后相承地分为"昭""穆"两辈,从太王算起,太王的下一代是太伯、虞仲和王季,这是昭辈;王季既属昭辈,那么王季的下一代文王、虢仲和虢叔就是穆辈。以此类推,文王的下一代是武王,又是昭辈;武王的下一代是成王,又是穆辈。周代的贵族就是这样用昭穆字样来区别父子两代的(隔代的字辈相同)。这种昭穆的分别,也体现在宗庙、墓冢和祭祀上:始祖居中,昭的位次在左,穆的位次在右。如果不联系古代宗法制度,本例句的意义是难以理解清楚的。《周礼·春官·小宗伯》郑玄:"父曰昭,子曰穆。"可会参。

(144) 嫡妻所生为嫡子。(胡培翚《仪礼正义》)

"嫡"为宗法社会中正妻。"嫡妻所生"叫嫡生。"嫡子"有二义:一、嫡妻所生的儿子都称嫡子;二、嫡妻长子称嫡子。古代宗法上有大宗、小宗的分别。嫡长子孙这一系是大宗,其余的子孙是小宗。周天子自称是上帝的长子,其王位由嫡长子世袭,这是天下的大宗;余子分封为诸侯,对天子来说是小宗。诸侯的君位也由嫡长子世袭,在本国是大宗;余子分封为卿大夫,对诸侯来说是小宗。卿大夫在本族是大宗;余子为士,对卿大夫来说是小宗。士和庶人的关系也是这样。嫡长子被认为继承始祖的,称为宗子。嫡长子在家族上以兄统弟,在政治上以君统臣,这就抑止了统治阶层的内讧,巩固了贵族的世袭统治。了解这些宗法关系,对解释词义是有帮助的。

(145) 妾身未分明,何以拜姑嫜。(杜甫《新婚别》)

"姑嫜"即丈夫的母亲与父亲。古代称夫之父为舅,又称为嫜,称夫之母为姑,连称为舅姑或姑嫜,亦作"姑章"。颜师古《匡谬正俗》卷六:"古谓舅姑为姑章,今俗亦呼为姑钟(鍾)。"按:古代"舅姑"连用另一义是指岳父母。"昏(婚)礼,婿亲迎,见于舅姑"(《礼记·坊记》)郑玄注为"舅姑,妻之父母也。至于"舅""姑"分开来说,义项更多,这儿从略。

(146) 吾闻二世少子也,不当立,当立者乃公子扶苏。(《史记·陈涉世家》)

"少子"原是指最幼的儿子。《战国策·赵策》"张孟谈乃行,其妻之楚,长子之韩,次子之魏,少子之齐,四国疑而谋败"中的"少子"就是这样。本例句的含义涉及王位继承问题。周代初年便确立嫡长子的继承权(这在前边讲"嫡子"的例句中已作具体说明)。嫡长子是正妻所生的大儿子,妾所生的儿子无论年纪大小都是庶子。这是一种区别。长子为嫡子,非长子则称众子。这又是一种区别。只有在正妻无子的情况下才能立庶子中的最长者为合法的继承人。秦始皇长子扶苏因劝谏始皇坑儒惹怒了始皇,被派往外处监军。后始皇巡行途中死去,赵高、李斯与始皇少子胡亥阴谋篡改遗书,赐死扶苏,胡亥自己当了皇帝,这是违反封建宗法制度的,所以陈涉提出此事作为号召。

(147) 外无期功强近之亲,内无应门五尺之僮。(李密《陈情表》)

"期(jī)功"都是古代丧服名称。期,服丧一年。功即大功小功。大功服丧九个月,小功服丧五个月。古代服丧的不同,是按亲属关系的远近来规定的。古代丧服和服丧的期限各有不同,古书中常常提到,这儿根据《仪礼·丧服》所记作些介绍。丧服分为五个等级,叫五服,五服的名称是斩衰(cuī)、齐(zī)衰、大功、小功、缌麻。斩衰(缞)是五服中最重要的一种。凡丧服上衣叫衰(披在胸前),下衣叫裳。衰是用最粗的生麻布做的,衣旁和下边不缝边,所以叫斩衰(斩是不缝边的意思)。齐衰次于斩衰,这是用熟麻布做的,因缝边整齐而取名。大功次于齐衰。这是用熟麻布做的,比齐衰精细些。功指织布工作。小功又次于大功,比大功服更精细。缌麻是五服中最轻的一种,比小功服更精细。丧服粗细不同,表明服丧期长短不同。斩衰三年,缌麻三个月。古人讲亲戚关系时,常常用丧服来表示亲疏远近。"外无期功强近之亲"就是这种用法。

(148) 且许子何不为陶冶,舍皆取诸其宫中而用之?(《孟子·滕文公上》)

"宫"指一般的房屋住宅,原无贵贱之分。秦汉以后,只有王者所居才称为宫。宫和室原来也是同义词,区别开来说,宫是总名,指整所房子,外面有围墙包着,室只是其中的一个居住单位。至于上古宗庙也称宫室,这里就不讨论了。

(149) 由也升堂矣,未入于室也。(《论语·先进》)

"堂"是正厅,"室"是内室。堂通常是行吉凶大礼的地方,不住人;室住人。堂室向前,室的东西两侧是东房和西房。堂前有阶,升阶就是升堂。升堂入室比喻做学问的几个阶段:先入门,次升堂,最后入室。句意是:由(人名)么,学问已经不错了,只是还不够精深吧。这里"入门"是从比喻做学问的角度说的,其实上古堂前没有门。

(150) 居龙兴寺西序之下。(柳宗元《永州龙头寺西轩记》)

"序"是堂屋的东西墙,堂内靠近序的地方也就称东序、西序。

(151) 伯牛有病,子问之,自牖执其手。(《论语·雍也》)

"牖"就是窗。上古堂后有墙和室、房(室的两侧是东房和西房)隔开,室和房各有户(门)和堂相通。户西窗口就叫"牖"。

(152) 塞向墐户。(《诗经·豳风·七月》)

"塞"是用砖堵上的意思。"向"即朝北的窗口。"墐"是用泥抹上,以避风寒。值得注意的是:室的户西窗口叫"牖",室的朝北窗口叫"向","牖"后来泛指窗,"向"不常用了。

(153) 项王、项伯东向坐,亚父南向坐,……沛公北向坐,张良西向侍。(《史记·项羽本纪》)

"坐"指席地而坐。"东向坐"是坐西朝东,"南向坐"是坐北朝南,"北向坐"是坐南朝北,"西向侍"是坐东朝西陪侍。这里有个问题:一般以南面为尊,是不是亚父比项王地位还高呢?要回答这个问题,必须了解堂上的坐位和室内坐位的不同情况。堂一般是举行典礼的地方,堂上的坐位以朝南为尊,朝北为卑,所以有"南面为君"、"北面称臣"的说法。室内的坐位,则以朝东为尊,朝西为卑。项羽接见刘邦是室内,所以才说项羽东向坐,张良作为陪侍,自然只能是西向。

(154) 傅说(yuè)举于版筑之间。(《孟子·告子下》)

"板筑"亦作"版筑",造泥土墙的工具。板,夹墙板;筑,捣土的杵。"板筑"是古人筑墙的技术:筑土墙用两块木板相夹,两板中间的宽度等于墙的厚度,板外用木柱衬住,装满泥土,用杵捣紧,筑毕拆除木柱木板,就成了一座墙了。了解类似的专门知识,对词义的解释也是有利的。

(155) 齐景公有马千驷。(《论语·季氏》)

"马千驷"即一千乘车。战国以前,车马是相连的。御车即御马,乘马即乘车。驾二马为骈,驾三马为骖,驾四马为驷。"马千驷"不在说明有四千匹马,而在于说明有一千乘车。

(156) 夫子式而听之。(《礼记·檀弓》)

"式"是扶着轼敬礼。古人乘车是站在车舆(马车的车厢)里的,这叫"立乘"(妇人不立乘)。舆两旁的木板可以倚靠身体,叫作轓(yǐ),亦作椅。舆前部的横木可以凭倚扶手,叫作式(轼)。古人在行车途中用扶式俯首的姿势表示敬礼,这种致敬的动作也叫作式。

(157) 夫车之能转千里所者,其要在三寸辖。(《淮南子·人间训》)

"辖"是安插在车轴两端的一个三四寸长的销子,用以挡住车轮,不使外脱。它是很重要的零件,后来引申为管辖之意。

(158) 万里长空且为忠魂舞。(毛泽东《蝶恋花·答李淑一》)

"且"训"皆",有人解释为"姑且"是不妥的。裴学海《古书虚字集释》卷八说:"且犹并也。"卷十说:"并,皆也。"古代"且"当"皆"讲的很多,如杨万里《题吉水飞凫图》:"尘外尘中尽静喧,阁前阁后且山川";杜甫《竖子至》:"楂梨且缀碧,梅杏半传黄"。这些诗句中的"且"都是"皆"义。

(159) 日出东南隅,照我秦氏楼,秦氏有好女,自名为罗敷。(《陌上桑》)

汉以前的女子爱取"罗敷"这个名字。《汉书·武五子传(昌邑王贺传)》中"执金吾严延年字长孙,女罗䌷"句,周寿昌注:"罗䌷"即罗敷。"罗"是属于一种丝织物,质地轻柔;"敷"是麻织品,和"䌷"同音借用。古时农业社会,男耕女织,要求自给自足。女子取名罗敷,正是反映当时的时代要求。

(160) 穹窒熏鼠,塞向墐户。(《诗经·豳风·七月》)

"向"是朝北的窗子,不能解释为方向、朝向。《说文·宀部》:"向,北出牖也。从宀从口。"小篆作向,甲骨文作仓,参照甲骨文(更形象化),可证《说文》的分析是对的。

(161) 蚤起,施(yí)从良人之所之……而良人未之知也,施施(yíyí)从外来,骄其妻妾。(《孟子·离娄下》)

"施"《辞海》说:"施通迤(yǐ),斜行。"再看《说文·㫃(yǎn)部》:"旖旎(yǐ)施也,从㫃,也声。"本义是旗子的飘带在微风中左右飘动。了解这个意思,对上面描写齐人及其妻的情态就体味得深刻入微了。"施从"的"施"形象地描绘了齐人之妻既要跟踪自己的丈夫,又怕被发现,躲躲闪闪,忽左忽右,尾随在后的样子。而"施施从外来"的"施施"更是把这个齐人回家时那种怡然自得,左右摇摆,在妻妾面前摆威风的神气活灵活现地刻画出来。如果不从"施"的结构推求本义,就不可能深入理解这两个动作的生动性和形象性。

(162) 遂乃开仓廪,假(借)贫民,选用良吏,尉安牧养焉。(《汉书·龚遂传》)

"尉"即"慰"。"慰"从"尉"得声,亦从"尉"得义。"尉"本义是熨东西,引申为压平意思,再引申为"安抚、安慰"的意思。"尉安"的"尉"本来没有"心",后来才作"慰"。

(163) 师退,次于召陵。(《左传·僖公四年》)

"次"是驻扎的意思。《说文·欠部》说:"㳄,不前不精也,从欠二声。七四切。"形体与解释似乎统一不起来。段玉裁注说"不前不精皆居次之意",同时又认为"从欠二声当作从欠从二"才勉强可通。但是,我们仔细看《说文》所附古文𣎴,作帐篷之形,就能清楚地看到"次"是军队在郊外作临时住宿用的帐篷。正如《周礼》"掌次之官"的"次",郑玄注为"幄也"。"次"由帐篷义引申为军队暂时驻扎义。释义时把《说文》里的正篆和重文互相对照起来分析,这也是以形索义所必需。

(164) 既成昏,晏子受礼。(《左传·昭公三年》)

"成昏"即"成婚"。"昏"是"婚"的古字,经传无"婚"字。"昏"本义是"昏暮",引申为"昏姻"。为了区别,后来"昏姻"义写作"婚姻"。

(165) 穷则独善其身,达则兼善天下。(《孟子·尽心上》)

"穷"常指境遇不好,本句指不得仕进和不能显贵。上古"穷"没有"贫穷"意思。跟"穷"相对的是"达"或"通",跟"贫"相对的是"富"。古代"穷"的主要意义是"极、尽",如"穷高极远而测深厚"(《礼记·乐记》),引申为寻究,如"欲穷其源"(陶潜《桃花源记》)。

(166) 寻常之沟,巨鱼无所还其体。(《庄子·庚桑楚》)

"还"读作"旋",旋转的意思就显豁了。

(167) 以利动之,以卒待之。(《孙子兵法·势篇》)

"卒"应为"诈",与《孙子兵法·军争篇》"故兵以诈立,以利动"的"诈"同义。俞樾《诸子平议补录》卷三说"卒字疑诈之误",又引何休"诈,卒也,齐人语也"的话,说明"孙子本齐人,其言诈如卒,故误为卒耳"。《孙子兵法》旧注"卒"为"兵卒",近年注本亦采此说,有待引起注意。

(168) 先生不知何许人也,亦不详其姓字,宅边有五柳树,因以为号焉。(陶渊明《五柳先生传》)

"何许"即"何所","何许人"即"何所人"、"何处人"。"所、许"古通用,《诗经·小雅·伐木》"伐木许许",《说文》"所"下引作"伐木所所"可证。《搜神记》卷一"介琰者,不知何许人也";"谷城乡平常生,不知何所人也"中"何许"、"何所"互用,更可为证。有些注本把"何许人"解为"何等样人"显然不妥。况且下文说"闲静少言,不慕荣利;好读书,不求甚解"等等,都在介绍五柳先生是"何等样人",怎么会在文章开头就来一句"先生不知何等样人"呢?

(169) 仆赖先人绪业,得待罪辇毂下,二十余年矣。(司马迁《报

任安书》)

"绪业"就是遗业、余业,同杨恽《报孙会宗书》"幸赖先人余业,得备宿卫"的"余业"。有的古汉语课本注云"绪业,事业",不够确切,因为"绪"有"遗、余"义。《楚辞·九章·涉江》"欸秋冬之绪风",王逸注"绪,余也",也可为证。

(170)愧君千里分滋味,寄与春风酒渴人。(李群玉《答友人寄新茗》)

"愧"是感谢的意思,系唐宋俗语,一般词书无此义项。"愧"的异体作"媿",如"甚媿丈人厚,甚知丈人真"(杜甫《奉赠韦左丞丈二十二韵》的"媿"也是感谢的意思)。

(171)今夫人之有颜、目、耳、鼻、齿、毛、颐、口,百骸之粹美者也。(刘禹锡《天论》)

"颜",眉之间的部分(它与耳、目、鼻、口等同为面孔的一部分)。本句用的是古义,即《说文解字注》"颜,眉之间也"。有的古文注本译"颜"字为脸庞,这是以今义释古义之误。

(172)烧残民家,掘其丘冢。(《史记·吴王濞列传》)

"丘冢"指坟墓而又有别。古代在坟墓的意义上,高的叫"丘",平的叫"墓","坟"与"墓"的区别也是高和平的分别(《礼记·檀弓》有"古者墓而不坟"的说法)。冢是大坟,丘是大冢,所以赵武灵王的墓称为灵丘,吴王阖闾的墓称为虎丘(在今苏州境内)。

(173)寡人不祥,被于宗庙之祟。(《战国策·齐策》)

"宗"是祖庙,供奉神主的地方;"庙"是从祭祖的地方引申为一般供奉神的地方,范围较大。不过上古只有祖庙称"庙",神庙不称"庙"。上古"宗庙"常连用。

(174)罪在朕躬。(《论语·尧曰》)

"躬"指身体,和"身"同义,如"空乏其身"(《孟子·告子下》)。但用法有不同:"躬"专指人,"身"又可指物身,如"托根附树身"(白居易《凌霄花》)。

(175)晋侯复假道于虞以伐虢。(《左传·僖公五年》)

"假"表示"借用"。中古以后借用义多用"借"而少用"假"。(上古与"真"相对只说"伪"或"赝 yàn",不说"假"。)

(176) 侯自我得之,自我捐之,无所恨。(《史记·魏其武安侯列传》)

(177) 花钿委地无人收。(白居易《长恨歌》)

"捐"和"委"都是"弃、抛弃"的意思。由于"捐、委、弃"是同义的,所以又产生"委弃"、"捐弃"等双音词。

(178) 文公如齐,惠公如秦。(《左传·成公十三年》)

"如"是到(某地)去。"之、适、往"也都和"如"的意思差不多,但用法不尽相同,即"如齐"可以说"之齐"、"适齐",却不能说"往齐",因为上古"往"不带宾语。

(179) 长安君何以自託于赵。(《战国策·赵策》)

"託"是寄托。"託"后代写为"托"(上古没有"托"),"託身、託故"写成"托身、托故"。不过"托"有它自己所特有的含义,表示用手掌承着东西,如"托钵"之类。

(180) 以身翼蔽沛公。(《史记·项羽本纪》)

(181) 榆柳荫后檐。(陶潜《归园田居》)

"蔽、荫"都表示遮住、遮掩、遮盖的意思,但二者有区别:"蔽"可以从前后左右遮住,也可以从上遮住(苏轼《前赤壁赋》"旌蔽日兮敌若云"),而"荫"只能是从上遮住。

(182) 主将骄敌。(李华《吊古战场文》)

(183) 简而无傲。(《尚书·舜典》)

"骄"是自满,是一种心理状态。"傲"是轻慢、没礼貌,是一种行为表现。现代汉语连用"骄傲"成为一个双音词,表达了从内心到外观的自以为是、放纵傲慢的意思。

(184) 以盛水浆,其坚不能自举也。(《庄子·逍遥游》)

(185) 今夫颛臾,固而近于费。(《论语·季氏》)

(186) 弱固不可以敌强。(《孟子·梁惠王上》)

(187) 柔则茹之,刚则吐之。(《诗经·大雅·烝民》)

"坚",结实,跟"脆"相对,本义是土硬;"固",坚固,特指地理险要或城郭坚固,本义是四面闭塞,难攻易守;"强",强盛,跟"弱"相对,本义是弓有力;"刚",坚硬、坚强,与"柔"相对,本义是刀硬,"钢"由"刚"发展而来。"坚、固、强、刚"意义相近,但又有区别。"固"用于城郭险阻时,不是"坚、刚、强"所能代替的,"强"用于"挽弓当挽强"(杜甫《前出塞》)句,也不是其他三字所能代替。由于它们意义相近,现代汉语有"坚固、坚强、坚硬、强硬、刚强"等双音词的产生。

(188) 敛襟收涕泪,簇马听笙歌。(白居易《何处难忘酒》)

"簇",蒋礼鸿说"驻马曰簇"。又说:"立马簇鞍,似嫌属辞之复,然簇字不得有他义也;驻马为簇,当由簇聚义引申,盖马之驻立,其蹄前后皆簇聚耳。"(以上说见蒋礼鸿《怀任斋文集》77 页)

(189) 天子当宁而立。(《礼记·曲礼下》)

"宁"读 zhù,与"伫"同;不是"宁"的简体字,而是"伫"的不同写法。《尔雅·释宫》:"门屏之间谓之宁"。"宁"是表处所的。

(190) 武烈太子偏能写真,坐上宾客,随宜点染,即成数人,以问童子,皆知姓名。(《颜氏家训》卷七《杂艺》)

"真"即形象、容貌之义,"写真"即画像。在六朝和唐宋人的文字中,"写真"的出现频率很高,可是有的词书漏此义项。(说见郭在贻《训诂丛稿》203 页)

(191) 贵人饮金屑,倏忽舜英暮。(刘禹锡《马嵬》)

"饮金屑"是君王赐死的代称,属援引故实的说法。清代袁枚却说:"杨妃缢死,新旧《唐书》、《通鉴》均无异词。惟刘禹锡《马嵬》诗云:'贵人饮金屑,倏忽舜英暮'。似贵妃之死乃饮金屑,非缢也。"(《随园随笔》卷二十三)蒋礼鸿《义府续貂》说魏明景初二年、晋惠帝永康三年都发生过君主以金屑赐其大臣死的事例,后遂成君主赐臣下死的代称。显然,袁枚是误解了。

(192) 其波及晋国者,君之余也。(《左传·僖公二十三年》)

"波及"即如波之及,是以物状物的形象化说法,别无隐义。王引之《经义述闻》说是"播"的假借字,训为散,"波及"就是"散及",倒使文句索然无味了。黄焯《毛诗郑笺评议》说:"朴学诸师间有专治训诂名物而短于为文,至于古人之用意处,不能识其谛当。"这是有一定的道理的。

(193) 多行不义,必自毙。(《左传·隐公元年》)

"毙"是仆倒,倒下去。自毙,意即自己摔跟头。魏晋时人常误解先秦古籍的"毙"为"死","于是文王不出宫三月,剑士皆服毙其处也"(《庄子·说剑》)句,晋人司马彪注"忿不见礼,皆自杀也";其实"服毙其处"是说剑士见不着赵文王,都穷困趴倒在他们的客舍,并不是自杀。教《郑伯克段于鄢》这篇文章,要防止把它解成现代的"死"的意思。

(194) 九月叔苴,采荼薪樗,食我农夫。(《诗经·豳风·七月》)

"叔"是拾取的意思。"叔苴"意为拾取或收拾麻的种子。"叔"的拾取本义古书中很少见。

(195) 景伯负载,造于莱门。(《左传·哀公八年》)

"造"的本义是"前往,到"。常用来指到尊贵者的地方去,如"不幸而有疾,不能造朝"(《孟子·公孙丑下》);"先生王斗,造门而欲见齐宣王"(《战国策·齐策》)。引申为达到某一境界,如"君子深造之以道"(《孟子·离娄下》)。后有成语"登峰造极"。现代有"造诣、造就、深造"等双音词。

(196) 布帛长短同,则贾相若。(《孟子·滕文公上》)

"布"本义只指麻布。古时布帛并称,麻织品称布,丝织品称帛。后来引申为用棉、麻等织成的织物的通称。(按,先有麻,后有棉,棉比麻的历史短得多,词义引申取决于客观事物的发展。)一般人穿的是"布衣","布衣"便指平民,如"夫斯乃上蔡布衣"(《史记·李斯列传》),后又称未中功名的士人,如"杜陵有布衣,老大意转拙"(杜甫诗)。布可以铺开,又引申为陈列、展开之意,如"扫室布席"(《战国策·齐策》)。又为陈述之意,如"敢私布于吏"(《国语·晋语四》)。由此又引申出公布、宣布之意,如"布告天下,使明知朕意"(《汉书·高帝纪》)。

(197) 外府掌邦布之入出。(《周礼·天官·外府》)

"布"指货币。在没有货币的时代,古人以物易物,以布为交换媒介,如"抱布贸(交换)丝"(《诗经·卫风·氓》)。后来货币也因此称布。

(198) 华胥氏之国在弇(yǎn)州之西,台州之北,不知斯齐国几千万里。(《列子·黄帝》)

"斯"是距离的意思。"斯"字从斤,本义是把木柴劈开,如《诗经·陈风·墓门》"斧以斯之"。由劈开义引申为分离开、距离的意思。先秦古籍中本义罕见,常见的是借为代词。

(199) 堂上不粪,则郊草不〔瞻旷〕芸。(《荀子·强国》)

"粪"是扫除的意思。《说文》:"粪,弃除也。"书籍中"粪除"常连用,"粪除宗祧"就是把宗庙扫除干净。(本句"瞻旷"二字费解,王念孙说是衍文。)

(200) 秋收敛而助不给。(《孟子·梁惠王下》)

"给"是丰足的意思,属上古常用义之一。另一常用义是"供应",如"孟尝君使人给其食用"(《战国策·齐策》)。"给"的两个常用义都读 jǐ。"给(gěi)"今天表示"给(jǐ)予"意义,上古没有"给予"意义,《齐策》例"给其食用"的"给"不能理解为"给予"。("供应"与"给予"不能等同。)

(201) 颜色憔悴,形容枯槁。(《楚辞·渔父》)

"色"相当于现代的脸色。古今"颜色"的意义和结构都不同:古代"颜"指两眉之间,"色"指脸上神色,"颜色"是由两个词构成的联合词组;现代"颜色"指某种色彩,是双音词。(古代"形容"也是由两个词构成的联合词组。)

(202) 申吕肖矣。(《史记·太史公自序》)

"肖"是衰微的意思。句意即申吕(吕尚之祖封于申)后来衰微。《方言》十二:"肖,小也。"因为"肖"有"小、衰、弱"一类的意思,所以"肖"与"宵、削、消、销、梢、稍"等便成了"微小"意义的同源词。"小"和"少"义近,甲骨文、金文"小"、"少"是一个字。以上各字形都有"小"的构件,它们的孳乳都跟"小"这一构件含义相联系。比如"宵",《礼记·乐记》注"宵之言小也";"削"(削减),《吕氏春秋·长利》"是故地日削"句注"削,小也";"消"(竭尽),《释名·释疾病》"消,弱也";"销"(金销),《庄子·则阳》"其声销"解云"销,小也";"梢"(树梢),《说文》徐锴注"梢,树枝末也",《淮南子·兵略》注"梢,小柴也";"稍",朱骏声谓本义是"禾末",有"小"义。在读音上,上述"肖、宵、削、消、销、梢、稍"以及"小、少"都是舌齿音。它们的读音和意义相同或相近。在训诂实践中,了解同源字是很重要的。确定同源词有三个必要条件:一是这些词的读音必须相通。所谓相通,是指在韵母方面,或是叠韵(属于同一韵部),或是对转(即韵母的主要元音相同,韵尾有对应关系);在声母方面,或是双声,或声母发音部位相同。二是这些词的意义相同、相近或相关——有一定的关系(这一点与通假字完全区别开来了:通借字与本字意义毫无联系;如意义有某些联系,必非通假关系)。三是有古代训诂资料或字形为证据,证明它们出自同一语源。这三个条件是缺一不可的。

以上二百例的训释,或能有助于进一步加深对训诂的认识,提高从事训诂工作的能力。不妥之处,欢迎读者指正。

附录

训诂力作示范
——俞樾《古书疑义举例》论析

一、引　言

　　笔者青年时代,恩师唐文治(清举人、进士,位至侍郎、尚书)授课,屡述俞樾《古书疑义举例》可为训释古文献之重要参考;每加翻阅,多有领悟。20 世纪 50 年代,继问学复旦大学,王遽常、郭绍虞、朱东润、张世禄诸师亦曾谓治汉语言文字,是书不可不读。80 年代,南开大学邢公畹教授认为"一切涉及中国古代文献的学问都必须用训诂学来做它的研究工具"(《天津师专学报》1983 年 1 期),笔者结合多年语文教学与科研的切实体会,对邢老持论,甚有同感,更重视是书研析,并在指导研究生学习训诂学时,要求他们通读俞樾《古书疑义举例》,以为登高望远之阶梯。

　　俞樾平生,专意著述,兴趣广泛,精训诂,能诗词,好小说、戏曲,有《群经平议》、《诸子平议》、《古书疑义举例》及《茶香室丛钞》、《第一楼丛书》、《曲园杂纂》、《春在堂杂文》、《诗编》、《词录》等,后来集为《春在堂丛书》,凡二百五十卷。其中《群经平议》三十五卷、《诸子平议》三十五卷、《古书疑义举例》七卷为训诂方面的代表作,其弟子章太炎通读三书,以为《古书疑义举例》尤胜。支伟成以俞氏三书较之高邮二王之作,尝言:"其《群经平议》则继《经义述闻》(王引之)而作,小有未逮;《诸子平议》乃几与《读书杂志》(王念孙)抗衡;《古书疑义举例》,条理毕贯,视《经传释词》(王引之)变而愈上,且益恢廓矣。"(《清代朴学大师列传》)

　　仅以《古书疑义举例》而论,百余年来历经检验,备受推崇。张之洞谓"此书甚有益于学者"(《书目答问》自注);梁启超评为"模范名著"(《清代学术概论》);刘师培"叹为绝作,以为载籍之中,奥言隐词,解者纷歧,惟约举其例,以治群书,庶疑义冰释,盖发千古未有之奇也"(《古书疑义举例五种》159,中华书局 1956);马叙伦称"发蒙百代,梯梁来学,固悬之日月而不刊者也"(《古书疑义举例五种》249,中华书局 1956);姚维锐则有"援引详明,条理精密,昭然发千古之蒙"(《古书疑义举例五种》275,中华书局 1956)等评议。一言以蔽之,《古书疑义举例》将传统训诂学提高到了新的水准,既具综合性,又富启发性,历史价值与现实价值都很高。时在今日,作为语言文字工作者,对俞书无疑尤应高度重视和弘扬。这是学术发展的需求,也是学术发展的必然,因为任何学术不是从零出发的,继承与创新是有机的统一。

二、《古书疑义举例》辨证精审,胜义纷呈

"国初之学大,乾嘉之学精,道咸以降之学新。"(王国维《沈乙庵先生七十寿序》)俞樾学宗乾嘉高邮"二王",不泥经说,由精趋新,卓然甚多树立。这从全书内容看,不难洞晓。全书七卷,集释古书疑义词句,凡 88 类,每类极少一二例,一般是数例乃至十余例,共数百例。卷一至卷三讲词句变化,卷四讲词运用,卷五讲古书衍字、误字,卷六讲古书脱字、错简,卷七讲古书误改、误删、误解。它涉及训诂方方面面,逐例选举佐证,间加说解,见识精湛,新意迭出,实言简意赅,入木三分。兹随全书行文顺序就各类例(凡数百例)各引一例,以见俞书一斑,并与后文论析照应。

(一)俞著要例(于数百例中列示 88 例)

(1)《吕氏春秋·辩土篇》"必厚其靹。"又曰:"其靹而後之。"按:"後"与"厚"同义。《释名·释言语》曰:"厚,後也。"上言厚,下言後,亦异字同义之例。(引"上下文异字同义之例")

(2)《诗·文王有声篇》:"既伐于崇,作邑于丰。"按:下"于"字乃语词(今之虚词,本书作者注),上"于"字则"邘"之假字也。《史记》载虞、芮决狱之后,明年伐犬戎,明年伐密须,明年败耆国,明年伐邘,明年伐崇侯虎而作丰邑,是伐邘、伐崇,与作丰邑事相连。故诗人咏之曰:"既伐邘、崇,作邑于丰"也。"邘"作"于"者,古文省,不从邑耳。今读两"于"字并为语词,则下句可通;上句既伐于崇,文不成义矣。(引"上下文同字异义例")

(3)《孟子·尽心下篇》:"若崩,厥角稽首。"按《汉书·诸侯王表》:"厥角稽首。"应劭曰:"厥角者,顿也。角者,额角也。稽首,首至地也。"其说简明胜赵注。"若崩"二字,乃形容厥角稽首之状。盖纣众闻武王之言,一时顿首至地,若山冢之崒崩也。当云"厥角稽首若崩",今云"若崩厥角

稽首",亦倒句耳。后人不得其义,而云稽首至地,若角之崩,则不知角为何物,失之甚矣。(引"倒句例")

(4)《周官·大宗伯职》:"以肆、献、祼(guàn)享先王。"若以次第而言,而祼最在先,献次之,肆又次之也。乃不曰"祼、献、肆",而曰"肆、献、祼",此倒序也。(引"倒序例")

(5)《周礼·大宗伯职》:"王后不与,则摄而荐豆笾彻。"按:荐豆笾彻者,荐豆彻笾也。于"豆"言"荐",于"笾"言"彻",互辞耳。不曰"荐豆彻笾",而曰"荐豆笾彻",亦故为错综以成文也。贾疏曰:"凡祭祀皆先荐后彻,故退彻文在下。"此不得其解而为之辞。(引"错综成文例")

(6)《礼记·祭统篇》:"王后蚕于北郊,以共纯服;夫人蚕于北郊,以共冕服。"郑注曰:"纯服,亦冕服也,互言之耳。纯以共缯色,冕以著祭服。"凡此皆参互以见义者也。(引"参互见义例")

(7)《士丧礼》:"鱼鲔鲋九。"此亦连类而并称,言或鲔或鲋,其数则九也。若必鲔鲋并用,而欲合其数为九,则孰四孰五,不得无文矣。(引"两事连类而并称例")

(8)《管子·法法篇》之"一曰",《大匡篇》之"或曰",皆为管氏学者传闻不同而并记之也。《韩非子》书如此者尤多。(引"两义传疑而并存例")

(9)《论语·宪问篇》:"君子耻其言而过其行。"《正义》曰:"此章勉人使言行相副也。君子言行相顾,若言过其行,谓有言而行不副,君子所耻也。"按:耻其言而过于行,亦语平而意侧。皇侃《义疏》本作"君子耻其言之过其行也";语意更明。朱注曰:"耻者,不敢尽之意;过者,欲有余之辞";误以两句为平列,失之。(引"两语似平而实侧例")

(10)《尚书·舜典篇》:"流共工于幽州,放驩兜于崇山,窜三苗于三危,殛鲧于羽山。"《枚传》曰:"殛、窜、放、流,皆诛也;异其文,述作之体。"至诗人之词,此类尤多。《关雎篇》:"参差荇菜,左右流之,窈窕淑女,寤寐求之。"《传曰》:"流,求也。"则"流之、求之,一也。"(引"两句似异而实同例")

(11)《诗·丘中有麻篇》:"将其来施施。"《颜氏家训》曰:"河北《毛诗》皆云施施;江南旧本悉单为施。"按:当以江南本为正。《传》云:"施施,难进之意。"《笺》云:"施施,舒行伺闲,独来见己之貌。"《经》文止一施字,而《传》、《笺》并以施施释之,所谓以重言释一言也。后人不达此例,增《经》文作施施,非其旧矣。(引"以重言释一言例")

(12)古书遇重字,多省不书,但于本字下作二画识之;亦或并不作二画,但就本字重读之者。……《孟子·告子上篇》:"异于白马之白也。"按:

上"白"字当重(chóng)读。盖先折之曰"异于白",乃曰"白马之白也,无以异于白人之白也。"则又申说其异之故也。如此则文义自明,亦不必疑其复有阙文矣。(本文笔者尚存疑,拟从朱熹说,"异于"疑衍)(引"以一字作两读例")

(13)《诗·既醉篇》:"其仆维何?厘尔女士。厘尔女士,从以孙子。"按:女士者,士女也。孙子者,子孙也。皆倒文以协韵。犹"衣裳"恒言,而《诗》则曰"制彼裳衣";"琴瑟"恒言,而《诗》则曰"瑟琴"也。《甫田篇》"以穀我士女",此云"女士",彼云"士女",文异义同。《笺》云"予女以女而有士行者",则失之纤巧矣。经文平易,殆不如是。(引"倒文协韵例")

(14)《周易》亦多用韵之文,亦有变文协韵者。如《小畜》:"上九,既雨既处。"按:处者,止也。"既雨既处"者,"既雨既止"也。止,谓雨止也。不曰"既雨既止",而曰"既雨既处",变文以协韵也。《正义》以"得其处"释之,则与既雨之文不伦矣。(引"变文协韵例")

(15)《士虞礼》记:"祝从,启牖、乡如初。"按:"乡"(向)者,北出牖也。"启牖、乡"者,"启牖"亦"启乡"也。上文"祝阖牖户",不言乡,是疏略之处。(引"古人行文不嫌疏略例")

(16)《墨子·尚贤》、《尚同》、《兼爱》,各分上、中、下三篇,而文字相同者居半。此亦古人不嫌繁重之证,文繁不具录。(引"古人行文不避繁复例")

(17)古人语急,故有以"如"为"不如"者。隐元年《公羊传》:"如勿与而已矣。"《注》曰:"如,即不如"是也。有以"敢"为"不敢"者。庄二十二年《左传》:"敢辱高位。"注曰"敢,不敢也"是也。详见《日知录》三十二。(引"语急例")

(18)古人语急,则二字可缩为一字;语缓,则一字可引为数字。襄三十一年《左传》:"缮完葺墙以待宾客。"急言之,则止是"葺墙以待宾客"耳。乃以"葺"上更加"缮完"二字,唐李涪《刊误》遂疑"完"字当作"字"矣。("完"意为完整、完好,亦为使完整、完好;古代无完了、完毕义。本书作者注)(引"语缓例")

(19)凡问答之辞,必用"曰"字,纪载之恒例也。乃有一人之辞中加"曰"字自为问答者,此则变例矣。《论语·阳货篇》:"'怀其宝而迷其邦,可谓仁乎?'曰'不可'。'好从事而亟失时,可谓知乎?'曰'不可'。"两"曰"字仍是阳货语;直至"孔子曰诺",始为孔子语。(引"一人之辞而加曰字例")

(20)一人之辞自为问答,则用"曰"字;乃有两人问答,因语气相承,诵之易晓,而"曰"字从省不书者。如《论语·阳货》"子曰:'由也,女闻六言六蔽矣乎?'对曰:'未也。''居,吾语女!'""居,吾语女!"乃夫子之言,而即承"对曰未也"之下,无"子曰"字。"子曰:'食夫稻,衣夫锦,于女安乎?'曰:'安。''女安则为之。'""女安则为之",乃夫子之言,而即承"曰安"之下,无"子曰"字。《孟子》书如此者尤多。(引"两人之辞而省曰字例")

(21)僖十九年《穀梁传》:"梁亡,自亡也。湎于酒,淫于色,心昏耳目塞,上无正长之治,大臣背叛,民为寇盗。梁亡,自亡也;如加力役焉,湎不足道也。"《范注》曰:"如使伐之而灭亡,则淫湎不足记也。"按:上文已备列梁所以亡之故,使下文必一一言之,则累于辞矣。故曰:"湎不足道也。"止以一湎字该之,亦具于前而略于后也。(引"文具于前而略于后例")

(22)古人之文,又有没其文于前,而见其义于后者。……《礼记·檀弓篇》:"晋献公之丧,秦穆公使人吊公子重耳。"不言使人为何人;下文云:"子显以致命于穆公。"则知使者之为子显矣。(引"文没于前而见于后例")

(23)定四年《左传》:"楚人为食,吴人及之。奔,食而从之。"此文"奔"字一字为句,言楚人奔也。"食而从之"四字为句,言吴人食楚人之食,食华而遂从之也。"奔"上当有"楚人"字,"食而从之"上当有"吴人"字,蒙上而省也。杜注曰,"奔食,食者走",则"奔食"二字,文不成义矣。(引"蒙上文而省例")

(24)《孟子·滕文公篇》:"夏后氏五十而贡,殷人七十而助,周人百亩而彻。"因下句有"亩"字,而上二句皆不言亩,是探下文而省者也。(引"探下文而省例")

(25)古书之文,往往有举此以见彼者。《礼记·王制篇》:"大国之卿不过三命,下卿再命,小国之卿与下大夫一命。"《郑注》曰:"不著次国之卿者,以大国之下互明之。"《正义》曰:"以大国之卿不过三命,则知次国之卿不过再命;大国下卿再命,则知次国下卿一命,故云互明之。"(引"举此以见彼例")

(26)《管子·禁藏篇》:"外内蔽塞,可以成败。"按:此欲其败,非欲其成,而曰"可以成败",乃因败而连言成也。王氏《读书杂志》谓"成"当为"或",非是。(引"因此以及彼例")

(27)《管子·小匡篇》:"其相曰夷吾,大夫曰宁戚、隰朋、宾胥无、鲍叔牙,用此五子者何功?"按:"五子"当作"四子",浅人见上有五人而改易其数,不知非作书者之意也。此本《国语·齐语》之文。其文曰:"惟能用管夷吾、宁戚、隰朋、宾胥无、鲍叔牙之属而伯功立。"此是齐国史记所载,乃当时公论也。《小匡》一篇,多与《齐语》同,盖管氏之徒剟取国史以为家乘,于是更易其文,专美夷吾。明桓公之霸,由其相夷吾,若用此四子,何功之有?下文曰:"则唯有明君在上,察相在下也。"正见齐桓明君,夷吾察相,相得而成,非由此四子也。以《齐语》参校,改易之迹显然矣。(引"古书传述亦有异同例")

(28)《说文》引《诗》,往往有合两句为一句者。如《齐风·鸡鸣篇》:"东方明矣,朝既昌矣。"《日部》引作"东方昌矣"。(引"古人引书每有增减例")

(29)古人称谓,或与今人不同。……《礼经》所称,则有以事目其人者。《礼记·祭义篇》:"易抱龟南面。"郑注曰:"易,官名。"按:此亦以事目其人,非必官名也。(引"称谓例")

(30)《史记·万石君传》:"长子建,次子甲,次子乙,次子庆。"甲、乙非名也,失其名而假以名之也。《汉书·魏相传》:"中谒者赵尧举春,李舜举夏,儿汤举秋,贡禹举冬。"不应一时四人同以尧、舜、禹、汤为名,皆假以名之也。说详《日知录》。(引"寓名例")

(31)《荀子·正名篇》曰:"物也者,大共名也;鸟兽也者,大别名也。"是正名百物,有共名别名之殊。乃古人之文,则有举大名而合之于小名,使二字成文者。如《礼记》言"鱼鲔",鱼其大名,鲔其小名也。《左传》言"鸟乌",鸟其大名,乌其小名也。《孟子》言"草芥",草其大名,芥其小名也。……《礼记·月令篇》:"孟夏行春令,则蝗虫为灾;仲冬行春令,则蝗虫为败。"王氏引之曰:"'蝗虫'皆当为'虫蝗'。此言'虫蝗',犹上言'虫螟',后人不知而改为'蝗虫',谬矣。"按:上言"虫"而下言"蝗",上言"虫"而下言"螟";"虫",其大名也,"蝗、螟",其小名也。(引"以大名冠小名例")

(32)春秋之例,通都大邑得以名通,则不系以国,如楚丘不书卫,下阳不书虢是也。若小邑不得以名通,则但书其国而不书其地,如盟于宋,会于曹,必有所在之地;而其地小,名亦不著,书之史策,后世将不知其所在,故以国书之。此亦举大名以代小名之例也。后儒说春秋,谓不地者即于其都也,失之。(引"以大名代小名例")

(33)又有举小名以代大名者。《诗·采葛篇》:"一日不见,如三秋兮。"三秋,即三岁也。岁有四时而独言秋,是举小名以代大名也。《汉书·东方朔传》:"年十三学书,三冬文史足用。"三冬,亦即三岁也。学书三岁而足用,故下云"十五学击剑"也。注者不知此举小名以代大名,乃泥冬字为说云:"贫子冬日乃得读书。"失其旨矣。(引"以小名代大名例")

（34）《夏小正》："黑鸟浴。"《传》曰："浴也者，飞乍高乍下也。"按：飞乍高乍下，何以谓之浴，义不可通。"浴"者，"俗"之误字。《说文》："俗，习也。"黑鸟俗，即黑鸟习也。《说文》："习，数飞也。"《传》所谓飞乍高乍下者，正合数飞之义。"俗""习"双声（上古都属邪母，本书作者注），故即以俗字代习字耳。《尚书·多方篇》："天惟五年须暇之子孙。"暇即夏字……《诗·皇矣篇》郑注引此《经》正作"须夏之子孙"，《尚书》以"暇"代"夏"（上古都属匣母鱼部，本书作者注），乃以叠韵字代本字。（引"以双声叠韵字代本字例"）

（35）《周易·鼎》象传："鼎，象也。"按：六十四卦，皆观象系辞，而独于鼎言象，义不可通。《虞注》曰："象事知器，故独言象也。"此亦曲为之说耳。《周易》"象"字，依《说文》当作"像"。《说文·人部》："像，象也。从人象声，读若养字之养。"然则"鼎象也"，犹曰"鼎养也"。下文云："圣人亨以享上帝，而大亨以养圣贤。"是其义也。学者不知"象"为"养"之假字，故不得其义。……凡读若字，义本得通，故彼此可以假借也。（引"以读若字代本字例"）

（36）《礼记·孔子闲居篇》："耆欲将至。"《郑注》曰："谓其王天下之期将至也。"按：《中庸篇》："祸福将至。"此云耆欲，即福也。美恶不嫌同辞。（引"美恶同辞例"）

（37）《孟子·离娄篇》："曾子养曾晳，必有肉。将彻，必请所与；问有余，必曰'有'。曾晳死，曾元养曾子，必有酒肉。将彻，不请所与；问有余，曰'亡矣！'将以复进也。"此亦举曾元之养口体，以形曾子之养志，学者不可泥乎其词。（引"高下相形例"）

（38）僖三十三年《左传》："秦伯素服郊次，乡师而哭曰：'孤违蹇叔，以辱二三子，孤之罪也。'不替孟明，'孤之过也；大夫何罪？且吾不以一眚掩大德。'"王氏念孙曰："'不替孟明'下有'曰'字，而今本脱之。'不替孟明'及'曰'字，皆左氏记事之词。自'孤之过也'下，方是穆公语。上文穆公乡师而哭，既罪己而不罪人矣，于是不废孟明而复用之，且谓之曰：'孤之过也，大夫何罪？'若如今本，穆公既以不替孟明为己过，则孟明不可用矣；何以言'大夫何罪？'又言'不以一眚掩大德'乎？"今按：王氏解"不替孟明"句是也；谓今本脱"曰"字非也。自唐石经以来，各本皆无"曰"字，未可以意增加。盖古人自有叙、论并行之例，前后皆穆公语，中间著此"不替孟明"四字，并未间以他人之言，"孤违蹇叔"与"孤之罪也"，语出一口，读之自明，原不必加"曰"字也。（引"叙论并行例"）

（39）怀抱于腹即谓之腹。《诗·蓼莪》"出入腹我"是也。（引"实字活用例")

（40）《墨子·尚贤中》："是以民皆劝其赏，畏其罚，相率而为贤者，以贤者众而不肖者寡。"按："相率而为贤"，绝句，"者"字乃"是"字之误，属下读；惟其相率而为贤，是以贤者众而不肖者寡也。两句叠用"是以"字，亦古书之恒例。今误作"相率而为贤者"，则是民之相率为贤，以贤者众不肖者寡之故，义不可通矣。（引"语词叠用例"）

（41）古人用助语词，有两字同义而复用者。"孰"谓之"庸孰"。《大戴记·曾子制言篇》："庸孰能亲汝乎？"庸，亦孰也。此王氏引之说。……《汉书·食货志》："天下大氐无虑皆铸金钱矣。"言"大氐"又言"无虑"。（引"语词复用例"）

（42）"螽斯羽"，言螽羽也；"兔斯首"，言兔首也。《毛传》以"螽斯"为"斯螽"，《郑笺》以"斯首"为"白首"，均误以语词为实义。辨见王氏《经传释词》。（引"句中用虚词例"）

（43）《史记·栾布传》："与楚则汉破，与汉而楚破。"上句用"则"字，下句用"而"字。而，即则也。（引"上下文变换虚字例"）

（44）古文简质，往往有省"乎"字者。《尚书·西伯戡黎篇》："我生不有命在天？"据《史记》则句末有"乎"字。（引"反言省乎字例"）

（45）《东山篇》："不可畏也，伊可怀也。"按："不"，语词；"伊"，亦语词。言室中久无人，荒秽如此，可畏亦可怀也。《笺》云："是不足可畏，乃可为忧思。"则语意迂曲矣。（引"助语用不字例"）

（46）《晏子春秋·谏上篇》："寡人出入不起，交举则先饮，礼也？""也"当读为"邪"，乃诘问晏子之词。（引"也、邪通用例"）

（47）《尚书·洛诰篇》："女惟冲子惟终。"按：《尚书》无"唯"字，今作"维"，古文作"惟"，即"唯"字也。此句两"惟"字，上"惟"字当读为"虽"。"女虽冲子惟终"，与《召诰》"有王虽小元子哉"文义正同。（引"虽惟通用例"）

（48）凡经传用"故"字，多在句首，乃亦有在句尾者。《大戴记·曾子制言篇》："今之所谓行者，犯其上，危其下，衡道而强立之，天下无道故。若天下有道，则有司之所求也。"王氏引之曰："故字当属上读，言犯上危下之人，所以幸而免者，天下无道故也。若天下有道，则有司诛之矣。"按：王说是也。卢辩注误以"故若"二字为句，孔氏广森《补注》亦未能订正。（引"句尾用故字例"）

（49）《孟子·离娄篇》："圣人既竭目力，焉继之以规矩准绳，以为方员平直，不可胜用也。既竭耳力，焉继之以六律正五音，不可胜用也。既竭心力,焉继之以不忍人之政,而仁覆天下矣。"按:此三"焉"字亦当属下读,"焉"犹"於是"也。(引"句首用焉字例")

(50)"乃"者,承上之词也,而古人或用以发端,《尧典》"乃命羲和"是也。(引"古书发端之词例")

(51)"之"字,古人亦或用为连及之词。《礼记·中庸篇》:"知远之近,知风之自,知微之显。"此三句自来不得其解。若谓远由于近,微由于显,则当云"知远之由于近,知微之由于显",文义方明,不得但云"远之近、微之显"也。且"风之自"句义不一例;"微之显"句亦与第一句不伦,既云"远之近",则当云"显之微"矣。今按:此三"之"字皆连及之词。知远之近者,知远与近也;知微之显者,知微与显也。"知远之近,知风之自,知微之显,可以入德矣。"犹《易·系辞传》云:"君子知微知彰,知柔知刚,万夫之望也。"然则"知风之自"句,当作何解?"风"读为"凡","风"字本从"凡"声,故得通用。《庄子·天地篇》:"愿先生之言其风也。""风"即"凡"字,犹云"言其大凡"也。"自"者"目"字之误。《周官·宰夫》职:"二曰师,掌官成以治凡;三曰司,掌官法以治目。"郑注曰:"治凡,若月计也;治目,若今日计也。"然则"凡"之与"目",事有巨细,故以对言,正与"远近""微显"一例。余著《群经平议》未见及此,故于此发之。(引"古书连及之词例")

(52)《管子·君臣上篇》:"非兹是无以理人,非兹是无以生财。"按:"是"字衍文,"非兹"即"非是",有"兹"字不必更有"是"字。(引"两字义同而衍例")

(53)《韩非子·诡使篇》:"名之所以成,城池之所以广者。"按:"池"乃"地"之误,"名之所以成","地之所以广"相对成文,不当有城字,"城"即"成"之讹而衍也。(引"两字形似而衍例")

(54)《墨子·尚同下篇》:"故又使国君选其国之义,以义尚同于天子。"下"义"字涉上"义"字而衍,以上下文证之可也。(引"涉上下文而衍例")

(55)《礼记·檀弓篇》:"望反诸幽,求诸鬼神之道也。"按:"反"字衍文。据《正义》曰:"望诸幽者,求诸鬼神之道也。"是《记》文本无"反"字,乃涉上注文"庶几其精气之反"因而误衍。(引"涉注文而衍例")

(56)《韩非子·外储说左篇》:"吾父独冬不失裤。"旧注曰:"刖足者不衣裤,虽终其冬夏,无所损失也。"按:正文本作"吾父独终不失裤",故注以"终其冬夏无所损失"释之。今作"冬不失裤",即涉注文而误"终"为"冬",此皆涉注而误者也。(引"涉注文而误例")

(57)《周易·坤》:"初六履霜。"《释文》曰:"郑读履为礼。"按:履霜之义，明白无疑，郑读为"礼"，义不可通。疑郑氏所据本作"礼霜"，《郑注》则曰："礼读为履"，破假字而读以本字也。后人用注说改经，又以既改之经改注，而陆氏承其误耳。（引"以注说改正文例"）

（58）《刺客传》："臣欲使人刺之，众莫能就。"众者，终之借字也。后人旁记"终"字，而写者并存之，遂作"众终莫能就"。（此系直接转述王念孙释例，本书作者注）（引"以旁记字入正文例"）

（59）《周易·升》象传："君子以顺德，积小以高大。"《释文》曰："以高大，本或作以成高大。"按：此本作"积小以成大"，《正义》所谓"积其小善以成大名"也。后误衍"高"字而作"积小以成高大"，则累于辞矣。校者不知"高"字之衍而误删"成"字，此删削不当而失其本真者也。（引"因误衍而误删例"）

（60）《大戴记·哀公问于孔子篇》："君何以谓已重焉？"此本作"君何谓以重焉"。"以重"即"已重"，"以""已"古字通也。后人据《小戴记》作"已重"，旁记"已"字，因而误入正文，校者不知删削，乃移"以"字于"谓"字之上，使成文理。此因误衍而误倒者也。（引"因误衍而误倒例"）

（61）《大戴记·曾子立事篇》："多知而无亲，博学而无力，好多而无定者，君子弗与也。"按：下文云："君子多知而择焉，博学而算焉，多言而慎焉。"据此，则本文"好多"二字亦当作"多言"，校者因夺"言"字而误补"好"字，此校补之不当者也。（引"误夺而误补例"）

（62）《管子·霸言篇》："故贵为天子，富有天下，而伐不谓贪者，其大计存也。"按："伐"乃"代"字之误。《管子》原文本作"世不谓贪"，言一世之人不以为贪也。唐人避讳，改"世"为"代"，后人传写又误"代"为"伐"。（引"因误字而误改例"）

（63）《国语·晋语》："吾观晋公子，贤人也。其从者，皆国相也。以相一人，必得晋国。"按：僖二十三年《左传》曰："吾观晋公子之从者，皆足以相国；若以相，夫子必反其国。"疑此文"一人"二字乃"夫"字之误。"以相"绝句，即《左传》所谓"若以相"也。"夫必得晋国"绝句。即《左传》所谓"夫子必反其国"也。"夫"者指目其人之辞，说详襄二十三年《左传正义》。今误作"一人"二字，义不可通矣（"相一人"释为相"其从者"中之一人，义亦可通，俞说似非确论。本书作者注）。（引"一字误为二字例"）

（64）《淮南子·说林篇》："狂者伤人，莫之怨也；婴儿詈老，莫之疾也；贼心岀。"陈氏观楼曰："'岀'字当为'亡也'二字之讹。亡，无也。言狂者与婴儿，皆无贼害之心，故人莫之怨也。"按：此亦二字合为一字者。（引"二字误为一字例"）

(65) 古人遇重文,止于字下加＝画以识之,传写乃有致误者。如《诗·硕鼠篇》:"逝将去女,适彼乐土;乐土乐土,爰得我所。"《韩诗外传》两引此文,并作"逝将去女,适彼乐土;适彼乐土,爰得我所"。又引次章云:"逝将去女,适彼乐国;适彼乐国,爰得我直。"此当以韩诗为正。……毛、韩本当不异。因叠句从省不书,止作"适＝彼＝乐＝土＝",传写误作"乐土乐土"耳。(引"重文作二画而致误例")

(66) 亦有遇重文不作＝画,实书其字而致误者。《周书·典宝篇》:"一孝子畏哉,乃不乱谋。"按:本作"一孝,孝畏哉,乃不乱谋。"犹下文曰:"二悌,悌乃知序。""悌"下叠"悌"字,则"孝"下必叠"孝"字矣。今作"孝子畏哉","子"即"孝"字之误也。(引"重文不省而致误例")

(67) 校书遇有缺字,不敢臆补,乃作□以识之,亦阙疑之意也。乃传写有因此致误者。《大戴记·武王践阼篇》:"机之铭曰:'皇皇惟敬,口生诟,口戕口。'"《卢注》曰:"诟,耻也。言为君子荣辱之主,可不慎乎? 诟,诟詈也。"孔氏广森《补注》曰:"诟有两训,疑记文本作'诟生诟',故卢意谓君有诟耻之言,则致人之诟詈也。"按:此说是也。惟其由诟生诟,故谓之"口戕口"。今作"口生诟"者,盖传写夺"诟"字,校者作空围以记之,则为"□生诟",遂误作"口生诟"矣。(引"阙字作空围而致误例")

(68) 《周书·本典篇》:"能求士□者,智也;与民利者,仁也。"按:两句一律,上句不当有阙文,误加空围,宜删。(引"本无阙文而误加空围例")

(69) 古书有上下两句平列,而传写互误其字者。《诗·江汉篇》:"江汉浮浮,武夫滔滔。"王氏引之曰:"当作'江汉滔滔,武夫浮浮。'"《小雅·四月篇》:"滔滔江汉。"此云"江汉滔滔",义与彼同。"浮"与"儦"声义相近("浮"并母、幽韵、平声,"儦"帮母、宵韵、平声,本书作者注)。"江汉滔滔,武夫浮浮",犹《齐风·载驱篇》:"汶水滔滔,行人儦儦"也。写经者"滔滔""浮浮"上下互讹,后人又改《传》、《笺》以从之,莫能是正矣。说见《经义述闻》。(引"上下两句互误例")

(70) 《淮南子·俶真篇》:"势利不能诱也,辩者不能说也,声色不能淫也,美者不能滥也,智者不能动也,勇者不能恐也。"按:"声色"句当在"辩者"句前,则声色势利以类相从;辩者、美者、智者、勇者,亦以类相从矣。《文子·九守篇》正如此,可据以订正。(引"上下两句易置例")

(71) 《孟子·告子篇》:"施于四体,四体不言而喻。"按:"四体"字不当叠,"四体不言而喻",义不可通。若谓四体不言而人自喻,则四体何能言者? 若谓我之四体,不待我言而自喻我意,则凡人皆然,岂必君子?《文选·魏都赋》刘渊林《注》、应吉甫《华林园集诗》李善《注》引此文,并作"不言而喻",不连四体字,可据以订正。(此处引文出处非《告子篇》,而是《尽心篇》,俞氏引书篇目有误。本书作者注)(引"字以两句相连而误叠例")

(72)《淮南子·主术篇》:"雍门子以哭见孟尝君,涕流沾缨。""孟尝君"下当叠"孟尝君"字。涕流沾缨,以孟尝君言,非以雍门子言也。因两"孟尝君"字相连,误脱其一。(引"字以两句相连而误脱例")

(73)《大戴记·小辨篇》:"礼乐而力忠信其君其习可乎?"按:此当作"君其习礼乐而力忠信,其可乎?""君其习"三字误移在"可乎"之上,则不可通。(引"字句错乱例")

(74)《周易·系辞下传》:"神农氏没,黄帝、尧、舜氏作,通其变使人不倦,神而化之,使民宜之。易穷则变,变则通,通则久,是以自天祐之,吉无不利。黄帝、尧、舜,垂衣裳而天下治,盖取之乾坤。"按:"易穷则变"二十字,以上下文法言之,殊为不伦。疑"易穷则变,变则通,通则久",乃上篇"动则观其变而玩其占"以下之脱简。"是以自天祐之,吉无不利",乃文之重出者也。幸此文重出,而烂脱之迹,犹未尽泯,可以校正;当移至上篇曰:"是故君子居则观其象而玩其辞,动则观其变而玩其占,易穷则变,变则通,通则久,是以自天祐之,吉无不利。"(引"简策错乱例")

(75)"师",古文作"𠂤"。《墨子·备蛾傅篇》:"敌引师而去。"其文甚明。因"师"字从古义作"𠂤",学者不识,改为"哭"字。"引哭而去",义不可通矣。(引"不识古字而误改例")

(76)"比要",古语也。《周官·小司徒》职:"大比则受邦国之比要。"郑司农云:"要,谓其簿。然则比要者,大比之簿籍也。"《管子·七臣七主篇》:"比要审则法令固。"可知管子治齐,犹本周制。后人不识比要之语,改"比"为"皆",尹注训为"事皆得要",失之。(引"不达古语而误改例")

(77)《尚书·无逸篇》:"用咸和万民。"按:咸、和,一义也。"咸"读为"諴"。《说文·言部》:"諴,和也。"咸和即諴和;《枚传》以为"皆和万民",则不辞矣。(引"两字一义而误解例")

(78)《尚书·洪范篇》:"木曰曲直,金曰从革。""曲直"对文,"从革"亦对文。《汉书·外戚传》注曰:"从,因也,由也。"盖从之义为由,故亦为因。从革,即因革也。金之性可因可革,谓之从革;犹木之性可曲可直,谓之"曲直"也。人知因革,莫知从革,斯失其解矣。(引"两字对文而误解例")

(79)《周易·讼·九三》象传:"患至掇也。"《集解》引荀爽曰:"如拾掇小物而不失也。"《释文》曰:"郑本作惙,忧也。"按:此字郑、荀各异,疑本字止作"叕"。《说文·叕部》:"叕,缀联也。""惙至叕也",言患害之来,缀联不绝也。荀训"掇拾",因变其字为"掇";郑训"忧",因变其字为"惙"。皆文之随义而变者也。(引"文随义变而加偏旁例")

(80) 字有本无偏旁,因与上下字相涉而误加者。如《诗·关雎篇》"展转反侧",展字涉下"转"字而加车旁;《采薇篇》"玁允之故",允字涉上"玁"字而加犬旁,皆是也。(引"字因上下相涉而加偏旁例")

(81) 平列之字,本无顺倒,虽有错误,文义无伤;然亦有不可不正者。《礼记·月令篇》:"制有小大,度有长短。"按:"长短"当依《吕氏春秋·仲秋纪》作"短长",今作"长短",则与韵不协矣。又云:"量小大,视长短。"按:"小大"当依卫湜《集说》本作"大小"。上文云:"制有小大,度有短长。"则小字当在大字之前,以下句短字在长字之前,"小大"、"短长",亦各相当也。此云"量小大,视长短",则大字当在小字之前,以下句长字在短字之前,"大小"、"长短",亦各相当也。《正义》曰:"大,谓牛、羊、豕成牲者;小,谓羔、豚之属也。"先释大字,后释小字是其所据本不误。此类宜悉心订正,庶不负古人文理之密察也。(引"两字平列而误倒例")

(82)《周书·鄩保篇》:"不深乃权不重。"按:此当作"不深不重,乃权不重。"盖承上文"深念之哉,重维之哉"而言。谓不深念之,不重维之,则其权不重也。后人因两句皆有"不重"字而误删其一,不知上句"不重"乃重复之"重",下句"不重"乃轻重之"重",字虽同而义则异也。(引"两文疑复而误删例")

(83)《墨子·七患篇》:"为者疾,食者众,则岁无丰。"按:"疾"当作"寡"。为者寡而食者众,虽丰年不足供之,故岁无丰也。今作"为者疾",后人据《大学》改之。(引"据他书而误改例")

(84)《诗·郑风·羔羊篇》:"三英粲兮。"《传》曰:"三英,三德也。"《笺》云:"三德,刚克、柔克、正直也。"按:三德,即具本诗。首章"洵直且侯"一句有二德,次章"孔武有力"一句为一德。直也,侯也,武也,所谓三德也。郑以《洪范》说此诗,恐未必然。盖一经自有一经之旨,牵合他书为说,往往失之。(《羔羊篇》应为《羔裘篇》,《羔羊篇》另见《召南》,非属《郑风》,此处俞氏一时疏忽。本文笔者注)(引"据他书而误解例")

(85)《诗·关雎篇》:"关雎五章,章四句。故言三章:一章,章四句;二章,章八句。"《释文》:"五章,是郑所分,'故言'以下是毛公本意,后放此。"按:《关雎》分章,毛、郑不同,今从毛,不从郑。窃谓此诗当分四章,每章皆有"窈窕淑女"句,凡四言"窈窕淑女",则四章也。首章以"关关雎鸠"兴"窈窕淑女",下三章皆以"参差荇菜"兴"窈窕淑女";惟第二章增"求之不得,寤寐思服(思念。服古读如愎 bì,与侧叶韵,本书作者注),优哉悠哉,展转反侧"四句。此古人章法之变。"求之不得"正承"寤寐求之"而言,郑分而二之,非是。毛以此章八句,遂合三四章为一,使成八句,则亦失之矣。(引"分章错误例")

(86)《吕氏春秋·贵信篇》:"管子可谓能因物矣。以辱为荣,以穷为通,虽失乎前,可谓后得之矣,物固不可全也。"按:《贵信篇》文止于"可谓得之矣"。言管仲失乎前而得乎后,其意已足;"物固不可全也",乃下《举难篇》之起句。故其下云,"由此观之,物岂可全哉?"正与起句相应也。今本误。(引"分篇错误例")

(87)《论语·子罕篇》:"未之思也,夫何远之有。"此当于"夫"字绝句,今误连"何远之有"读之。《孟子·离娄篇》:"仁不可为众也,夫国君好仁,天下无敌。"此亦当于"夫"字绝句,今误连"国君好仁"读之。(引"误读夫字例")

(88)《庄子·达生篇》:"世之人以为养形足以存生。而养形果足以存生,则世奚足为哉?"二十五字亦一气相属,"而"字当读为"如",今妄增"不"字,作"而养形果不足以存生",则不相属矣。凡此皆拘牵文义者所为也。(引"误增不字例")

如上就俞氏《古书疑义举例》全书进行梳理,并从俞析 88 类例(凡数百例)中各列其一,共 88 例,以综见俞氏之卓识,亦为笔者后文申述有所本,并防流于泛谈,无使有若浮光掠影。

传统训诂学以训释词(字)义为核心,还要分析文句(句读、读音、句意、语法等),分析篇章(解释篇题、点明章旨、串讲大意、剖析结构等),分析表达方式(倒文、省义、复文、偏义、变换等),分析积极修辞手段(比喻、借代、双关、委婉等),以及讲明典制、名物、民谚、典故、版本及史实,并校勘群书讹误。凡此种种,俞书都有涉及,且旁征博引,开掘深发,极为可贵。即便零珠碎玉,亦为学林宏构之所需。俞氏治学,大要在"正句读,审词气,通古文假借",以此驾取传统训诂学内容。为便于明晰展示其眉目,以下结合今世学科之称述分题阐说。

(二) 俞例综述

关于句读——

汉儒研习经书,讲究章句,开始注意"句读"。句读这一名称,最早见于何休《公羊传注·序》:"援引他经,失其句读。"历来对句读的认识有不同的着眼点:有的从语音停顿上着眼,有的从语句结构形式上着眼,有的从文义上着眼,也有的单从语气上着眼。今世辞书谓"旧时称文辞语意已尽处为句,语意未尽而需停顿处为读"。今世语言学著作谓"句,就是今天所谓句子;读,大致相当于今天所谓分句"。总的说,无论着眼点如何,都指语句的停顿。俞书虽然没有"不明句读例",可是俞氏对句读的见解融入行文中。如(48)"句尾用故字例"表明读古书不明句读,会造成对字义、句法的误解。又如(87)"误读夫字例",更是明句读问题。俞云:"夫字古或用作咏叹之辞,人所尽晓;乃亦有误属下读者。"(38)"叙论并行例"也关系到句读正确理解的问题。《左传》"秦伯素服郊次,向师而哭曰:'孤违蹇叔,以辱二三子,孤之罪也。不替孟明,孤之过也。大夫何罪?且吾不以一眚掩大德。'"这是《春秋左传集解》(上海人民出版社1977年版)的标点情况。依此,"不替孟明"是秦伯(穆公)说的话。俞氏同意王念孙解"不替孟明"为记事之词,即文章作者之词,便事关对文句的理解确切与否问题。文章是古人写的,标点是今人加的,正确理解为记事之词,标点便应是:"秦伯素服郊次,向师而哭曰:'孤违蹇叔,以辱二三子,孤之罪也。'不替孟明,'孤之过也;大夫何罪?且吾不以一眚掩大德。'""不替孟明"是秦伯之言还是作者记事之词,必得辨析。俞氏作了"叙论并行"的提示,又随文作了事理分析,使人确信无疑。"叙论并行"的提示,实际上揭示了一个规律性问题,我们以此及彼,也可以领略到古代散文类似情况,如《史记·屈原列传》就有叙事中间以议论。这种情况有似现代的"插说"(插入语)。如《汉书·项籍传》:"于是梁乃求楚怀王孙心在民间,为人牧羊,立以为楚怀王。"句中"在民间,为人牧羊"是作者的补充说明,插在叙述中,一般地读来,未免觉得不顺,如果用现代人的做法,加上括号,就清楚明朗:"于是梁乃求楚怀王孙心(在民间,为人牧羊),立以为楚怀王。"

古书句读有时会觉得存在两可现象,这时候得琢磨前后文意,酌选其一。(87)"误读夫字例"的两个"夫"字,都应属上,于"夫"字绝句,而有人认为属上属下皆可通,杨伯峻《论语译注》、《孟子译注》则同俞说,于"夫"字绝句。斟酌文意不易认定的,只得多参诸家之说加以取舍。如"仁不可为众也;夫国君好仁,天下无敌"(《孟子·离娄》)中"仁不可为众也",杨伯峻觉得"此句只能以意会,不便于逐字译出",便参多家之说,认定"赵岐和朱熹似俱未得其解",采郑玄说,译为"仁德的力量,是不能拿人多人少来计算的",再接下文"君主如果爱好仁,天下就不会有敌手",便怡然理顺了(说见《孟子译注》169页,中华书局1962)。这样"夫"属上无疑。还有"也、夫"的句读,应防类推。比如司马迁《报任安书》:"而事乃有大谬不然者,夫仆与李陵,俱居门下。"唐代李善把"者"和"夫"连读成文,明明是错了，而今人《章句论》的作者则说没错，并以(87)例"未之思也夫"的"也夫"宜连读为例来证明"者夫"宜连读，实在要不得（"者夫"从来不连用，《章句论》所说不仅与事实不符，而且随意偷换概念）。

句读种种，拙著《先秦文学及语言例论》（中州古籍出版社1984）有专章论述，此处仅就俞书所涉及的少量例析作些说明。其余关系到句读而非尽属一般句读问题，则未详析。(50)"古书发端之词例"、(49)"句首用焉字例"，不仅多关系到词义问题，而且关系到对语法功能索解等问题，便宜多角度透视。俞著不专设"句读例"而散融于相关训释实践中，看来是比较明智的。《礼记·学记》："一年，视离经辨志。"这是说"学生入学一年之后，要看他的明辨句读理解文章的能力"。这是当时对童蒙的要求，后世由于各种原因，硕儒也未必一一通解，俞著所涉自应是重要一环。

关于通假借——

通假借是指排除假借造成的形义分离现象。"本无其字，依声托事"，这是许慎《说文》提到的文字假借；不用本字而用跟本字音同、音近的"借字"替代，这是通常所说的古音通假。钱大昕《古同音假借说》（《潜研堂集》卷三）说的"许君通假"，是随意用后来称述的"通假"去替换了许慎的"假借"（许书根本没有出现"通假"二字）。钱玄同在《汉字革命》中所说"周秦诸子、史记、汉书、汉碑等等，触目都是假借字"，这"假借"更是就"通假"而言，因为"本无其字"的"假借"在先秦文字中的比例很小，只占汉字百分之一二，不可能"触目都是"。

假借与通假相混同，已经积非成是，连权威的大型工具书也说"通假……严格说，与本无其字的假借不同，但习惯上也通称假借"。这里用了所谓宽严的说法以示区别，而又兼容并包。本文所说的假借，自然是古音通假。王引之《经义述闻》列举了"经文假借"例257条，俞氏治学宗法二王，于通假借尤为重视。这是俞氏以语音为线索，揭示古书中许多假借现象以索解语义。(1)"上下文异字同义例"，(2)"上下文同字异义例"，(35)"以读若字代本字例"，(46)"也邪通用例"，(47)"虽唯通用例"，(57)"以注说改正文例"，(58)"以旁记字入正文例"等便是实例。俞氏主要从读解古书的角度论说，其方式一般是："甲为乙之假字也"，"甲者乙之假字"，"甲与乙通"，"甲与乙古字通"，"甲正字乙假字"，"假甲为乙"，"甲读为乙"，"古文甲乙同字"（其中甲与乙字形都不同）。凡此，对读古书十分重要。对假借的实质，俞氏还没有、也不可能如实认识，这是历史的局限，未可苛求。不过，时至今日，我们既要重视俞氏通假借的必要性，又要透视假借的随意性和不规范性。我们知道，产生通假的原因，照一般说法，一是讹误,二是就简,而其主要因素,则是汉字表意字特点使然。汉语古今都只有几百个音节,由于汉字不是表音文字,汉字早在先秦两汉时期便有成千上万个了,有的音节可以用几个不同形体的汉字来记录,有的音节可以用好几十个不同的形体来记录,这就使书面上有把"早"写成"蚤"、"屎"写成"矢"的可能。面对通假这一语言历史事实,我们了解通假自然有助于阅读古籍,而就通假自身而言,它决非古代书面语言的积极因素。它的产生和存在,破坏了古代书面语言的纯洁性。先秦两汉以后的文章,模仿先秦两汉文章的通假用法,实质上是古代文学语言发展中的一股逆流,不是语言文字的正规。至于古代通假原则,今天简化汉字也有用法定方式加以采用的,如借"谷"为"穀",当另看待,不可相提并论。还有通过通假的语音联系了解古音情况,如"童"代"同"是同音通假,"由"代"融"是双声通假,"哉"代"才"是同声类即旁纽通假,"登"代"成"是叠韵通假,"和"代"桓"(匣母双声)、"桓"代"宣"(寒部叠韵)是声韵连转通假,这都是后人对通假语音现象的利用,不是原先通假运用自身的积极因素。假借是古文献中存在的已成事实,俞书通假借,对训释古籍是十分可贵的,而通假自身极不可取法。

关于词汇——

汉语"词汇学创始得最早,可是后来没能发扬光大"(《方言校笺及通检》罗常培序);"科学的词汇学的产生是比较晚的"(周祖谟《词汇和词汇学》)。诚然如此。俞樾所处的晚清时代,既没有今天科学意义上的古代词汇学,也没有近现代的词汇学,所以俞书没有着眼于词汇学的阐述。但是词汇现象是客观存在的,俞书有意无意地涉及词的概念、词的单位、词的构成等各项内容,这也是难能可贵的。如果把词义的阐释的若干内容也包容在词汇学之内,那么训诂学与词汇学已相得益彰。词汇学应包括词义训释这些暂且不谈,现在只想基于词汇自身系统来谈些俞书的词汇学迹象。

我国古代早有"名实之争","名与实"是小学研究的主线。俞书(29)"称谓例"、(30)"寓名例"就关系到词的观念及词的运用问题。(26)"因此以及彼例"列举了古汉语中"得失"、"利害"、"缓急"、"成败"、"同异"、"赢缩"、"祸福"、"老幼"、"昆弟"、"姊妹"、"伯男"这样一些反义词及近义词。这些词开始的时候,都是单音节词的组合,进而形成疏散的复合。这种现象的关注,反映俞书单词复词的理念。(31)"以大名冠小名例"引《荀子·正名篇》"物也者,大共名也;鸟兽也者,大别名也"的话,认同物"有共名别名之殊",反映了俞书词与概念密切关系的意识,也反映了对词汇系统自身的有序性的认知。"鸟乌、草芥、鱼鲔、禽狳、虫蝗、虫螟"的例析,已经接触到汉民族文化背景、汉民族与其他民族文化相互影响在词的构成方式(构词法)上反映的内涵。(76)"不达古语而误解例"所举15个复音词(本文仅举"比要",未遍举),更属词汇学内容。这些词的意义考释是训诂学要过问的,其结构单位则是词汇家族的成员,何况词汇学也要讲词义和释义。在这方面,训诂学和词汇学是你中有我,我中有你。基于这些客观实际,所以王力提出训诂学要向词汇学发展的主张。俞书是训诂学书,而又渗透着词汇学意识,对语言学科的建设也是不容忽视的。

关于语法(实字、虚字、语序、省略)——

"中国古代语法学萌芽于先秦至汉初,产生于魏晋南北朝,发展于隋唐宋元明,集大成于清代。"(孙良明《中国古代语法学探究》,商务印书馆,2002)较之汉语学其他分支学科,它有不同特色,既与训诂学相结合,又与修辞学相联系。从这一学科史实看《古书疑义举例》语法分析的价值,才不致低估。当然,王氏父子的《读书杂志》、《经义述闻》,俞樾的《群经平议》、《诸子平议》都有语法分析,《古书疑义举例》只是继其后的一种,但它涉及的语法分析内容,为同时训诂学著作所不能比拟。

俞书讲析语法现象旨在为古书释义,不宜纯以现代意义上的语法学的原理衡之,如此方可避免偏颇。有鉴于此,权作如下阐述。

在实字(词)活用方面,俞书(39)"实字活用例"举了十余例说明古籍中实词活用情况,以资读者隅反;末了指出"经师口授,恐其疑误,异其音读,以示区别",启示活用异读问题。声调变化关系到词性变化(暂不讨论是否纯属经师改读),有人以为是中古汉语语法词的形态变化的表现,俞氏有此揭示,意义非同一般。至于俞氏所论活用局限于名词,动词、形容词乃至代词、数词活用未曾涉及,名词用作状语却误认为活用("即鏦杀王"的"鏦"),这固为所短,但不足掩其主流之识见。

在虚字(词)用法方面,俞书的论述主要在第四卷:(42)"句中用虚词例",(43)"上下文变换虚字例",(45)"助语用不字例",(49)"句首用焉字例",(50)"古书发端之词例",(51)"古书连及之词例"。他卷也有兼及,如第七卷(87)"误读夫字例"、(88)"误读不字例"之类。通观俞氏全书,所谈虚词情况大致有三:一是点示某个虚词具体用法;二是综说一类虚词大要(如"古书发端之词例"、"古书连及之词例");三是从修辞角度叙述虚词用法。这是在训诂实践基础上的表述。平心而论,古人讲虚词别有二派,一为训诂派,旨在释义;二为修辞派,为了行文。汉唐传注虚词注释属前者,《文心雕龙》及唐宋诗文评虚词的讲述属后者。二者又不尽河界分明,互有渗透之迹屡见。《古书疑义举例》是训诂之作,又寓修辞之说自不待言。较之前哲,《古书疑义举例》在同一学术平面上,无疑有所进展。

在语序方面,俞书主要有(3)"倒句例",(4)"倒序例",(13)"倒文协韵例",(60)"因误衍而误倒例",(70)"上下两句易置例",(81)"两字平列而误倒例"等。而真正与语法意义上的语序概念有关的是(3)"倒句例"。这一"倒句例"一类中共举出七个例证,情况虽不尽同,但俞氏都在"倒"上着眼释义,颇有益于后学。至于应详析何谓"倒",何谓"非倒",不是训诂学主旨,不必严求。顺带必须指出,古汉语和现代汉语语序的某些不一致,在古汉语往往是一种正常现象,我们不应把古汉语中凡是与现代汉语语序不同的地方都看成是现代汉语的"倒"(有的确是倒,有的不是倒)。因为是不是"倒",这是就同一时代语言相比较而言,不同时代的汉语相比较而语序不同,只能认为是语序的一种历史变化。同样道理,一二千年以前的汉语语序和现在的汉语语序有所不同,一二千年以后的人说现在的语序是那时语序的倒装,显然是行不通的。笔者这一见解施之于具体语言现象的辨别,拙著《古汉语语法精讲》(上海大学出版社,2002)谈语序采用了三种不同的提法:一种是"前置",意思是说它本来就是这样的顺序;另一种是"提前",意思是说为适应表达需要,把某成分提前来说,也就是所谓倒装说法;还有一种是不说前置和提前,表明古汉语语法的特殊性不便也不需要跟现代汉语多比较(直接表明它的一般位置)。说到这里,回过头来再看俞书列例,着重把可修饰宾语的数词置于动宾结构之前的("亿丧贝"),把介词与介宾互倒且介词结构作补语置于动词之前的("室于怒市于色"、"野于饮食"),方视为"倒"的疑义,真可谓"善读古书者"点睛之笔。若非去芜存精,于所谓"倒"者逐一铺陈,则与疑义之旨不类。

在省略方面,见俞书(15)"古人行文不嫌疏略例",(17)"语急例",(20)"两人之辞而省曰字例",(21)"文具于前而略于后例",(22)"文没于前而见于后例",(23)"蒙上文而省例",(24)"探下文而省例",(44)"反言省乎字例"。所叙有属于句法的,也有属于章法乃至篇法的。属于句法的,看似与现代汉语省略无别,可直接类推索解,不过由于古汉语缺乏充当主语的第三人称代词,主语蒙上、探下省略较突出;加上有时谓语、宾语甚至介词、介词宾语以及定语所修饰的中心词等都可省,情况又较现代汉语复杂得多,非选例阐发不可。所以俞氏"蒙上文而省例"先举《尚书·禹贡》"终南、惇物,至于鸟鼠"句例,随后引《正义》:"三山(即终南、惇物、鸟鼠三山,本书作者注)空举山名,不言治意,蒙上既旅(治也,本书作者注)之文也(上文"荆、岐既旅",本书作者注)"。表明蒙上省主语,又省谓语。

又,"探下文而省例"举《尧典》(当作《舜曲》,本书作者注)"舜生三十征庸,三十在位,五十载"例句下说"因下句有'载'字,而上二句皆不言载",这是省略受数词修饰的定语中心词(本书作者按:另本句读为"舜生三十征,庸(登庸)三十,在位五十载",可从,本文引文依俞未改)。还有,在通常情况下谈论语言的省略,指的是句子成分的省略,俞樾除此以外还谈到比句子成分小的单位的省略(如"语急")和比句子成分大的单位的省略(如"文具于前而略于后"、"文没于前而见于后")。这在一般语法中不涉及,而俞书举例解说,自然有利于对古籍释疑。在这里,笔者联想到,俞书对比语句大的单位的省略,说"文繁不具录",期读者举一反三,无疑可行,而对语句小的单位的省略(如文字音节省略),仅略点化;若能展开例析,也许更有利于古书的解读。如季子本封延陵,后复封州来,延陵和州来《左传》省称为"延州来",说成"使延州来季子聘于上国",这是地名文字音节的省略。又如"东方朔"省称"东朔"或"方朔","司马相如"省称"司马"或"马相如","蔺相如"省称"蔺相",曾有"司马慕蔺相"的说法,这是人名文字音节的省略。再如"魏惠成王"只称"惠王","庄襄王"只称"襄王";"集贤殿书院"省称"集贤殿"、"集贤院"或"集贤",这又是谥名和专名文字音节的省略。这些是古籍中的独特现象,了解这些,对历史人物乃至历史事件的了解,似也可以或多或少地避免产生某些费解和错觉。凡此微益,当因对俞氏省略说首肯而后发,非对俞氏嫌也。

关于修辞——

总的说来,俞书"本兼修辞、校勘二事"(杨树达),修辞比重较大,只是俞书没明说"某某例"为修辞之用罢了。今仅酌谈数端以为管窥。

俞书叙及之修辞手法除积极修辞外,约言之有与消极修辞相涉的错综、参互、连及、反复、变化等。

所谓错综,见(5)"错综成文例",即俞氏自云"古人之文,有错综其辞以见文法之变者"。所谓参互,见(6)"参互见义例",主要是上下句相对而互备;又(10)"两句似异而实同例"是上下句意相同部分却用不同语词表达以起互补作用,(15)"古人行文不嫌疏略例"举隅以参互,(25)"举此以见彼例"是列数事而叙其一,启示读者推知其余,达到"文简而义无不该"。所谓连及,见(7)"两事连类而并称例"、(26)"因此以及彼例",除多半为凑音节而使句式整齐,其他反映在偏义复词(祸福、成败、得失)中借以陪衬从而示其主旨。所谓反复,见(16)"古人行文不避繁复例",即几个字或语言单位反复出现以增强文章气势。又见(40)"语词叠用例",即在几个结构类似的分句里反复使用同一语言成分以增强文气。所谓变化,见(10)

"两句似异而实同例",即用不同的词语表达相同的意思以使文句富有变化(会参"参互");又(13)"倒文协韵例"、(14)"变化协韵例"也都为协韵而变词序或字词;再有(43)"上下文变换虚字例"多半为行文避复,使文辞灵活多样。语法是修辞的基础,修辞与语法密切联系,宽而言之,语法中的省略、倒句等也未尝与修辞无涉。凡此皆属消极修辞。俞书罕述积极修辞。

关于篇章——

俞书径析篇章分列之失,起正误并明之效。(85)"分章错误例"以《诗经·关雎》分章为例,考辨毛、郑分章的异同得失;又以《论语》分章为例,辨析有的"古注是而今非",有的"古注与今本俱失";再以《老子》五十七章章末用"以是"二字,比照二十二章、五十四章章末同用"以是"结句,断定五十七章:"以正治国,以奇用兵,以无事取天下,吾何以知其然哉?以此。"当属上章,下文"天下多忌讳而民常贫"别为一章,最后指出"今本误"。俞氏说理甚明,令人信服。(86)"分篇错误例"指出《吕氏春秋》分篇今本有误,论析有据,言之成理。

关于校勘——

校勘是古籍阐释和整理的极其重要的一环。俞氏《古书疑义举例》全书可以说都是在校勘基础上写成的。这是从广泛的意义上说的,涵盖面很宽。这里只从俞书径直指明的数十例见其大要。卷五、卷六全部属校勘的阐述。前几卷的(8)"两义传疑而并存例",(27)"古书传述亦有异同例",(28)"古人引书每有增减例"也基于校勘而发。卷七(76)"不达古语而误解例",(77)"两字一义而误解例",(78)"两字对文而误解例",(84)"据他书而误解例",固然重在训释,然亦与校勘密切相关。古籍浩繁,特别是时代早的几经传授刻写,不免出错,或篇简错乱,或字有讹夺等等,历来善读书者每以校勘为首务。然而校勘难度不小,俞氏饱学卓识,熟谙版本。(11)"以重言释一言例"等等即涉版本,在校勘上取得出色成就,更为人瞩目。有识之士,读俞氏书敬佩有加,自是不无缘由。清代小学成就巨大,群峰林立,俞樾宗高邮王氏驭校勘以治群书,造诣之深,可谓并世最为突出。俞氏学养高,剖析精细,仅从关于"衍文"之说,便可窥见一斑。在第五卷中就有(52)"两字义同而衍例",(53)"两字形似而衍例",(54)"涉上下文而衍例",(55)"涉注文而衍例",(59)"因误衍而误删例",(60)"因误衍而误倒例"等。分析之余,还述其始因。如(53)"两字义同而衍例"指出"古书有两字同义而误衍者,盖古书未有笺注,学者守其师说,口相传受,遂以训诂之字误入正文"。非学有专攻者不能道此。

以上就俞樾《古书疑义举例》全书进行了梳理。其间不少疑例,尚未尽领悟,留待往后索解。笔者自感久企甘泉、建章之巨丽,却尚未登堂入室。今惟视俞书问世百余年(成书于1868,刊行于1871,1956年中华书局排印《古书疑义举例五种》),学林虽有知音,却不尽悉其详,特撰斯文略抒浅陋,并就教同道者。同时再重申前文愚意:为切实展示俞书真知灼见,并便于具体说解,于88类之数百例中各选列一例,权为随后分题探究之依据。故引例看似纷繁,会参则较简便。(笔者曾要求学生研习俞书,撰写文章,以上有些例析学生文章中参用过。)

三、俞著务实切要,言不妄发

俞樾(1821—1907),字荫甫,号曲园,浙江德清人。道光进士,官翰林院编修、河南学政。罢职时年三十七。此后侨居苏州,主讲苏州紫阳书院、上海求志书院。主讲杭州诂经精舍历时最久,达三十余年。从三十七岁罢官至八十六岁谢世的五十年中,专意著述,卷帙繁富,"咸有声于时"。生平治学重在经、子、小学,博闻强志,不泥一说,多有创发。所著务实切要,言不妄发。这从《古书疑义举例》一书中亦多有所见。本文前面所引例便是如此。同样,俞书中的夹叙夹议更是如此。俞氏对自己以往的撰述未备之处,不为隐讳,及时如实补说。(3)"倒句例"说:"余著《群经平议》,均不之从。然倒句成文,则古书自有之,亦存其说以备一解。"(8)"两义传疑而并存例"说:"余从前著《群经平议》,未见及此,盖犹未达古语之例也;当更为说明之。"(21)"文具于前而略于后例"说:"《荀子》此文,传写旧有错误,余作《诸子平议》已订正之。"(51)"古书连及之辞例"说:"余著《群经平议》,未见及此,故于此发之。"(73)"字句错乱例"说:"余著《群经平议》,未见及此,因附著于此。"俞氏学宗高邮王氏,所见与王氏之说有所不合,并不曲从。(26)"因此以及彼例"说:"王氏《读书杂志》谓成当为或,非是。"(45)"助语用不字例"说:"今姑举数事,聊以见例,且补王氏所未及。"(50)"古书发端之词例"说"故虽王氏之博极群书,征引不及矣。"(52)"两字义同而衍例"说:"王氏念孙谓误始唐石经,非也。"俞氏对先前学者有可取之处,则如实弘扬。(19)"一人之辞而加曰字例"说:"阎氏(若璩)此论,昭然发千古之矇。"(30)"寓名例"说:"刘氏(炫)此说,最为通达,然非博览周、秦古书,通达圣贤著述之体,未有不河汉斯言者也。"(35)"以读若字代本字例"说:"钱氏(大昕)此论,前人所未发,颇足备治经之一说。"(57)"以注说改正文例"说:"段氏(玉裁)此说,前人所未发,读古书者不可不知也。"(45)"助语用不字例"说:"王氏引之作《经传释词》,始一一辨正之,真空前绝后之学。"(70)"上下两句易置例"说:"它书所引上下倒置者已不可胜计,则群经可知矣。虽于义理无甚得失,亦读古书者所宜知也。"至于对前贤时秀失误或未备,必一一辨正或补说,迳明所以。总而言之,俞书所议必有据,又必有的放矢,言不多而中。凡此全书随处可见,无庸备述。俞氏对弟子之说有可从者,亦志其说。《古书疑义举例》未及存录,则于随笔中补记,亦权为疑义之一例。《春在堂随笔》这样说道:"郑君注《仪礼·大射礼》篇曰:'豐,从豆,𪉖声。'自来不知𪉖为何字。诂经精舍肄业诸生戴君果恒曰:'𪉖,古峰字也。从山,从二丰,丰亦声。'此说殊佳。《说文》:'丰,草盛丰丰也。'山峰之上,必有草木丰丰然,故从山从二丰,正取丰丰之意,而即以丰为声。后变为从山,夆声,形声虽同,然不如从二丰之有意矣。𪉖为峰古文,竟是定论,故记之。"弟子创见,俞氏认同,遂如实首肯。此说发于《古书疑义举例》成书之后,设若当时补入,当亦解疑义之一佳例。由此也可以从另一侧面看到俞氏在学术上一视同仁的务实品行。

知之为知之,不知为不知,亦为俞氏务实之风。俞氏谓某碑文"'習'字不可识,殆当时俗字",权存疑,另记于《春在堂随笔》,不杂入《古书疑义举例》。类此者屡见。俞氏又谓:"《孙武子》十三篇,最为近古。致力三载,为之考证、注释。其不能自信者,汉《艺文志》有《孙子图》一种,今不传,往往于《九地》等篇,无以定其方向,故未敢自信。"(亦另见《春在堂随笔》,不入《古书疑义举例》)这是俞氏不敢自信,故不妄发。诚然,依笔者所知,《孙子》屡经后学增益、删选,章句有些错乱。其中《九变》与《九地》两篇,编次加工最为粗糙。尤其是元张贲、明刘寅和赵本学,受理学影响,反对句解,注重整体"分析",常妄改原书,致有与全篇主旨不合处。另外《九变篇》前头五句"圮地无舍,衢地交合,绝地无留,围地则谋,死地则战"中有四句与《九地篇》重出:"衢地则交合……圮地则行(按"无舍"与"行"异词同义),围地则谋,死地则战";余一句"绝地无留"银雀山新发现之竹简本并不出自《九变》而出自《九地》。俞谓"于《九地》等篇,无法定其方向",欲考《孙子图》,今又不传,虽"致力三载,为之考证、注释",仍不能自信,治学之严谨,令人敬佩有加。我们知道,《孙子》全书 6071 字,去其重复出现的只用 762 字(拙作《孙子研究应重视语言因素》,载《语文论文集》,百家出版社 1989;《孙子兵法读解大全》,中州古籍出版社 1992),篇幅不大,词量不多,以俞樾的学识与功力而论,考释自不甚难,然俞氏竟"致力三载,为之考证、注释"尚未能为之确解,《古书疑义举例》未作释疑,另于随笔中出之,益见俞氏说必有据,求实存真,言不妄发之慎行。

四、俞著成功之旅,可资借鉴

(一)占有资料,画龙点睛

笔者为《戴震全书》(校勘、标点本,黄山书社 1994~1997)所写的"序言"中谈到乾嘉学者治学六大特征,其中第六个特征便是"充分占有资料"。"资料丰富全面而又真实可靠,才形成正确概念、判断和推理。充分占有材料的实质是尊重语言事实,尊重语言事实则有利于防止臆测。充分占有材料是江、戴、段、王治学的最大特征。"俞氏学宗二王,亦以占有资料为首务。俞氏平生出入经史,手披百家,撰《群经平议》、《诸子平议》等巨著,疑词难句日积月累,亦为《古书疑义举例》取材的不竭源泉。通读俞氏所著书,于此不难毕见。兹仅举数例,亦可知其大要。(51)"古书连及之词例",就"'之'字亦或用为连及之词"的阐发,由此及彼,由表及里,援引详明,析理严密,令人敬服(前文已具例,此不复出)。(38)"叙论并行例"反复比勘,析王说之是非,发古人行文之常式,寓以己见,益以佐证,言要其中(前文亦已具例,此不复出)。(74)"简策错乱例"说:"若乃简策错乱,文义隔绝,有误至数十字者,则非合其前后,悉心参校,不易见也。"随后典型示例,发人深省(前文亦已示例,其余兼参俞书他例)。诸例析以切实资料为据,要言不烦,起画龙点睛之效。这类起画龙点睛之效的,俞氏笔下甚是多见。《孙子·势篇》"以利动之,以卒待之"的"卒"字,旧注大部训为兵卒之卒。俞氏则谓:"卒字疑诈之误,《孙子·军争篇》'故兵以诈立,以利动',亦以利与诈对言,是其证也。此言敌之未至,则以利诱之,使之从我;及其既至,又必出奇,乃能制胜也。僖三十三年《公羊传》'诈战不日',何休注曰:'诈,卒也,齐人语也。'是齐语诈、卒声相近。孙子本齐人,其言诈如卒,故误为卒耳。"(另见《诸子平议补录》)俞说既有内证,复佐之以旁证,颇为允当。在这里,对"成列而鼓"古军法观念来说,俞氏正"卒"为"诈",仅一字之正,揭示了《孙子》战略思想核心,展示了我国古代战略学形成的重要标志,堪为画龙点睛之典范。

(二)扣合中心,兼及边缘

学科发展是人类对客观规律认识不断深化的过程,这突出地表现在历史上多次出现的理论大综合上。语言学科的发展也顺应这一历史路线。传统训诂学以语义为核心,形义训释兼施,到了清代乾嘉时期,由于古音学取得新成就,语义训释摆脱了长期以来汉字字形的束缚,"因声求义"的运用使训诂学出现了重大革新,获得新的进展。前文已提到,俞氏治经,"大要在正句读,审字(词)义,通古文假借,三者之中,通假借为尤要"。俞氏释义析疑对通假借显然十分看重。假借自身虽非行义正轨,然古籍假借之存在,非通假借则难以卒读确解,俞著以释义为核心,借助古音学的新成就,以通假借为一重要手段,自在情理之中(详前文"关于通假借"一项)。不仅如此,学科不断发展,由古至今,各学科既高度分化,又相互渗透:既高度综合,又纵横交错,派生出许多新学科,放射出一道道新的光芒。语言学的现代分支学科不下数十种暂且不论,以古代而论,传统的门类亦相当不少,各门类的相关性亦相应密切,这在疑义的训释中自然要多方涉及,这就要求著述不能拘守单一的学科领域,还得兼及多学科领域多角度透视,多渠道探究。以训诂学而言,其核心是词义训释,可是文字、音韵、词汇、语法、修辞、校勘、版本之学等非兼及不可。这些方面,在同一时期的同类著述中俞著便有超前之处,这是学术发展的需求,也是时代发展的必然。还必须进一步看到,较之其他民族,中国语言学在先秦独树一帜:墨子《经说》、荀子《正名》阐述哲学见解而涉及语言原理,训诂学萌芽于先秦而兴盛于汉代。历来语言著述中,《尔雅》成为训诂释义专书之祖,《方言》成为比较方言学的前驱,《释名》开语源学的先河,《说文》为形成文字学基本原理奠定基础,梵文拼音原理启示后来反切的产生,反切又成为韵书的基础,韵书的出现标志音韵学的诞生,用以分析汉语发音原理和发音方法的等韵学也相继出现,明末西学东渐,江永、戴震受西学影响,启迪了传统小学研究,这一因素也为训诂学历史性和阶段性的突破起了促进作用。历史发展与转折事实俱在。面对这一历史事实,"我们一方面承认中国先秦时期就有了语言研究,但是另一方面也应该指出,严格的语言科学只能算是从这个时期(乾嘉)开始"(王力《中国语言学史》)。乾嘉先行学者"戴震以自然科学和训诂为治经之本,广博的科学技术知识对戴震'治经明道'来说,犹如准备了渡江河之舟楫,欲登高之阶梯"(张秉伦《戴震全书》序三)。俞樾宗法乾嘉诸老,乾嘉诸老对他会通诸经,广治子、史,博览后世群书,构建自己学术体系也具有意义。同时他与日本弟子接触往来,也多少感受了境外学术气息。由是训诂学当时便有渐趋摆脱经学附庸地位之势,这在俞著中已见踪迹。俞著的语义训释与相关的边缘学科相辅相成这一治学路子可为我们借鉴。借鉴是为了发展创新。前面说过,任何学术都不是从零出发的,继承与创新是有机的统一。从这一事实上看,俞著扣合中心,兼及边缘,驭以多学科学识,多视角多渠道探究,展示创新意识,良可借鉴。

(三) 方法论纳入科学轨道

方法论不只是现代的名词术语。"方法"这个词在希腊语里是遵循某一道路运动的意思。我国先秦百家争鸣,未出"方法"之名,已寓"方法"之实。方法论有两层含义:一是哲学上的含义,二是各学科上的含义。学科上的含义,是指某门学科采用的研究方法、方式的综合,涉及具体学科自身的方法论基础、原则及具体研究方法。在人类认识史上的很长的时期里,各门学科方法论主要是指思维过程中的方法论,包括归纳与演绎,分析与综合,具体与抽象,以及类比、假设、想象等。归纳与演绎是两种十分重要的逻辑推理方法。语言研究重在归纳。分析与综合也是两种最基本的逻辑方法。分析要以归纳为基础。随着分析综合等思维活动的进行,客观的具体经过抽象而达到主观认识的具体。《古书疑义举例》体现了一系列思维方法论的合理运用。首先,它把古书疑义加以归纳分析,列为88类例,88类例分属于全书七卷,前四卷重在训诂,后三卷重在校勘,而校勘又与训诂相辅相成,最终为训释提供切实依据。其次,各类例在归纳语料基础上分列数语例乃至十余例,每例先出疑义,引各家传注笺疏之说,加以分析综合,益以己见,判断是非,明其取舍,层层深化发微,达到奥义昭苏。这些都是思维方法的综合运用,并见成效。由此可见,俞著的方法论纳入科学轨道,着实可贵。方法论纳入科学轨道,行文自然相应合辙,达到逻辑严密,条理层次井然有序。为具体明白起见,不妨试析俞书中之一例以见其实。(40)"语词叠用例"中有这样一例:

《礼记·哀公问篇》:"即安其居,節醜其衣服。"按:郑君作注时,盖作"即安其居,即醜其衣服。"故注曰:"即,就也。醜,类也。就安其居处,正其衣服。"以一"就"字总释两"即"字也。因"即"误作"節"字,正义误以郑注"正"字是释"節"字,而有"節,正也"之说,非郑意矣。然郑注也未安,两"即"字均当作"则",古字通。《大戴礼·哀公问于孔子篇》作"则安其居处,醜其衣服",可证也。此文叠用两"即"字,皆承上之词,犹云"则安其居,则醜其衣服"也。《射礼篇》:"则燕则誉",文法与此同,但句有长短耳。

俞氏的阐释全过程是:先提出《礼记·哀公篇》原文"即安其居,節醜其衣服",随后加按语层层剖析。首先指出郑注把前一"即"解为"就",后一"節"未注,直说"就安其居处,正其衣冠",这便形成用一个"就"总释两个"即"了。这是第一层意思。继而指出因为"即"误作"節",《正义》误以为郑注"正"是释"節"的,而有"節,正也"的说法,这样便跟郑意不相合了。这是第二层意思。俞氏接下来话锋一转,指出郑注也未妥帖,进而表明自己的见解:两个"即"都应当读作"则","即"与"则"古字相通(从语音上求索)。这是第三层意思。俞氏为证明郑注和《正义》都不对而自己的见解才是正确的,便以《大戴礼·哀公问于孔子篇》作"则安其居处,醜其衣服"为明证,以示持之有据。这是第四层意思。然后又联系上下文,说两个"即"都是承上之词,就像说"则安其居,则醜其衣服"一样,以衬己意,再用《射义篇》"则燕则誉"为佐,说明其句法亦相同,"即"当解为"则"。这简直像一篇逻辑严密、条理清晰、文简理固的短小精悍的说理文。它提出问题,多方征引,循序分析、判断、推理,反复论证,层层阐发深化,显然是思维方法论之成功驾驭。

(四)不为成习胶固

《尔雅》在中国语言学史上有重要地位,它是研究先秦词汇和阅读古籍的重要参考书,列为儒家经典之一。人说《尔雅》这部书在成为经典之前,在相当长的时期里经过许多人的增补,难免有不足之处。可是当它成为经典的时候(大约在宋代)开始,就不能改动和存疑。正如《孟子》也曾在很长一段时间里被改动过,而成为经典之后就不能改动和存疑了。然而俞著却不为此成规旧习所胶固。(69)"上下两句互误例"尖锐指出:

《尔雅》一书,训释名物,尤易混淆。《释山》:"多草木峐,无草木峧。"《诗·陟岵篇》毛传曰:"山无草曰岵,山有草木曰屺。"又:"石戴土谓之崔嵬,土戴石为砠。"《卷耳篇》毛传曰:"崔嵬,土山之戴石者。石山戴土曰砠。"其义并与《尔雅》相反。《正义》谓"传写误"也。《释天》:"春为苍天,夏为昊天。"《书·尧典》《正义》曰:"郑玄读《尔雅》曰'春为昊天,夏为苍天'",则《尔雅》一书之传述不同,自昔然矣。

是则是,非则非,《尔雅》有异于《诗》、《书》传注之处,便指出历来传述不同,不因《尔雅》属经书而固守其说。

其他如对毛、郑、王氏之说益以已知,如实对待的甚多见。(45)"助语用不字例"便有责毛责郑,赞王又补王之议,绝不拘泥,他处亦然。

五、余 论

(一)多家校补可谓俞著功臣,今后尚应有新起点

俞樾《古书疑义举例》成书于同治七年(1868),同治十年(1871)有《第一楼丛书本》,光绪年间有宏达堂重刻本,民国有长沙鼎文书社本。中华人民共和国建国之初,先(1954)有中华书局俞樾著、刘师培补之《古书疑义举例》印本,后(1956)有中华书局《古书疑义举例五种》排印本。《五种》即包括俞樾《古书疑义举例》、刘师培《古书疑义举例补》、杨树达《古书疑义举例续补》、马叙伦《古书疑义举例校补》、姚维锐《古书疑义举例增补》。此外张岱年《古书疑义举例再补》、党蕴秀(玉峰)《古书疑义举例续补》、裴学海《古书疑义举例四补》、何文广《古书疑义举例补》等均未收入中华书局排印本。另有徐仁甫《广古书疑义举例》(中华书局1990)、徐仁甫《古书疑义举例辨正》(中华文史论丛增刊《语言文字研究专辑》1986)、周斌武《古书疑义举例札记》上、下(中华文史论丛增刊《语言文字研究专辑》1982、1986),于20世纪后期问世。凡此续、补、校、记等等,以杨树达续补最精彩,可谓名副其实之俞著功臣。而较之俞著,杨又有所未及。再联想多年来对俞著诸评议之余,笔者以为对俞著认识今后尚应有新起点。过去有的笼统介绍,未作具体阐发;有的选列个别疑例评判,未综述全书得失;有的仿俞书体式,只陈本人另例;有的沟通现代语法概念,以规范俞书意旨,以今律古。今后如何切实从俞著出发,发俞书精英,以历史观点更具体全面省视其全豹,科学鉴别,去芜存精,以应今世古书参读之需,应是新课题。人无完人,书无完书,任何学术都有发展补足余地,俞书也不例外。至于个别文例疏失,更是难免。俞氏本人亦尝言:"著书之家,千虑一失,往往有之。"(俞著《春在堂随笔》73页,江苏古籍出版社2000)今后的新课题自是要放眼学术自身建设与发展境地,以专精为最高学术追求。近些年有的学者尤以探究取胜(如郭在贻),有的学者尤以析理见长(如王宁),于训诂学发展是有促进作用的,对承传和弘扬俞著也是有积极作用的。

(二)俞书有所不足,亟应更上一层楼

不同时代的人认识深度不一致,同一个社会里不同的人认识也往往不一致,但总的趋势是,时代越靠后,社会越发展,历史的、思想的有益影响也越来越大。人们对语言现象的认识也是一样,总会不断有所加深。俞氏博极经史百家,游刃于书林,上下采摘,左右逢源,固为晚清杰出鸿儒,但毕竟尚有历史的时代的局限,自毋庸讳言。综观俞著,有些地方对语言的认识与说解,还是直观的。凭直观,只能把握个别而难以把握一般,只能把握现象而难以把握本质。要切实认识说解古书种种疑义,尚须对客体的直观进行抽象的理性思维,并进而使客观的具体经过科学抽象

实现主观认识的具体。(15)"古人行文不嫌疏略例"有这样的说法:

> 襄二年《左传》:"以索马牛皆百匹。"《正义》曰:"司马法:丘出马一匹,牛三头。则牛当称头而云匹者,因马而名牛曰匹,并言之耳。"

俞说"牛当称头"是针对《左传》中上述用例而发,给人印象是,春秋时代早已出现了"头"这个名量词而不用。实则不然。不但春秋时代"头"这个量词还没有出现(《左传》仅出现两个"头"字,都用作名词,又《司马法》五篇,亦未见以"头"称"牛"的用例,俞引有误),就连战国时代也极罕见。"头"用作量词,是汉以来的事。这一失误,与语法观念淡薄不无联系,也与先秦语法规律和语料了解和把握不够有关。我们知道,先秦还没有动量词,汉魏以来才有;先秦名量词虽然已有,但还不多,汉魏以来才大量产生。这是量词发展的自身规律性使然。以此及彼,到了现在,我们对汉语语料的描写归纳当更有待加强,对汉语自身规律性的揭示亦当更有待加强。俞书另处所谈固然也有涉及语法现象的,如"倒句、倒序、倒文、变文、实字活用、语词复用、句中用虚词"等等,且较之前人,都添有新意,但基本上还是对语法现象的直观描述。

《论语•乡党》"沽酒市脯不食"(买来的酒不喝,买来的干肉不吃),依俞说:"此亦古人行文不嫌疏略之证。使后人为之,必一一为之辞,曰:'沽酒不饮,市脯不食。'此文之所以日繁也。"俞评甚有未当。此例应视为"苟简"(欠缺),不可予以肯定乃至仿效,更不可强为之辩。宋代陈骙说得好:"文简而理固,斯得其简也;读者疑有阙焉,非简也,疏也。"俞强为之辩,这跟俞对语言的发展性认识不足有关。应该说,先秦语法成分和语言表达尚不完美。为明晰起见,不妨另举例佐证这一语言史实。试比较《左传》与《史记》句例:

> 祭仲专,郑伯患之,使其婿雍纠杀之。(《左传•桓公十三年》)
> 祭仲专国政,厉公患之,阴使其婿雍纠欲杀之。(《史记•郑世家》)

《史记》在"专"后加宾语"国政",表明事关国家大事;"郑伯"改为"厉公",明确是郑国哪一代的"郑伯";"使"前加状语"阴",表示暗中派遣;"杀"前加"欲",表示事情在计划中(事实上,雍纠后来没有杀成功,反而被杀)。这样看来,《左传》的表述是不完善的,因而也使历史事实不明朗乃至紊乱。到了汉代,表述就比春秋完善了。这是语言表达由疏趋密的史实。《左传》之疏,我们不能以"古人行文不嫌疏略"为之辩解。俞氏不特无视先秦之疏,反而嫌后人之密使"文之所以日繁",这与语言发展规律性的认识不足密切相关。

（三）俞书体例有谓另出他书，迹近攘善，未可信从

刘体信《苌楚斋随笔》（中华书局 1998 重版，785～787 页），谓俞著体例出自甘泉江子屏茂才藩《古书疑义例》并以之为蓝本。今视刘氏所录江藩《古书疑义例》，全文仅属纲目，与俞著纲目固有相合处，而江之实例并未问世。俞著尤以实例见胜，充而实之，廓而广之，深而发之，绝未可谓迹近攘善。况刘氏所录所谓江氏全文，唯有纲目，未有例释，犹今日之撰写纲目，即便俞加参酌，也未可诋为攘善。由此视之，俞作宏构巨丽，江、俞二者未可同日而语。

北京大学出版社语言学教材方阵

博雅21世纪汉语言专业规划教材：专业基础教材系列

现代汉语(上)　黄伯荣、李炜主编
现代汉语(下)　黄伯荣、李炜主编
现代汉语学习参考　黄伯荣、李炜主编
语言学纲要(修订版)　叶蜚声、徐通锵著，王洪君、李娟修订
语言学纲要(修订版)学习指导书　王洪君等编著
古代汉语　邵永海主编(即出)
古代汉语阅读文选　邵永海主编(即出)
古代汉语常识　邵永海主编(即出)

博雅21世纪汉语言专业规划教材：专业方向基础教材系列

语音学教程(增订版)　林焘、王理嘉著，王韫佳、王理嘉增订
实验语音学基础教程　孔江平编著(即出)
词汇学教程　周荐著(即出)
简明实用汉语语法教程(第二版)　马真著
当代语法学教程　熊仲儒著
修辞学教程(修订版)　陈汝东著
汉语方言学基础教程　李小凡、项梦冰编著
语义学教程　叶文曦著(即出)
新编语义学概要(修订版)　伍谦光编著
语用学教程(第二版)　索振羽编著
语言类型学教程　陆丙甫、金立鑫主编(即出)
新编社会语言学概论　祝畹瑾主编
计算语言学教程　詹卫东编著(即出)
音韵学教程(第四版)　唐作藩著
音韵学教程学习指导书　唐作藩、邱克威编著
训诂学教程(第三版)　许威汉著
校勘学教程　管锡华著
文字学教程　喻遂生著
文化语言学教程　戴昭铭著(即出)
历史句法学教程　董秀芳著(即出)

汉语韵律语法教程　　冯胜利、王丽娟著(即出)

博雅21世纪汉语言专业规划教材：专题研究教材系列
　　现代汉语语法研究教程(第四版)　陆俭明著
　　汉语语法专题研究(增订版)　邵敬敏等著
　　现代汉语词汇(第二版)　符淮青著(即出)
　　新编语用学概论　何自然、冉永平编著
　　现代实用汉语修辞(修订版)　李庆荣编著
　　汉语语音史教程　唐作藩著
　　近代汉语研究概要　蒋绍愚著
　　汉语白话史　徐时仪著
　　说文解字通论　黄天树著
　　实验语音学概要(增订版)　鲍怀翘、林茂灿主编
　　外国语言学简史　李娟编著(即出)
　　甲骨文选读　喻遂生编著(即出)
　　商周金文选读　喻遂生编著(即出)
　　音韵学讲义　丁邦新著(即出)

博雅西方语言学教材名著系列
　　语言引论(第八版)　弗罗姆·金等著,沈家煊等译(即出)
　　语音学教程(第七版)　彼得·赖福吉等著,张维佳译(即出)
　　方言学教程(第二版)　J.K.钱伯斯等著,吴可颖译(即出)